INFORMAÇÃO NAS RELAÇÕES DE CONSUMO
O dever de informar do fornecedor e suas repercussões jurídicas

Renata Pozzi Kretzmann

Copyright © 2019 by Editora Letramento
Copyright © 2019 by Renata Pozzi Kretzmann

Diretor Editorial | **Gustavo Abreu**
Diretor Administrativo | **Júnior Gaudereto**
Diretor Financeiro | **Cláudio Macedo**
Logística | **Vinícius Santiago**
Designer Editorial | **Luís Otávio Ferreira**
Assistente Editorial | **Giulia Staar e Laura Brand**
Revisão | **LiteraturBr Editorial**
Capa | **Wellinton Lenzi**
Projeto Gráfico e Diagramação | **Isabela Brandão**
Conselho Editorial | **Alessandra Mara de Freitas Silva;
Alexandre Morais da Rosa; Bruno Miragem; Carlos María Cárcova;
Cássio Augusto de Barros Brant; Cristian Kiefer da Silva; Cristiane Dupret;
Edson Nakata Jr; Georges Abboud; Henderson Fürst; Henrique Garbellini
Carnio; Henrique Júdice Magalhães; Leonardo Isaac Yarochewsky;
Lucas Moraes Martins; Luiz Fernando do Vale de Almeida Guilherme;
Nuno Miguel Branco de Sá Viana Rebelo; Renata de Lima Rodrigues;
Rubens Casara; Salah H. Khaled Jr; Willis Santiago Guerra Filho.**

Todos os direitos reservados.
Não é permitida a reprodução desta obra sem
aprovação do Grupo Editorial Letramento.

Dados Internacionais de Catalogação na Publicação (CIP) de acordo com ISBD

K92i   Kretzmann, Renata Pozzi
        Informação nas relações de consumo: o dever de informar do
        fornecedor e suas repercussões jurídicas / Renata Pozzi Kretzmann. -
        Belo Horizonte : Casa do Direito, 2019.
        224 p. ; 15,5cm x 22,5cm.

        Inclui bibliografia.
        ISBN: 978-85-9530-216-7

        1. Consumo. 2. Consumidor. 3. Código de Defesa do Consumidor. I.
        Título.

                                                CDD 342.5981
2019-513   CDU 366

Elaborado por Odílio Hilario Moreira Junior - CRB-8/9949

Índice para catálogo sistemático:
1. Direito : Código de Defesa do Consumidor – Brasil 342.5981
2. Defesa do Consumidor 366

Belo Horizonte - MG
Rua Magnólia, 1086
Bairro Caiçara
CEP 30770-020
Fone 31 3327-5771
contato@editoraletramento.com.br
grupoeditorialletramento.com
casadodireito.com

Casa do Direito é o selo jurídico do
Grupo Editorial Letramento

Ao Lucas e ao nosso pequeno Leonardo

AGRADECIMENTOS

O texto que ora se oferece ao público é resultado da minha dissertação de Mestrado, defendida em março de 2018, no Programa de Pós-Graduação em Direito da Universidade Federal do Rio Grande do Sul (UFRGS), intitulada "O dever de informar do fornecedor e a eficácia jurídica da informação nas relações de consumo: precisões conceituais".

Durante o tempo de pesquisa para a elaboração do trabalho, pude felizmente contar com a colaboração e com o carinho de muitas pessoas, que de inúmeras formas me acolheram e me ajudaram a enxergar o mundo sempre de uma maneira diferente, mudando minhas perspectivas e proporcionando distintas impressões sobre o meu objeto de estudo. Serei sempre muito grata a todos que se dispuseram a efetivamente auxiliar e que demonstraram um verdadeiro sentimento de alegria com o que juntos pudemos construir.

Agradeço aos meus pais.

À minha irmã, pela inspiração, pelos aprendizados sobre o mundo acadêmico e todos os outros mundos.

Às funcionárias da secretaria da pós-graduação da UFRGS, em especial as sempre solícitas Denise, Rose e Danielle.

Ao bibliotecário da Faculdade de Direito da UFRGS, Emerson Neves, pelas explicações sobre a formatação do trabalho.

Aos colegas do grupo de pesquisa *Direito Privado e Acesso ao Mercado*, que de inúmeras formas contribuíram para a realização e para o aprimoramento da minha pesquisa.

Aos amigos Luiza Linhares Moreira Petersen, Ana Lúcia Badia, Roberto Oleiro Soares, Priscila Borges da Silveira, Laís Gomes Bergstein e Vitor Vilela Guglinski, pelo constante apoio e incentivo. São pessoas queridas e iluminadas que merecem profunda gratidão por todo o amor e empatia que transmitem.

Aos colegas e diretores da editora jurídica myLex, em especial ao amigo Diego Almeida, pela paciência e pela compreensão.

Ao Henderson Fürst, pelos sempre úteis ensinamentos e pela leveza que inspira.

À Laura Brand e demais profissionais do Grupo Editorial Letramento, que me trataram com muita paciência e gentileza.

A todos os professores do curso de Pós-Graduação da Faculdade de Direito da Universidade Federal do Rio Grande do Sul. O conhecimento adquirido nesse período é imensurável.

Aos professores Dra. Claudia Lima Marques e Dr. Adalberto Pasqualotto, pelas gentis e indispensáveis críticas e sugestões realizadas na banca de qualificação e na banca final do Mestrado, as quais foram essenciais para a construção e para o aprimoramento desse trabalho.

Ao professor Dr. Fabiano Menke, pela atenciosa análise do meu texto e por ter feito parte da banca avaliadora, enriquecendo a pesquisa e possibilitando diferentes visões sobre o tema.

E, especialmente, ao meu querido professor orientador, Dr. Bruno Miragem, que desde o início da minha jornada na UFRGS me acolheu em seu grupo de pesquisa e me possibilitou uma frutífera experiência de aprendizado e amadurecimento pessoal e intelectual. O professor Bruno é um brilhante mestre e escritor, grande exemplo para todos os seus alunos. Sinto-me imensamente grata e feliz pelo privilégio de tê-lo como insigne orientador e também pela confiança em mim depositada.

APRESENTAÇÃO		**9**
PREFÁCIO		**11**
PARTE 1		**15**

1.	A INFORMAÇÃO NO DIREITO DO CONSUMIDOR	17
1.1.	DEFINIÇÃO JURÍDICA DA INFORMAÇÃO	18
1.1.1.	Conceito de informação	18
1.1.2.	Informação como instrumento de obtenção de equilíbrio	25
1.1.3.	Vulnerabilidade informacional do consumidor	30
1.2.	INFORMAÇÃO COMO DIREITO DO CONSUMIDOR	37
1.2.1.	Direito básico à informação	38
1.2.2.	Características e adequação da informação	46
1.2.3.	Direito de escolha do consumidor	55
1.3.	O DEVER DE INFORMAR DO FORNECEDOR	59
1.3.1.	O fundamento na boa-fé e a tutela da confiança	59
1.3.2.	Dever de informar sobre os riscos	89
1.3.3.	Deveres específicos de informação	96
1.3.3.1.	Serviços de concessão de crédito e financiamento	97
1.3.3.2.	Informações no contrato eletrônico de consumo	104

PARTE 2   121

2. EFICÁCIA JURÍDICA DO DEVER DE INFORMAR   123

2.1. DEVER DE INFORMAR SOBRE O CONTEÚDO DO CONTRATO   123

2.1.1. Dever de informar no âmbito da oferta   123

2.1.2. Informação pré-contratual e orçamento   134

2.1.3. Relevância da informação na hermenêutica contratual   138

2.2. EFICÁCIA VINCULATIVA DA INFORMAÇÃO   149

2.2.1. Eficácia vinculativa da oferta   150

2.2.2. Eficácia vinculativa da publicidade   156

2.3. REPERCUSSÕES DA VIOLAÇÃO DO DEVER DE INFORMAR   163

2.3.1. Não obrigatoriedade do conteúdo contratual desconhecido   163

2.3.2. Consequências da violação da oferta   175

2.3.3. Falha na informação sobre uso: vício de informação   179

2.3.4. Falha na informação sobre riscos: defeito de informação   201

CONSIDERAÇÕES FINAIS   209

REFERÊNCIAS   213

APRESENTAÇÃO

Alegrou-me muito a distinção da escolha para apresentar Renata Kretzmann ao público leitor das obras jurídicas.

Renata foi uma dileta aluna de graduação, destacando-se desde as primeiras aulas pelo interesse, revertido em excelente rendimento nas provas. Fui seu orientador de Trabalho de Conclusão de Curso de graduação na Escola de Direito da PUCRS. Revelou-se com nitidez no TCC a sua capacidade de pesquisa e qualidade do texto. Acrescentaram-se a essas qualidades a tranquilidade e o método na explanação do trabalho e na resposta às arguições da banca, indo na contramão da maioria dos estudantes, que em geral se mostram ansiosos nessa oportunidade. A segurança no que faz é outra característica de Renata.

O nosso convívio teve sequência – aliás, se mantém – no Grupo de Pesquisa em Direito do Consumidor, vinculado ao programa de pós-graduação *stricto sensu* da Escola de Direito da PUC, embora Renata tenha cursado o Mestrado na Universidade Federal do Rio Grande do Sul, sob a segura orientação do meu estimado amigo Bruno Miragem, cuja juventude é inversamente proporcional à importância que conquistou entre os expoentes da doutrina jurídica do país. O presente livro é fruto da dissertação de mestrado de Renata.

No período intermediário entre graduação e pós-graduação, Renata contribuiu com dois excelentes textos para a primeira e para a segunda edição de "Publicidade e proteção da infância", que coordenei (a primeira junto com Ana Maria Blanco) em 2014 e 2018, livros esses que incluem trabalhos do evento com a mesma denominação e que ela ajudou a organizar como membro do Grupo de Pesquisa.

Finalmente, participei da banca de mestrado que atribuiu a Renata a nota máxima com o tema aqui apresentado.

O tema de dissertação da Renata representou a culminância de persistentes estudos sobre a informação nas relações de consumo, que resultaram na publicação de cinco textos preliminares com esse objeto em 2015 e 2016.[1]

Na dissertação, agora transposta para este livro, inicialmente ela situa a informação como fator de equilíbrio entre o fornecedor e o consumidor.

---

1 KRETZMANN, R. P. *Preço é informação necessária em encarte de supermercado?* Porto Alegre: myLex Editora Jurídica, 2015 (Artigo publicado em site jurídico)

KRETZMANN, R. P. *A forma do dever de informar*. Porto Alegre: myLex Editora Jurídica, 2016 (Artigo publicado em site jurídico).

Pondera a vulnerabilidade informacional do consumidor e situa a informação como direito dele. Em seguida, disserta sobre o dever de informar do fornecedor, com fundamento na boa-fé e na confiança. Culmina a primeira parte do trabalho com dois estudos sobre o dever de informar na concessão de crédito e nos contratos eletrônicos de consumo.

A segunda parte é dedicada à eficácia do dever de informar. Leva em consideração, inicialmente, o conteúdo do contrato, incluindo a fase pré-contratual; em seguida, os efeitos vinculativos da oferta e a publicidade. Termina com uma análise das repercussões da violação do dever de informar, onde destaca a importância da aplicação dos artigos 46 e 35, do CDC, e da teoria da qualidade.

Ao longo de todo o texto, além da abundância das citações doutrinárias, realça o destaque dado à jurisprudência, com a colação de dezenas de acórdãos, especialmente do STJ, o que outorga ao trabalho a certificação do direito concretizado. Esse êxito é devido à qualidade do trabalho de Renata, que dirige a pesquisa em um *site* jurídico que reúne o melhor acervo de jurisprudência de direito do consumidor do país.

Em síntese, Renata Kretzmann apresenta aos cultores do direito, especialmente aos que se dedicam com maior intensidade ao Direito do Consumidor, um estudo aprofundado sobre o estruturante – como ela bem afirma – direito à informação. Uma leitura que se torna obrigatória para os que se interessam pelo tema.

Porto Alegre, março de 2019.

Adalberto Pasqualotto

Professor Titular de Direito do Consumidor
da Escola de Direito da PUCRS.

KRETZMANN, R. P. *Dever de informar sobre limitação da internação hospitalar e coparticipação* (Parte 1). Porto Alegre: Editora Jurídica myLex, 2016 (Artigo publicado em site jurídico).

KRETZMANN, R. P. *Dever de informar sobre limitação da internação hospitalar e coparticipação* (Parte 2). Porto Alegre: Editora Jurídica myLex, 2016 (Artigo publicado em site jurídico).

KRETZMANN, R. P. *Dever de informar e culpa exclusiva do consumidor*. Porto Alegre: Editora jurídica myLex, 2016 (Artigo publicado em site jurídico).

KRETZMANN, R. P. *CDC e NCPC*: alguns aspectos sobre a in   versão do ônus probatório nas relações de consumo. Porto Alegre: Editora Jurídica myLex, 2016 (Artigo publicado em site jurídico).

PREFÁCIO

A informação é um dos principais bens na sociedade contemporânea. Não por acaso, a referência onipresente à sociedade da informação, ou ainda, de que informação é poder. De fato, no mundo atual, aquele que detém informação útil, posiciona-se melhor na defesa de seus interesses. A falta ou déficit informacional, por outro lado, fragiliza e compromete a liberdade e a autonomia pessoal. Daí a expressiva definição da economia, tomada por muitos no Direito – porque diz muito – a assimetria informacional. Será a importância da informação, já no direito clássico, que orienta os primeiros regimes de invalidade dos atos jurídicos, como o erro e o dolo, ou causa de sua rescisão (hoje, também, invalidade do negócio) como a lesão por inexperiência de uma das partes. É na falta de informação também que se assentou, em parte, a incapacidade pessoal onde falte o discernimento.

Porém, para além desta dimensão restritiva que sistematizava sanções, recebeu na mais recente viragem do direito privado uma visão prospectiva. Entre nós, esta nova visão se estabelece, sobretudo, na associação entre a informação como conteúdo de um dever – o dever de informar – associado à eficácia de um dos mais importantes princípios desenvolvidos pelo direito privado no último século, a boa-fé.

No direito brasileiro, o dever de informar, entrelaçado à boa-fé objetiva, tem sua previsão pontual em legislação diversa, como a que disciplina os valores mobiliários, ou há mais tempo mesmo, em alguns contratos como o seguro. Porém, será no Código de Defesa do Consumidor, de 1990, que se delineia tanto como dever jurídico, quanto também é decisiva para estruturar as próprias características essenciais da relação de consumo. Registro, neste particular, como me é dado fazer sempre que o tema vem à baila, que a informação – como dever de informar, direito a ser informado, eficácia da informação ou sanção da violação do dever – tem lugar, direta ou indiretamente, na imensa maioria das disposições que disciplinam o direito material das relações de consumo no seu Código de regência. Observe-se, entre os artigos 1º e 54 do Código de Defesa do Consumidor, a informação nestas suas várias nuances, aparece nos arts. 4º, 6º, 8º, 9º, 10, 12, 14, 18, 20, 30, 31, 33, 34, 35, 36, 37, 38, 39, 40, 43, 46, 51, 52 e 54. Ao mesmo tempo, será a proteção do direito à informação do consumidor, e correspondente dever de informar dos fornecedores um elemento comum, rigorosamente, a todos os sistemas jurídicos que se ocupam do reconhecimento dos direitos dos consumidores no mundo.

Daí porque o tema da informação das relações de consumo (direito à informação do consumidor e dever de informar do fornecedor) é tema de inúmeros trabalhos relevantes entre nós, aos quais agora junta-se a obra que tenho a honra de prefaciar. Porém, antecipo, este "Informação nas relações de consumo: o dever de informar do fornecedor e suas repercussões jurídicas", trabalho que resulta na versão comercial da dissertação de mestrado da autora, Renata Pozzi Kretzmann, já deve ser tomado, por várias razões, como uma das obras fundamentais para a compreensão do tema no direito brasileiro. Embora, como orientador do trabalho em nosso Programa de Pós-Graduação em Direito da UFRGS, possa me ser atribuída suspeição para uma afirmação tão categórica, relaciono os motivos do meu julgamento.

Trata-se de dissertação aprovada por unanimidade e com voto de louvor, e recomendação de publicação, por banca formada pelos Professores Claudia Lima Marques e Adalberto Pasqualotto, dois dos maiores mestres do direito do consumidor brasileiro, e Fabiano Menke, brilhante jusprivatista, com sólida formação germânica, de onde vem os mais recentes ventos da boa-fé (*Treu und Glauben*) e mesmo a visão transversal de um "direito da informação" (*Informationsrecht*).[2]

Dentre os vários aspectos merecedores de registro na obra, vale mencionar sua rigorosa estrutura lógica. A autora parte da definição de informação no direito do consumidor para em seguida distinguir suas duas eficácias fundamentais: o direito subjetivo do consumidor à informação (ser informado) e o dever jurídico de informar do fornecedor. Em seguida, desdobra o dever jurídico imputado ao fornecedor identificando, em especial, a eficácia vinculativa da informação prestada e, de outro lado, as repercussões jurídicas (sanções) da violação do dever de informar. Neste particular, aliás, fica bem situada, neste ponto, o preciso conteúdo do dever de informar do fornecedor nas relações de consumo, que também tenho tido a oportunidade de dizer e repetir há anos: que este dever, no caso, é instrumental, do que o resultado necessariamente é o esclarecimento. Em outros termos, dever de informar só se cumpre no sentido da lei, se tiver aptidão para esclarecer (tornar claro!) ao consumidor.

Outro ponto que merece registro é o correto e amplo uso da melhor bibliografia disponível, bem como da jurisprudência, que ilumina e esclarece ao longo do texto, não apenas onde as respostas já estão prontas

---

2 Neste sentido, veja-se: KLOEPFER, Michael. *Informationsrecht*. München: C.H.Beck, 2002, em especial, 118 e ss.

e afirmadas, mas também nas "zonas cinzentas" em que a discussão se mantém e – tenho certeza – será o próprio trabalho de Renata um útil instrumento para refinar o exame de muitos casos difíceis. Afinal, até onde se deve informar, de modo que se mantenha a função de esclarecer, e não de confundir? Será devido informar o óbvio ou o notório? Ou mais, como fazer para bem informar e esclarecer? De que modo o fornecedor desincumbe-se deste que por vezes é ônus de informar? São perguntas cuja resposta toma os fatos pela mão, debruçando-se sobre o caso concreto.

Porém, para além da obra, permitam-me um breve registro sobre sua autora. Renata Pozzi Kretzmann me foi apresentada por Adalberto Pasqualotto, com quem, durante anos, participou de atividades de pesquisa durante a graduação na PUCRS. Recém-chegada à UFRGS, desde logo destacou-se tanto por seu entusiasmo pelo direito privado – e o direito do consumidor em particular – quanto pela seriedade, zeloso cumprimento de suas obrigações acadêmicas e permanente inquietude com novas questões a serem resolvidas pelo Direito posto. Foi também uma grande colega dos seus colegas, graduandos e pós-graduandos, que auxiliou durante toda sua trajetória com a mesma atenção, seja no Programa de Pós-Graduação em Direito, ou nas atividades do nosso Grupo de Pesquisa Direito Privado e Acesso ao Mercado. Semeou, por isso, amizades; e colheu sinceros admiradores de sua personalidade e espírito acadêmico.

Dizem que o texto revela o autor. No caso desta obra, o vaticínio não poderia ser mais correto. Basta ver, como já disse, o cuidado com o bom uso das fontes e da jurisprudência, as ponderadas conclusões, cada uma em seu lugar. Um trabalho primoroso – o primeiro da autora – daqueles em que se percebe o interesse maior em esclarecer e construir, sem excessos de retórica ou elementos decorativos. Só tem a ganhar, portanto, os leitores que se dediquem a suas páginas. E será um belo proveito!

Porto Alegre, março de 2019.

BRUNO MIRAGEM,

Professor dos Cursos de Graduação e do Programa de Pós-Graduação em Direito da Universidade Federal do Rio Grande do Sul (UFRGS).

Advogado.

PARTE 1

1. A INFORMAÇÃO NO DIREITO DO CONSUMIDOR

O direito do consumidor é disciplina jurídica autônoma que materializa o reconhecimento da vulnerabilidade do consumidor no mercado. É por intermédio de suas normas protetivas que certas vantagens e prerrogativas são garantidas ao contratante mais fraco, o novo sujeito de direitos da sociedade de informação.[3]

Esse sistema protetivo estrutura-se de modo transversal nas diversas disciplinas jurídicas que permeiam a regulação das relações de consumo. E no âmago dessa engrenagem estão os direitos básicos do consumidor, de caráter fundamental e de origem constitucional, entre os quais se destaca o direito à informação. O destaque dá-se em virtude da multidisciplinariedade desse direito e da irradiação de seus efeitos para todas as etapas da relação consumerista.

Informar é comunicar, é tornar comum aquilo que era sabido apenas por um, é compartilhar de boa-fé e cooperar com o outro. Informação é ao mesmo tempo um estado subjetivo, um processo interativo de comunicação, um conteúdo e um direito ao qual corresponde um dever altamente valorado na atual e complexa sociedade,[4] que por um lado aproxima consumidor e fornecedor, mas também os afasta quando à parte vulnerável não são fornecidas as devidas informações sobre todos os pontos necessários para uma contratação justa e equilibrada, que satisfaça os dois polos.

A primeira parte da presente obra traz o conceito jurídico e a contextualização da informação como direito e como dever nas relações de consumo. São analisadas as origens, os fundamentos e as características que a informação deve ter para que a vulnerabilidade informacional seja diminuída e o equilíbrio efetivamente alcançado. O dever de informar nos contratos de concessão de crédito e naqueles realizados em ambiente virtual também são investigados e destacam-se por suas peculiaridades.

---

3 MIRAGEM, Bruno. *Curso de Direito do Consumidor*. 6. ed. São Paulo: Editora Revista dos Tribunais, 2016, p. 207.

4 MARQUES, Claudia Lima. *Contratos no Código de Defesa do Consumidor*: o novo regime das relações contratuais.7. ed. São Paulo: Editora Revista dos Tribunais, 2014, p. 841-842.

1.1. DEFINIÇÃO JURÍDICA DA INFORMAÇÃO

O direito à informação é um dos que maior repercussão prática alcança no cotidiano das relações de consumo, como ensina Bruno Miragem.[5] A informação é fundamental em uma relação de consumo na qual se percebe a complexidade técnica dos bens disponíveis no mercado e a impossibilidade de verificação pelos consumidores dos dados que são transmitidos pelo fornecedor.

O correto fornecimento da informação por meio do perfeito cumprimento do dever de informar em todas as fases da relação tem o propósito de auxiliar o alcance da equidade informacional e reduzir a vulnerabilidade do consumidor diante do desconhecimento sobre o funcionamento e as características dos produtos e dos serviços.

Além de se configurar como um dever, a informação é direito básico do consumidor e atua como garantidora de seu direito de escolha e o protege contra danos eventualmente suportados em virtude da ausência ou deficiência da informação. O fornecedor tem a obrigação de dar forma àquilo que em função de sua posição no mercado sabe que o consumidor deve conhecer.

1.1.1. Conceito de informação

A informação pode ser considerada o ato ou o processo de informar; comunicação ou recepção de conhecimento ou inteligência; aquilo que é recebido ou obtido por meio da informação, de treinamento ou de disciplina, configurando o conhecimento comunicado por terceiros ou obtido pelo estudo ou pela investigação.[6] Também está relacionada a notícias ou dados de comunicação, como conhecimento ou instrução.[7] Informar é dar notícia de uma coisa, dar informe ou parecer, instruir, confirmar.[8]

No sentido jurídico, o vocábulo informação relaciona-se à possibilidade de exercício de direitos, como o instrumento necessário de acesso à justiça, no âmbito constitucional. No campo do direito civil, a informação

---

5 MIRAGEM, Bruno. *Curso de Direito do Consumidor.* 6. ed. São Paulo: Editora Revista dos Tribunais, 2016, p. 214.

6 GINNOW, Arnold. *Corpus juris secundum.* St. Paul, West Publishing co. v. 43.

7 INFORMAÇÃO In: LUFT, Celso Pedro. *Minidicionário.* São Paulo: Ática, 1999, p. 390.

8 INFORMAÇÃO In: ROCHA, Ruth. *Minidicionário da língua portuguesa.* São Paulo: Scipione, 1996, p. 341.

relaciona-se com o dever daquele que presta a outrem uma informação, que dá um conselho ou faz uma recomendação.[9] Também pode ser compreendida como bem público ou categoria de direito difuso dotada de característica de transindividualidade. É direito que pertence a todos e ninguém detém sua exclusividade ou titularidade.[10]

Informação é a substância do processo de comunicação[11] de mensagem entre dois entes. Ela interessa ao direito quando está inserida no sistema social. Tem como objetivo principal a persuasão, mas também serve para informar e divertir, funções que podem se encontrar todas ligadas entre si.[12]

A expansão dos mercados e a industrialização proporcionaram e facilitaram o acesso aos bens de consumo, transformando o século XX no tempo do consumo em massa e da sociedade da informação.[13] Como se sabe, nessa época, a sociedade passou a sofrer inúmeras modificações que culminaram no surgimento de novos direitos, advindos principalmente da transformação da realidade no âmbito do desenvolvimento científico e tecnológico. Houve exploração e progressão de áreas do conhecimento até então desconhecidas ou pouco estudadas, surgindo a necessidade da intervenção do Estado a fim de regulá-las, tendo em vista a incoerência então existente entre o fato social e o jurídico.[14]

A partir da revolução industrial instaurou-se uma intensa circulação de produtos e serviços enquanto o *marketing* e o crédito cresciam cada vez mais. A produção acelerou-se, novos mecanismos de fabricação foram

---

9 INFORMAÇÃO In: PRATA, Ana. *Dicionário jurídico.* 5. ed. Coimbra: Almedina, 2008, p. 757.

10 ALBUQUERQUE, Fabíola Santos. O princípio da informação à luz do Código Civil e do Código de Defesa do Consumidor. In: BARROSO, Lucas Abreu. (org.). *Introdução crítica ao Código Civil.* Rio de Janeiro: Forense, 2006, p. 99-115.

11 Ana Prata refere a identidade entre os conceitos de informação e comunicação: PRATA, Ana. *Contratos de adesão e cláusulas contratuais gerais:* anotação ao decreto-lei n.º 446/85 de 25 de outubro. Coimbra: Almedina, 2010, p. 252.

12 MALFATTI, Alexandre David. *O direito de informação no Código de Defesa do Consumidor.* São Paulo: Alfabeto Jurídico, 2003, p. 138.

13 LISBOA, Roberto Senise. Prefácio. In: MATOS, Karla Cristina da Costa e Silva. *O valor econômico da informação nas relações de consumo.* São Paulo: Almedina, 2012.

14 ALMEIDA, Carlos Ferreira de. *Direito do Consumo.* Coimbra: Almedina, 2005, p. 18.

inventados;[15] o consumo passou a ser realizado em massa e a demanda sofreu grande aumento, tendo em vista a explosão demográfica e a modificação do processo de industrialização, o qual determinou uma cisão entre a produção e a comercialização, causando significativa ampliação da cadeia de fornecedores.

Como explica Pasqualotto, a comunidade de hoje é anônima e complexa, não se identificam os fornecedores, tampouco os consumidores, sendo que esses últimos ignoram completamente o processo de produção. Os bens estão sendo adquiridos não somente para a satisfação de necessidades,[16] mas também como instrumentos de diferenciação das camadas sociais, sendo estabelecida, pelo consumo, uma forma de comunicação e de integração entre as pessoas.[17]

Nessa sociedade, as tecnologias de tratamento de dados passaram a ter grande importância para as relações jurídicas em virtude do constante aumento do valor e da necessidade da informação. Houve certa inversão da tradição do sistema social: antes incumbia ao interessado obter a informação.[18] Atualmente, o processo para obtenção de informação daquele que a detém não é tão simples ou fácil.

A hipervalorização informativa é um fenômeno oriundo da hipercomplexidade das relações contratuais na sociedade tida como pós-moderna,[19] "na qual a produção de bens e serviços passou a ser menos central que o próprio consumo, este elevado ao mais alto *status*".[20] Ter informação

---

15 SAAD, Eduardo Gabriel. *Comentários ao Código de Defesa do Consumidor*: Lei n. 8.078, de 11.9.90. 3. ed. São Paulo: LTr, 1991, p. 23.

16 CARVALHO, Diógenes Faria de. *Consumo e (super)endividamento*: vulnerabilidade e escolhas intertemporais: Goiânia: Editora Espaço Acadêmico, 2017, p. 28.

17 PASQUALOTTO, Adalberto. Fundamentalidade e efetividade da defesa do consumidor. *Direitos Fundamentais e Justiça*. Porto Alegre: HS Editora, 2009, p. 66-100.

18 LISBOA, Roberto Senise. Prefácio. In: MATOS, Karla Cristina da Costa e Silva. *O valor econômico da informação nas relações de consumo*. São Paulo: Almedina, 2012.

19 MARQUES, Claudia Lima. *Contratos no Código de Defesa do Consumidor*: o novo regime das relações contratuais.7. ed. São Paulo: Editora Revista dos Tribunais, 2014, p. 77-78.

20 BARBOSA, Fernanda Nunes. *Informação*: direito e dever nas relações de consumo. São Paulo: Editora Revista dos Tribunais, 2008, p. 54.

significa ter poder[21] social e econômico, que não mais se relaciona com o preço ou com o tamanho de terras, quantidade de propriedade ou riqueza material como nos tempos da sociedade pré-industrial.

Deter e tratar dados tornou-se um meio de captação de riquezas e ascensão social. A informação passou a ter valor econômico e não está mais presente em um espaço secundário na estrutura da relação jurídica, relacionada apenas ao vício de manifestação da vontade. A informação passou a ser considerada direito.

José de Oliveira Ascensão caracteriza a sociedade da informação como aquela em que há novos produtos e em que são disponibilizados meios de comunicação aperfeiçoados, elementos que se relacionam com o conceito de 'autoestradas da informação'. Essa expressão é criticada pelo autor por ser um termo imagístico. Ainda assim, ele a define como os meios de comunicação entre computadores, caracterizados pela grande rapidez e fidedignidade. A comunicação se dá de maneira fácil e intensa por meio desses veículos de comunicação, o que possibilita grande interatividade, aspecto peculiar da atual sociedade.[22]

No final do século XX, vivemos um intervalo com a característica da transformação da cultura material por um novo paradigma tecnológico que se organiza em torno da tecnologia da informação, como ensina Castells.[23] O sociólogo adota um conceito amplo de tecnologia, reconhecendo-a como a utilização de meios científicos para realizar as coisas de forma reproduzível. Destaca a revolução da tecnologia da informação como um evento histórico da mesma importância da Revolução Industrial do século XVIII. Ela é caracterizada, explica, não pela centralidade de conhecimentos e informação, mas pela aplicação destes para a geração de conhecimentos e de dispositivos de processamento e comunicação da informação.

As novas tecnologias da informação difundiram-se por todo o mundo em meados dos anos 1970 e 1990. O contexto formado por essas modificações deu azo ao surgimento de uma nova economia, denominada

---

21 MARQUES, Claudia Lima. *Contratos no Código de Defesa do Consumidor*: o novo regime das relações contratuais.7. ed. São Paulo: Editora Revista dos Tribunais, 2014, p. 334.

22 ASCENSÃO, José de Oliveira. *Direito da internet e da sociedade da informação*. Rio de Janeiro: Forense, 2002. 67-69.

23 CASTELLS, Manuel. *A sociedade em rede*. Tradução de Roneide Majer. 17. ed. v. 1. São Paulo: Paz e Terra, 2016, p. 87-90.

pelo autor de informacional, global e em rede. É informacional porque a produtividade e a competitividade dos agentes dessa economia dependem de sua capacidade de gerar, processar e aplicar de forma eficiente a informação baseada em conhecimento.

É global, pois as atividades de produção, o consumo e a circulação estão organizadas globalmente. É em rede, pois a produtividade é gerada e a concorrência é feita em uma rede global de interação entre redes empresariais. É uma nova economia que surgiu no último quarto do século XX porque a revolução da tecnologia da informação favoreceu a base material indispensável para a sua criação.[24]

O termo "sociedade de informação" consolidou-se na Europa, em 1980, por ocasião da Conferência Internacional, evento no qual estudiosos se reuniram para debater o futuro de uma nova sociedade que foi assim denominada em virtude do interesse em regulamentação da liberdade de circulação de serviços e de medidas para a implementação de mecanismos de comunicação que permitiriam aos Estados-membros da União Europeia estarem informados e terem acesso aos bens e serviços.[25]

É uma denominação concebida e que "traduz um novo conceito de proteção dos direitos humanos fundamentais, uma nova orientação internacional em busca do direito ao desenvolvimento através da interação da comunicação e da telemática, em uma nova era de informações em tempo real, com transmissão global e assimilação simultânea".[26]

Juridicamente, a expressão "sociedade da informação" relaciona-se com o direito à interação e ao desenvolvimento humano seguro pela nova comunicação com a possibilidade de troca de bens e serviços considerando-se que a soberania plena sobre todas as riquezas e recursos naturais e é um direito inalienável nos termos do artigo 1º, item 2 da Declaração sobre o Direito ao Desenvolvimento de 1986, da Organização das Nações Unidas.

---

24 CASTELLS, Manuel. *A sociedade em rede.* Tradução de Roneide Majer. 17. ed. v. 1. São Paulo: Paz e Terra, 2016, p. 135-136.

25 SOUZA, Sérgio Iglesias Nunes de. *Lesão nos contratos eletrônicos na sociedade de informação:* teoria e prática da juscibernética ao Código Civil. São Paulo: Saraiva, 2009, p. 18.

26 SOUZA, Sérgio Iglesias Nunes de. *Lesão nos contratos eletrônicos na sociedade de informação:* teoria e prática da juscibernética ao Código Civil. São Paulo: Saraiva, 2009, p. 18-19.

A designação também pode ser analisada sob duas perspectivas: a estrutural e a fático-social. A primeira refere-se ao conceito de sociedade de informação como aquela na qual há o desenvolvimento de novas tecnologias e onde há comunicação por meio de fibra ótica e similares, conjugados com recursos a meios informáticos e nova forma de convívio social com a possibilidade da eletrônica pessoal dos celulares e casas, serviços de conteúdo e entretenimento acessíveis por meio da internet. Também se relaciona com as informações em si, que formam o universo informático e de ciência em desenvolvimento que caracteriza a estrutura da sociedade da informação.

O segundo enfoque a vê como sociedade contemporânea, da inter-relação do ser humano ao outro ser humano, sendo a máquina e a internet apenas um meio tecnológico dessas novas comunicações, trocas de bens e serviços e direitos envolvidos entre as partes pelos meios eletrônicos. É esse aspecto, ressalta Souza, que interessa para a ciência jurídica e que permite a observação dos elementos referidos por Castells condizentes à capacidade de seus membros em obter e compartilhar qualquer informação. Na sociedade em que isso acontece, a produção e o consumo de massa aumentam, a prestação de serviços é cada mais constante e os cidadãos se veem cada vez mais vulneráveis diante dos fornecedores que atuam principalmente no ambiente da internet.[27]

Miragem observa que a sociedade de consumo é também a sociedade da informação, caracterizada pelo informacionalismo. Ter informação adequada que assegure razoável esclarecimento torna-se muito importante a ponto de se relacionar fortemente com a autonomia da vontade. A conduta de informar também passou a ter maior densidade, não mais considerado mero ato de cortesia, mas autêntico dever jurídico, operacionalizado pela boa-fé objetiva.[28]

Schwartz salienta que essa descrita sociedade está centrada na expansão das necessidades, na reordenação da produção e do consumo por meio da utilização da obsolescência, da sedução, da diversificação e da publicidade. As relações no mercado são complexas e se realizam em uma nova

---

27 SOUZA, Sérgio Iglesias Nunes de. *Lesão nos contratos eletrônicos na sociedade de informação:* teoria e prática da juscibernética ao Código Civil. São Paulo: Saraiva, 2009, p. 26-30.

28 MIRAGEM, Bruno. Mercado, Direito e Sociedade de Informação: desafios atuais no Direito do Consumidor no Brasil. In: MARTINS, Guilherme Magalhães. (coord). *Temas de direito do consumidor.* Rio de Janeiro: Lumen Juris, 2010, p. 71-99.

economia a qual se insere em uma cultura de consumo pós-fordiana. O consumidor foi elevado à condição de mercadoria,[29] número, instrumento ou "ponto final" da cadeia de produção.[30]

Esse contexto de complexidade faz com que as informações não cheguem corretamente aos consumidores, que não conseguem identificar seu real conteúdo, seja pela ausência de tempo para interpreta-las ou pela falta de conhecimento para decifrar a mensagem.

O *marketing* moderno utiliza técnicas sensoriais, afetivas e relacionadas aos sentimentos e à imaginação dos consumidores, que passam muitas vezes a não se preocupar tanto com a qualidade dos produtos, mas com a possibilidade de ter aquele bem em virtude da experiência ou satisfação que ele pode proporcionar.

Esse é um dos elementos caracterizadores da sociedade do hiperconsumo,[31] em que não há tempo para se buscar informações e os dados fornecidos pelos próprios consumidores são utilizados para convencê-los a comprar, muitas vezes convencidos não pelas características e utilidades do bem, mas pela emoção de deles poder usufruir.

Na Constituição da República, a informação encontra-se como direito e garantia fundamental, no inciso XIV do artigo 5º. Também está prevista no artigo 93, IX da Carta, que dispõe sobre o cuidado com o direito público à informação no caso de determinação de segredo de justiça no âmbito processual. E, ainda, no tratamento constitucional da ordem social há disposições sobre a impossibilidade de restrição da manifestação do pensamento, criação, expressão e informação, determinando-se a plena liberdade de informação jornalística.[32]

---

29 SCHWARTZ, Fabio de Souza. *Hiperconsumo e hiperinovação*: combinação que desafia a qualidade da produção, análise crítica sobre o aumento dos *recalls*. Curitiba: Juruá, 2016, p. 19-35.

30 MALFATTI, Alexandre David. *O direito de informação no Código de Defesa do Consumidor*. São Paulo: Alfabeto Jurídico, 2003, p. 144.

31 SCHWARTZ, Fabio de Souza. *Hiperconsumo e hiperinovação*: combinação que desafia a qualidade da produção, análise crítica sobre o aumento dos *recalls*. Curitiba: Juruá, 2016, p. 19-35.

32 Artigo 220, § 1º da CF/88: "Art. 220. A manifestação do pensamento, a criação, a expressão e a informação, sob qualquer forma, processo ou veículo não sofrerão qualquer restrição, observado o disposto nesta Constituição. § 1º Nenhuma lei conterá dispositivo que possa constituir embaraço à plena liberdade de informação

No âmbito das relações de consumo, analisadas sob as normas de proteção da parte mais fraca, a informação ganha especial importância tendo em vista sua função de elemento de diminuição da desigualdade entre os contratantes. O fornecedor conhece os meios de produção e suas características, sabe dos detalhes da fabricação do produto ou da disponibilização do serviço. O consumidor, por outro lado, não tem conhecimento sobre o processo de fabricação dos bens de consumo, suas peculiaridades e riscos, ficando, portanto, em uma situação de desvantagem a qual pode ser pelo menos atenuada pelo fornecimento das informações.

A informação no direito do consumidor, desse modo, tem contornos próprios e distintos das demais searas tendo em vista a necessidade de proteção de quem consome e que se encontra em situação de desequilíbrio.[33]São assegurados ao consumidor "direitos por meio dos quais ele possa alcançar a igualdade material de desiguais, garantem-se direitos de escolha reflexão, informação e transparência para proteger sua abalada liberdade ou autonomia de vontade".[34]

1.1.2. Informação como instrumento de obtenção de equilíbrio

A transferência de informação tem importante papel na efetivação da igualdade ou equidade informacional. Trata-se de ideia que remete à noção de equilíbrio. O vocábulo equidade tem múltiplo significado e se relaciona com justiça, adequação, proteção, simetria. Tem origem no termo grego *epiekeia* e designa aquilo que é reto, justo. O vocábulo latino *aequitas* tem significado semelhante.

Trata-se do justo concreto, daquilo que está em harmonia com as circunstâncias do caso. É uma espécie de intuição racionalizada das exigências de justiça enquanto igualdade proporcional por meio da análise das considerações práticas dos efeitos que se presumem decorrentes das soluções encontradas.[35]

---

jornalística em qualquer veículo de comunicação social, observado o disposto no art. 5º, IV, V, X, XIII e XIV."

33 VAZ, Caroline. *Direito do consumidor à segurança alimentar e responsabilidade civil.* Porto Alegre: Livraria do Advogado Editora, 2015, p. 66-70.

34 MARQUES, Claudia Lima; MIRAGEM, Bruno. *O novo direito privado e a proteção dos vulneráveis.* São Paulo: Editora Revista dos Tribunais, 2012, p. 125.

35 FERRAZ JÚNIOR, Tércio Sampaio. *Introdução ao estudo do direito:* técnica, decisão, dominação. 3. ed. São Paulo: Atlas, 2001, p. 300.

A equidade, dessa forma, pode ser considerada um valor inspirador do direito presente na ideia de justiça. Tem sua função valorativa, permeando todos os princípios do direito, emprestando coesão e harmonia social às normas. Também funciona como elemento de integração, seu uso mais corriqueiro, em situações nas quais o caso concreto apresenta dificuldades não previstas em lei. Além disso, permite ao juiz resolver a situação sem propriamente criar uma norma, mas utilizando uma técnica de raciocínio baseada nas ideias de justiça de acordo com os usos e costumes.

Em sua função corretiva, a equidade serve para o afastamento de injustiças, sendo utilizada como isolamento da regra geral em determinado caso a fim de que se possa amenizar o rigor da lei em determinada situação para promover justiça, ou seja, funciona como um corretivo do justo legal.[36] É permitido que o juiz vá um pouco além da aplicação estrita da regra legal desde que em busca da justiça.[37]

A equidade surgiu de princípios gerais preexistentes e superiores à lei. É um sentido subjetivo e progressivo, porém não individual nem arbitrário, como constata Maximiliano. Representa o sentir do maior número, não do homem que alega ou decide. É um elemento auxiliar da hermenêutica e da aplicação do direito. É invocada não só nos casos de silêncio da lei, mas para insinuar uma solução mais tolerante, mais humana, evitando que o direito seja mal aplicado.[38]

Trata-se de expressão que contem ideia altamente construtiva. Foi fundamento para a elaboração do direito honorário no direito romano. Relaciona-se com a ideia de amenização do rigor da lei para se aproximar da concepção de justiça ideal. É a justiça do caso concreto, que satisfaz as necessidades sociais. Fora dos casos em que é autorizado expressamente a decidir pela equidade, o juiz só deve empregá-la em caráter excepcional.[39]

A equidade *secundum legem* é a justa aplicação da norma jurídica geral ao caso concreto, que consiste na justa concretização do preceito legal;

---

36 BITTAR, Eduardo C. B.; ALMEIDA, Guilherme Assis de. *Curso de filosofia do direito*. 12. ed. São Paulo: Atlas, 2016, p. 169.

37 CAVALIERI FILHO, Sérgio. *Programa de Direito do Consumidor*. 4. ed. São Paulo: Atlas, 2014, p. 54-59.

38 MAXIMILIANO, Carlos. *Hermenêutica e aplicação do direito*. 9. ed. Rio de Janeiro: Forense, 1981, p. 172-175.

39 PEREIRA, Caio Mário da Silva. *Instituições de Direito Civil*. v. 1. 5. ed. Rio de Janeiro: Forense, 1976, p. 80-81.

a contra *legem* é a que conflita com o direito positivo e corresponde aos novos ideais históricos da justiça consistindo, portanto, na adaptação do ideal de justiça de uma época a determinado caso.[40]

No Código de Defesa do Consumidor, há expressa menção à equidade no âmbito da proteção contratual. O artigo 51, inciso IV dispõe ser abusiva a cláusula contrária à equidade. Ao analisar o pacto, portanto, ao juiz é permitido dizer o que não é justo ou equilibrado, permitindo-se a exclusão ou anulação de disposição em desacordo com a necessidade de proteção e de justiça contratual no âmbito das relações consumeristas.[41]

---

[40] GUSMÃO, Paulo Dourado de. *Introdução ao estudo do direito*. Rio de Janeiro: Forense, 2011, p. 72-73.

[41] Veja-se interessantes decisões do STJ que mencionam a necessidade de observância de equidade contratual. Na primeira decisão é feita a análise de abusividade de cláusulas em contrato de telefonia e internet, entre elas a cláusula de fidelização e a que transfere responsabilidade para o consumidor. A segunda decisão versa sobre responsabilidade de fabricante por vício de fabricação de veículo. ADMINISTRATIVO. CONSUMIDOR. PROCEDIMENTO ADMINISTRATIVO. PLANO "NET VIRTUA". CLÁUSULAS ABUSIVAS. TRANSFERÊNCIA DOS RISCOS DA ATIVIDADE AO CONSUMIDOR. PROCON. ATIVIDADE ADMINISTRATIVA DE ORDENAÇÃO. AUTORIZAÇÃO PARA APLICAÇÃO DE SANÇÕES VIOLADORAS DO CDC. CONTROLE DE LEGALIDADE E INTERPRETAÇÃO DE CLÁUSULAS CONTRATUAIS. ATIVIDADE NÃO EXCLUSIVA DO JUDICIÁRIO. FUNDAMENTAÇÃO SUCINTA. POSSIBILIDADE. DIVERGÊNCIA INCOGNOSCÍVEL. SÚMULA 83/STJ. REDUÇÃO DA PROPORCIONALIDADE DA MULTA ADMINISTRATIVA. SÚMULA 7/ STJ. 1. O Código de Defesa do Consumidor é zeloso quanto à preservação do equilíbrio contratual, da equidade contratual e, enfim, da justiça contratual, os quais não coexistem ante a existência de cláusulas abusivas.2. O art. 51 do CDC traz um rol meramente exemplificativo de cláusulas abusivas, num conceito aberto que permite o enquadramento de outras abusividades que atentem contra o equilíbrio entre as partes no contrato de consumo, de modo a preservar a boa-fé e a proteção do consumidor.(...) (STJ, REsp 1279622/MG, Rel. Ministro HUMBERTO MARTINS, SEGUNDA TURMA, julgado em 06/08/2015, DJe 17/08/2015); RECURSO ESPECIAL. Limite do julgamento. Proposta no recurso especial a questão do termo ad quem do período a considerar para o pagamento da multa, descabe ir além para reduzir o seu valor. Código de Defesa do Consumidor. EQÜIDADE. Código de Defesa do Consumidor. – É possível o julgamento por equidade na relação de consumo. (STJ, REsp 225.322/DF, Rel. Ministro CESAR ASFOR ROCHA, Rel. p/ Acórdão Ministro RUY ROSADO DE AGUIAR, QUARTA TURMA, julgado em 02/04/2002, DJ 10/03/2003, p. 222)

Nesse contexto, destaca-se a importância da informação para a obtenção do equilíbrio na relação entre consumidor e fornecedor, ou seja, para a busca da equidade informacional. Quanto melhor informado o consumidor estiver, menor será a sua vulnerabilidade diante do fornecedor e mais elementos ele terá para escolher o que e como contratar e saber dos riscos e problemas que podem surgir.

Segundo ensina Bruno Miragem, o princípio do equilíbrio parte do pressuposto da vulnerabilidade do consumidor e sustenta a necessidade de reequilíbrio da situação fática de desigualdade. Incide sobre as consequências patrimoniais das relações de consumo e tem como efeitos a proteção do consumidor e a proteção do próprio equilíbrio econômico do contrato.[42]

É desenvolvido a partir do princípio constitucional da igualdade substancial. Atua na limitação das atividades do fornecedor que coloquem o consumidor em desvantagem exagerada. O equilíbrio da relação de consumo é protegido não somente em relação ao contrato, mas também quanto à responsabilidade extracontratual. O princípio reflete-se ainda no equilíbrio processual ao passo em que garante um papel mais ativo do juiz na lide.

No CDC, percebe-se uma ideia de proibição geral ao abuso de direito por meio da aplicação do princípio do equilíbrio nos artigos 51, IV e 6º, V, por exemplo. São casos em que se reconhece a desigualdade do consumidor e a necessidade de sua proteção pelo direito tendo em vista o grande desequilíbrio da relação.[43]

Marques explica que o déficit informacional entre fortes e fracos no contrato é o ponto central da relação de consumo. Informação é poder e o que se busca é a equidade informacional, relacionada à necessidade de comportamento com transparência. O dever de informar possibilita uma aproximação contratual mais sincera e menos danosa. Ao informar de forma transparente e cooperar com o consumidor, o fornecedor estará agindo com lealdade e respeito.[44]

---

42 MIRAGEM, Bruno. *Curso de Direito do Consumidor.* 6. ed. São Paulo: Editora Revista dos Tribunais, 2016, p. 148-149.

43 MIRAGEM, Bruno. *Curso de Direito do Consumidor.* 6. ed. São Paulo: Editora Revista dos Tribunais, 2016, p. 148-149.

44 MARQUES, Claudia Lima. *Contratos no Código de Defesa do Consumidor:* o novo regime das relações contratuais.7. ed. São Paulo: Editora Revista dos Tribunais,

Cavalieri Filho também salienta a imprescindibilidade da informação para a colocação do consumidor em situação de igualdade. Destaca que o direito à informação não tem um fim em si mesmo, mas, sim, o de garantir ao consumidor o exercício do direito de escolher conscientemente, o que permite, por sua vez, a diminuição dos riscos e o alcance das legítimas expectativas. Sem a informação adequada, o consumidor não pode fazer escolhas boas e corretas já que não tem conhecimento algum sobre o produto ou serviço de que necessita. Sob este aspecto, percebe-se a ligação entre o dever de informar e a vulnerabilidade do consumidor.[45]

A informação serve como forma de reequilibrar a relação de consumo e vai além do cumprimento formal do dever de indicar dados e demais elementos informativos. Trata-se de um direito multifacetado de conteúdo e eficácia variáveis conforme as características de cada situação, como salienta Miragem.[46]

Pfeiffer analisa a informação e sua influência no mercado. Assevera que a distribuição assimétrica de informações é uma das principais falhas mercadológicas porquanto acentua a vulnerabilidade do consumidor. Para quem consome, é muito mais custoso buscar a informação, encargo que deve ser conferido ao fornecedor, que pode fazê-lo por menos custo. Essa solução é a mais econômica e equitativa e diminui não somente os custos do consumidor, mas também contribui para a prevenção de danos.[47]

Matos destaca a diferença entre informação e dados, sendo que os últimos têm aspecto primitivo, são anteriores à informação, embora possam a ela se sobrepor em alguns momentos. Explana também sobre a relação entre o desenvolvimento da sociedade e a valoração da informação. À sociedade agrícola e artesanal seguiu a industrial até o surgimento da sociedade moderna ou pós-industrial. Atualmente, a fase é a da sociedade pós-moderna, a sociedade da informação. Houve evolução tecnológica e de internet que proporcionou um acesso mais amplo à informação por um número maior de pessoas.

2014, p. 782-783.

45 CAVALIERI FILHO, Sérgio. *Programa de Direito do Consumidor*. 4. ed. São Paulo: Atlas, 2014, p. 83.

46 MIRAGEM, Bruno. *Curso de Direito do Consumidor*. 6. ed. São Paulo: Editora Revista dos Tribunais, 2016, p. 214-215.

47 PFEIFFER, Roberto Augusto Castellanos. *Defesa da concorrência e bem-estar do consumidor*. São Paulo: Editora Revista dos Tribunais, 2015, p. 84-85.

A economia não é mais baseada na produção de bens, mas caracteriza-se pelo intenso fornecimento de serviços no mercado de consumo. O saber dos indivíduos passou a ser valorado e considerado fonte de obrigações, o que foi moldando as características da sociedade de informação. Tem-se um conjunto organizado de conhecimento que pode ser transmitido, coletado e registrado em diversas mídias por meio das mais variadas tecnologias.

A autora examina o custo da produção e da transação de informações, referindo-se a dados como preço ou características de grupos de consumidores. São informações utilizadas pelo fornecedor para aumentar seu lucro e fazer negócios, diferentes daquelas sobre as peculiaridades e riscos do produto ou do serviço que devem ser transmitidas a quem consome.

A informação, assim, é tratada como produto ou serviço, passando a ser considerada mercadoria. Trata-se de algo que se pode comercializar e pode ser contratado inclusive no âmbito de um contrato de consumo.[48] Essa é a concepção da informação como objeto de um contrato, como o bem almejado por uma parte e fornecido por outra.

A informação examinada neste trabalho e que se relaciona com o dever de informar aqui estudado é aquela que o fornecedor detém e que deve transmitir ao consumidor. São as informações sobre as características, funcionalidade, uso, riscos e demais elementos dos bens colocados no mercado, que não se confundem com aquelas informações dos próprios consumidores que tem o grande valor econômico referido por Matos. Essas por ela referidas são as constantes de banco de dados ou as captadas por meio da utilização de aplicativos ou serviços nos quais as informações do consumidor são obtidas e depois comercializadas.

1.1.3. Vulnerabilidade informacional do consumidor

Observa-se que a principal diretriz de proteção do consumidor é o reconhecimento de sua vulnerabilidade, "fundamento teleológico de todo o microssistema protetivo"[49] e sua viga mestre.[50] A presunção de vulnerabilidade jurídica do consumidor acarreta a necessidade de ser reestabelecido

---

48 MATOS, Karla Cristina da Costa e Silva. *O valor econômico da informação nas relações de consumo.* São Paulo: Almedina, 2012, p. 25-50.

49 MIRAGEM, Bruno. *Curso de Direito do Consumidor.* 6. ed. São Paulo: Editora Revista dos Tribunais, 2016, p. 127.

50 MARTINS, Plínio Lacerda. *O abuso nas relações de consumo e o princípio da boa-fé.* Rio de Janeiro: Forense, 2002, p. 52.

pelo Direito o equilíbrio material nas relações e efetivada a proteção da parte mais fraca de maneira integral, nos âmbitos da prevenção e da reparação de danos. O acesso à informação materializa esse reequilíbrio e proporciona o direito de escolha do consumidor, principalmente considerando-se o contexto de necessidades criadas e induzidas na sociedade de consumo em massa fortemente influenciada pela publicidade.[51]

Vulnerabilidade é um estado da pessoa. Designa também uma situação de fragilidade, impossibilidade de ação ou enfraquecimento que pode ser temporária ou permanente. O sujeito vulnerável fica exposto ao risco e sem possibilidade de autodeterminação.[52] É a necessidade de proteção do consumidor, tendo em vista sua inegável vulnerabilidade que fundamenta as regras previstas no Código de Proteção e Defesa do Consumidor, como referido.

Existem quatro tipos de vulnerabilidade, de acordo com a lição de Marques: a técnica, a jurídica, a fática e a informacional, adjetivada como básica. A primeira relaciona-se com a ausência de conhecimentos científicos sobre o bem de consumo. É presumida para o consumidor comum, mas o profissional também pode se encontrar em situação de vulnerabilidade técnica. O consumidor pode ser facilmente enganado, pois não tem como saber se as especificações anunciadas efetivamente correspondem à realidade. Essa espécie de vulnerabilidade tem ligação com a complexidade dos produtos e dos serviços oferecidos no mercado, que aumenta cada vez mais, fazendo com que o consumidor se sinta em posição desconfortável.[53]

A vulnerabilidade jurídica revela-se na situação de ausência de conhecimentos jurídicos específicos. Vale para os consumidores que não sejam profissionais, já que para as pessoas jurídicas ou para os profissionais a presunção é de que devem possuir conhecimento suficiente para poderem exercer sua atividade, uma vez que são especialistas em seu ofício.

---

51 LÔBO, Paulo Luiz Netto. A informação como direito fundamental do consumidor. *Revista de Direito do Consumidor*, São Paulo v. 37, p. 59-76, jan. /mar., 2001.

52 Sobre autodeterminação informacional especificamente no âmbito dos bancos de dados: CARVALHO, Ana Paula Gambogi. O consumidor e o direito à autodeterminação informacional. *Revista de Direito do Consumidor*, São Paulo, v. 46, p. 77-115, abr. /jun., 2003.

53 MARQUES, Claudia Lima. *Contratos no Código de Defesa do Consumidor:* o novo regime das relações contratuais.7. ed. São Paulo: Editora Revista dos Tribunais, 2014, p. 320-341.

É uma das fontes irradiadoras do dever de informação, tendo em vista a complexidade dos contratos e o grande número de complicados vínculos que formam uma relação contratual. O consumidor deve ser tido como um leigo pelo fornecedor, que deve evitar termos técnicos ou difíceis que possibilitem a incompreensão ou deixem margem para dúvidas.

A vulnerabilidade fática ou socioeconômica diz respeito às características do parceiro contratual, que impõe sua força e superioridade. A parte mais fraca submete-se a determinadas condições contratuais, pois precisa do bem de consumo e não tem condições de modificar cláusulas ou condições, já previamente determinadas pelos fornecedores em contratos massificados caracterizados pelo exercício do poder de determinação de regras contratuais e pela ausência de negociação ou flexibilização de deveres ou direitos.

A vulnerabilidade informacional[54] pode ser considerada uma espécie de vulnerabilidade técnica, mas merece destaque como uma espécie au-

---

[54] Veja-se interessante decisão do STJ em ação civil pública ajuizada pela Associação Nacional de Defesa do Consumidor em face da empresa ARNO a fim de que fossem disponibilizados manuais de instruções dos produtos em meio magnético, braile ou em fonte ampliada para que pudessem ser acessados por pessoas portadoras de deficiência visual. O recurso interposto pelo fornecedor foi provido, por maioria, em virtude do reconhecimento da falta de interesse de agir. Há, no voto-vencido do Ministro Villas Bôas Cuevas, elucidativa menção à vulnerabilidade informacional do consumidor, em especial o seguinte trecho: "É incontestável que o portador de deficiência visual encontra maiores dificuldades do que o cidadão comum, daí a indispensabilidade de obter informações objetivas por meio de manual (braile), o que deve ser realizado de forma plena e segura, sob pena de lhe impor um inaceitável isolamento social. Por isso, não é suficiente a mera disponibilização pela empresa dos manuais em meio eletrônico (no site) ou, ainda, a realização de convênios com instituições dedicadas ao trabalho com pessoas portadoras de deficiência visual. Tais condutas, apesar de louváveis, não se comunicam com o direito básico em análise, qual seja, a inclusão social do deficiente nas relações consumeristas por meio da informação. A vulnerabilidade informacional inerente ao consumidor encontra respaldo nos arts. 6º, III, e 39, IV, do CDC, sendo potencializada pela deficiência visual, muitas vezes apta a impedir a aferição das características dos produtos por manual escrito, o que evidencia verdadeira hipervulnerabilidade ante o manifesto desequilíbrio entre as partes". O Ministro João Otávio de Noronha destacou que "(...) o fato de a empresa ter ou não os manuais não é suficiente para justificar a demanda em questão, pois isso não gera situação de risco ao consumidor nem de risco que justifique uma tutela preventiva. A ação tem de ser embasada no descumprimento da obrigação

tônoma tendo em vista o déficit informacional do consumidor, elemento chave das relações de consumo.[55] Trata-se um fator representativo do desequilíbrio contratual considerando-se que os fornecedores são aqueles que efetivamente detém as informações necessárias sobre o bem de consumo e escolhem de que forma e em que momento as transmitir ao consumidor ou então optam por guarda-las.

É uma vulnerabilidade essencial e liga-se à dignidade da pessoa humana, considerando-se a informação como necessária para uma vida digna e saudável, como, por exemplo, no âmbito dos alimentos[56] e dos produtos que trazem malefícios para a saúde de determinados grupos de pessoa ou então nas hipóteses de alimentos geneticamente[57] modificados.[58] A

---

imposta por lei. Ter ou não o manual é fato que está fora da proteção jurídica. A norma protetiva diz respeito ao fornecimento de informação ao consumidor. Esse é o ponto. E em relação a tal aspecto, não há demanda, pois não se noticiou nos autos nenhum tipo de sonegação de informação ao deficiente visual. A lei não obriga a empresa a ter manuais, mas a fornecê-los. Mesmo que se pressuponha que a falta prejudica o fornecimento, ainda assim, não há descumprimento tangível que possa dar suporte a uma ação judicial." (STJ, REsp 1520202/SP, Rel. Ministro RICARDO VILLAS BÔAS CUEVA, Rel. p/ Acórdão Ministro JOÃO OTÁVIO DE NORONHA, TERCEIRA TURMA, julgado em 12/05/2015, DJe 26/05/2015)

55 MARQUES, Claudia Lima. *Contratos no Código de Defesa do Consumidor*: o novo regime das relações contratuais. 7. ed. São Paulo: Editora Revista dos Tribunais, 2014, p. 320-341.

56 A lei n. º 13.305 de 4 de julho de 2016 acrescentou o art. 19-A ao Decreto-Lei nº 986, de 21 de outubro de 1969, que "institui normas básicas sobre alimentos", para dispor sobre a rotulagem de alimentos que contenham lactose, criando, portanto, o dever dos fabricantes de informar sobre a presença de lactose nos produtos.

57 Sobre o tema, ver: PEREIRA, Henrique Mioranza Koppe. *Responsabilidade civil do fornecedor de alimentos*: manipulação química e modificação genética. Curitiba: Juruá, 2010 e KUNISAWA, Viviane Yumy M. O direito de informação do consumidor e a rotulagem dos alimentos geneticamente modificados. *Revista de Direito do Consumidor*, São Paulo, v. 53, p. 135-150, jan. /mar., 2005.

58 Interessantes decisões que abordam a necessidade de informação sobre a existência de organismos geneticamente modificados em alimentos. Casos em que houve aplicação de multa e retirada do produto do mercado. Observe: DIREITO ADMINISTRATIVO E PROCESSUAL CIVIL. COMERCIALIZAÇÃO DE FARINHA DE MILHO COM ORGANISMOS GENETICAMENTE MODIFICADOS – OGMS. OBRIGATORIEDADE DE INFORMAÇÃO NOS RÓTULOS E EMBALAGENS. CDC E DECRETO 4.680/2003. OFENSA AO DIREITO DO CONSUMIDOR. MULTA

falta de informação nesses casos pode gerar grave risco de danos à saúde

IMPOSTA PELA SECRETARIA DO DIREITO ECONÔMICO (SDE/MJ) EM PROCESSO ADMINISTRATIVO. PRELIMINAR. TESE QUE SE CONFUNDE COM O MÉRITO DO APELO. JULGAMENTO CONJUNTO. PROVA NOTÓRIA E INCONTESTÁVEL. ART. 57 DA LEI 8.078/90 E DECRETO 2.187/97. AGRAVANTES E ATENUANTES. FORMALIDADES E CRITÉRIOS PARA APLICAÇÃO DA MULTA RESPEITADOS. PEDIDO DE ANULAÇÃO. SENTENÇA MANTIDA. AGRAVO RETIDO E APELAÇÃO. DESPROVIMENTO. (…) 3. Não socorre à apelante a alegação de que desconhecia as características do milho comprado no ano de 2010, posteriormente posto à comercialização, porquanto na legislação de regência há expressa previsão de obrigatoriedade de controlar os mecanismos de produção e a qualidade do produto posto à venda no mercado e, também por ter, conforme o disposto no art. 31 c/c art. 6º, III do CDC, o dever de, ao apresentar os produtos, assegurar informações correta, claras, precisas, ostensivas e em língua portuguesa sobre suas características, qualidades, quantidade, composição, preço, garantia, prazos de validade e origem, entre outros dados, bem como sobre os riscos que apresentam à saúde e segurança dos consumidores. 4. Ainda que fossem aceitas como contraprova, as notas fiscais, que, diga-se efetivamente não apontam qual a característica do milho (se transgênico ou não) em clara infringência ao disposto no § 3º do art. 2º do citado Decreto 4.680/2003, a empresa ao comprar o produto e depositá-lo em seus armazéns para fins de moagem e comercialização tinha, não só dever de fazer as análises químicas, biológicas e sanitárias, bem como de informar ao consumidor (via colocação de rótulo na embalagem) as características e a composição do produto Farinha de Milho – Fubá Fino Mimoso. (…) 7. O Código de Defesa do Consumidor aplica às relações de consumo a teoria da responsabilidade objetiva do fornecedor, não sendo necessária a demonstração de culpa ou dolo por este. Assim, irrelevante a discussão sobre a presença de elemento subjetivo na conduta da autora, ou a imputação da responsabilidade a terceiros, sendo que esta deverá se dar em processo próprio contra os fornecedores com a demonstração efetiva da má-fé destes. (…) (TRF4, Apelação Cível n.º 5004106-85.2012.404.7004, Quarta Turma, Relatora SALISE MONTEIRO SANCHOTENE, juntado aos autos em 29/03/2016); APELAÇÃO CÍVEL – ALIMENTOS CONTENDO ORGANISMOS GENETICAMENTE MODIFICADOS (OGM'S), DENOMINADOS TRANSGÊNICOS – PRETENSÃO DA RECORRENTE DE SE FURTAR À OBSERVÂNCIA DA LEI ESTADUAL N. 12.128/2002, NO QUE SER REFERE À ROTULAGEM DOS PRODUTOS QUE COMERCIALIZA EM SANTA CATARINA – INEXISTÊNCIA DA AVENTADA INCONSTITUCIONALIDADE – DIREITO BÁSICO DO CONSUMIDOR À INFORMAÇÃO, INDEPENDENTEMENTE DA QUANTIDADE DOS ORGANISMOS MODIFICADOS CONTIDOS NO PRODUTO – COMPETÊNCIA CONCORRENTE DO ESTADO DE SANTA CATARINA – SENTENÇA MANTIDA – RECURSO DESPROVIDO. "Não há contrariedade entre o Decreto Federal n. 4.680/03 e a Lei Estadual n. 12.128/02, porquanto ambas legislações dispõem sobre o direito à informação;

do consumidor ou impossibilitar seu direito de escolher adquirir certos produtos.[59] Com efeito, a ausência, a falha ou o excesso de informações configuram situação de vulnerabilidade técnica, caracterizada principalmente pelo desconhecimento generalizado do consumidor acerca das propriedades e das consequências em geral da utilização ou contato com os modernos produtos e serviços.[60]

Moraes destaca cinco possíveis fontes geradoras de vulnerabilidade técnica: os produtos ou serviços naturalmente perigosos; os fornecidos com defeitos; os disponibilizados com vícios; os colocados no mercado por intermédio de práticas abusivas e os contratos. São situações variadas e com o potencial de causar inúmeros danos, como os à saúde do consumidor quando se tratar do desconhecimento acerca de princípios ativos de medicamentos ou ingredientes de produtos alimentícios.[61]

No Código de Defesa do Consumidor, a informação aparece em inúmeros artigos, permeando todas as esferas de proteção. O direito do consumidor a ser bem informado deve ser garantido durante a fase pré-contratual,

---

porém, com uma pequena diferença: enquanto a lei federal fixa limite de incidência (1% – um por cento) de organismos geneticamente modificados (OGM) nos produtos comercializados para a obrigatoriedade da informação no rótulo, a lei estadual foi silente, não sendo causa de inconstitucionalidade, porquanto é permitido ao legislador estadual certa amplitude e liberalidade nas matérias de competência concorrente, versando a legislação federal sobre normais gerais e legislação estadual sobre normas específicas (art. 24 da CF)" (Agravo de Instrumento n. 2003.029271-3, rel. Des. Rui Fortes, j. 13-4-2004). (Apelação Cível N° 2007.014676-1, Segunda Câmara de Direito Público, Tribunal de Justiça de SC, Relator: Cid Goulart, Julgado em 04/12/2012.)

59 MARQUES, Claudia Lima. *Contratos no Código de Defesa do Consumidor:* o novo regime das relações contratuais.7. ed. São Paulo: Editora Revista dos Tribunais, 2014, p. 320-341.

60 MORAES, Paulo Valério Dal Pai. *Código de Defesa do Consumidor:* o princípio da vulnerabilidade no contrato, na publicidade, nas demais práticas comerciais; interpretação sistemática do direito. 3. ed. Porto Alegre: Livraria do Advogado Editora, 2009, p. 142.

61 MORAES, Paulo Valério Dal Pai. *Código de Defesa do Consumidor:* o princípio da vulnerabilidade no contrato, na publicidade, nas demais práticas comerciais; interpretação sistemática do direito. 3. ed. Porto Alegre: Livraria do Advogado Editora, 2009, p. 142.

nos âmbitos da oferta e da publicidade, durante a execução do contrato,[62] também em sua etapa posterior e em todos os momentos em que houver contato entre consumidor e fornecedor, ainda quando inexistente contrato.

O cumprimento de dever de informar resguarda a autonomia do consumidor e seu direito de escolha, atenua sua vulnerabilidade, contribuindo

---

62 Leia interessante decisão do STJ na qual é mencionado o dever de instituição de ensino informar os alunos e interessados acerca da duração do curso, carga horária e valores não somente no início do contrato, mas anualmente ou semestralmente. No caso foi reconhecido o cumprimento do dever de informação: RECURSO ESPECIAL – AÇÃO ANULATÓRIA DE CLÁUSULA CONTRATUAL C/C INDENIZAÇÃO POR DANOS MORAIS E MATERIAIS – NÃO FORMAÇÃO DE NOVAS TURMAS DE CURSO SUPERIOR (EXTINÇÃO DE CURSO UNIVERSITÁRIO) – TRANSFERÊNCIA DE ALUNA PARA OUTRA INSTITUIÇÃO DE ENSINO – RESPONSABILIDADE CIVIL DA UNIVERSIDADE RECONHECIDA PELAS INSTÂNCIAS ORDINÁRIAS, AO ENTENDEREM CONFIGURADOS E COMPROVADOS OS DANOS ALEGADOS, NÃO OBSTANTE O AFASTAMENTO DA ARGUIDA ABUSIVIDADE DA CLÁUSULA CONTRATUAL QUE FACULTA À UNIVERSIDADE A EXTINÇÃO DO CURSO POR AUSÊNCIA DE VIABILIDADE ECONÔMICO-FINANCEIRA – AUTONOMIA UNIVERSITÁRIA (ART. 207 DA CF/88) – POSSIBILIDADE DE EXTINÇÃO DE CURSO SUPERIOR, NOS TERMOS DO ARTIGO 53, INCISO I, DA LEI N. 9.394/96 – RECURSO ESPECIAL PROVIDO, A FIM DE JULGAR IMPROCEDENTE O PEDIDO CONDENATÓRIO. INSURGÊNCIA DA INSTITUIÇÃO EDUCACIONAL. (…) 4. O art. 6º, III, do CDC que institui o dever de informação e consagra o princípio da transparência, alcançou o negócio jurídico entabulado entre as partes, porquanto a aluna/consumidora foi adequadamente informada acerca da possibilidade de extinção do curso em razão de ausência de quórum mínimo, tanto em razão de cláusula contratual existente no pacto, quanto no manual do discente. 5. No caso, não se verifica o alegado defeito na prestação de serviços, haja vista que a extinção de cursos é procedimento legalmente previsto e admitido, não sendo dado atribuir-se a responsabilização à universidade por evento sobre o qual não há qualquer participação ou influência da desta (ausência de alunos e não obtenção, pela aluna, de aprovação), mormente quando cumpre todos os deveres ínsitos à boa-fé objetiva. Na relação jurídica estabelecida com seu corpo discente, consoante atestado pelas instâncias ordinárias, a instituição de ensino forneceu adequada informação e, no momento em que verificada a impossibilidade de manutenção do curso superior, ofereceu alternativas à aluna, providenciando e viabilizando, conforme solicitado por esta, a transferência para outra faculdade. 6. Recurso especial provido para julgar improcedente os pedidos da inicial. (STJ, REsp 1094769/SP, Rel. Ministro MARCO BUZZI, QUARTA TURMA, julgado em 18/03/2014, DJe 15/08/2014).

para o equilíbrio da relação e para uma equidade informacional. Trata-se de instituto com caráter dúplice porquanto se trata ao mesmo tempo de um direito e de um dever, pontos que são examinados posteriormente.

1.2. INFORMAÇÃO COMO DIREITO DO CONSUMIDOR

Como é sabido, o CDC surgiu em razão de mandamento constitucional. A defesa do consumidor está prevista no rol de direitos fundamentais do artigo 5º da nossa Constituição. O inciso XXXII[63] desse dispositivo prevê sua promoção pelo Estado na forma da lei, o que foi especificado no artigo 48 da ADCT que determinou a elaboração do Código dentro de cento e vinte dias da promulgação da Carta. Houve, na verdade, a determinação da realização do conteúdo eficacial da norma constitucional consagradora do direito fundamental, que era norma de eficácia limitada, com efeitos condicionados à produção de lei.[64] Os direitos reconhecidos e assegurados no Código do Consumidor têm, portanto, origem constitucional.

O CDC traz um rol de direitos básicos do consumidor em seu artigo 6º.[65] Trata-se de um conjunto de direitos considerados "mínimos, materiais

---

63 Artigo 5º, inciso XXXII da CF/88: "o Estado promoverá, na forma da lei, a defesa do consumidor".

64 MIRAGEM, Bruno. *Curso de Direito do Consumidor*. 6. ed. São Paulo: Editora Revista dos Tribunais, 2016, p. 67.

65 Artigo 6º do CDC: "Art. 6º São direitos básicos do consumidor: I – a proteção da vida, saúde e segurança contra os riscos provocados por práticas no fornecimento de produtos e serviços considerados perigosos ou nocivos; II – a educação e divulgação sobre o consumo adequado dos produtos e serviços, asseguradas a liberdade de escolha e a igualdade nas contratações; III – a informação adequada e clara sobre os diferentes produtos e serviços, com especificação correta de quantidade, características, composição, qualidade, tributos incidentes e preço, bem como sobre os riscos que apresentem; IV – a proteção contra a publicidade enganosa e abusiva, métodos comerciais coercitivos ou desleais, bem como contra práticas e cláusulas abusivas ou impostas no fornecimento de produtos e serviços; V – a modificação das cláusulas contratuais que estabeleçam prestações desproporcionais ou sua revisão em razão de fatos supervenientes que as tornem excessivamente onerosas; VI – a efetiva prevenção e reparação de danos patrimoniais e morais, individuais, coletivos e difusos; VII – o acesso aos órgãos judiciários e administrativos com vistas à prevenção ou reparação de danos patrimoniais e morais, individuais, coletivos ou difusos, assegurada a proteção Jurídica, administrativa e técnica aos necessitados; VIII – a facilitação da defesa de seus direitos, inclusive com a inversão do ônus da prova, a seu favor, no pro-

ou instrumentais, relacionados a direitos fundamentais, universalmente consagrados que, diante de sua relevância social e econômica, pretendeu o legislador ver expressamente tutelados".[66]

O direito à informação está previsto no inciso III desse rol que prevê o direito do consumidor à informação adequada e clara sobre os diferentes produtos e serviços, com especificação correta de quantidade, características, composição, qualidade, tributos incidentes e preço,[67] bem como sobre os riscos que apresentem.

1.2.1. Direito básico à informação

Como explica Bruno Miragem, trata-se de direito de grande repercussão prática cuja eficácia relaciona-se a um dever geral de informar. Além da disposição no artigo 6°, há uma série de outros direitos específicos ao longo de todo o Código do Consumidor que revelam a importância da informação.[68]

Lôbo explana que a informação se apresenta com significados diferentes, porém aproximados, nos âmbitos do direito da comunicação e no direito do consumidor. No primeiro, revela-se como direito fundamental da

---

cesso civil, quando, a critério do juiz, for verossímil a alegação ou quando for ele hipossuficiente, segundo as regras ordinárias de experiências; IX – (Vetado); X – a adequada e eficaz prestação dos serviços públicos em geral. Parágrafo único. A informação de que trata o inciso III do *caput* deste artigo deve ser acessível à pessoa com deficiência, observado o disposto em regulamento."

66 CAVALIERI FILHO, Sérgio. *Programa de Direito do Consumidor*. 4. Ed. São Paulo: Atlas, 2014, p. 97.

67 Interessante decisão na qual foi considerado descumprido o dever de informar em virtude da divulgação de pacote turístico com preço somente em moeda estrangeira: DIREITO PROCESSUAL CIVIL E CONSUMIDOR. AGRAVO DE INSTRUMENTO. AÇÃO CIVIL PÚBLICA. PUBLICIDADE ENGANOSA POR OMISSÃO. INCIDÊNCIA DO ARTIGO 31 DO CÓDIGO DE DEFESA DO CONSUMIDOR. DEVER DE INFORMAÇÃO VIOLADO. PACOTES TURÍSTICOS INFORMADOS EM PREÇOS DE MOEDA ESTRANGEIRA. INEXISTÊNCIA DE INFORMAÇÕES ESSENCIAIS QUANTO AOS PREÇOS EM MOEDA NACIONAL. OFENSA AOS PRINCÍPIOS DA TRANSPARÊNCIA E DA BOA-FÉ OBJETIVA. CONHECIMENTO E DESPROVIMENTO DO RECURSO. (Apelação Cível N° 2016.009926-4, 3ª Câmara Cível, Tribunal de Justiça do RN, Relator: Jarbas Bezerra, Julgado em 31/01/2017)

68 MIRAGEM, Bruno. *Curso de Direito do Consumidor*. 6. ed. São Paulo: Editora Revista dos Tribunais, 2016, p. 214.

liberdade de expressão, oponível ao Estado e a qualquer pessoa. Trata-se de direito sensível, vulnerável ao autoritarismo político, fundamental de primeira geração e que se relaciona com o direito de procurar, receber, compartilhar e publicar informação.[69]

O direito à informação no âmbito do direito do consumidor é direito de prestação positiva oponível a todo aquele que fornece produtos e serviços no mercado de consumo. Não se dirige negativamente ao poder político, mas positivamente ao agente da atividade econômica.

Os direitos do consumidor e o direito à informação são considerados fundamentais de terceira geração, concebidos como tais no final do século XX, época em que foram percebidas as dimensões humanística e de exercício de cidadania desses direitos, superando-se, assim, a concepção exclusivamente econômica do consumidor, que teve recuperada sua condição mais humana.[70]

O autor enfatiza que o consumidor titular do direito à informação não é somente aquele individual e concreto em determinada relação de consumo, uma vez que o dever de informar é concebido em relação a todos os adquirentes e usuários de produtos e serviços colocados no mercado.

O direito fundamental à informação visa à concreção das possibilidades objetivas de conhecimento e compreensão por parte do consumidor, exercendo papel de garantia de cognoscibilidade. Conhecimento e compreensão são diferentes das ações de aceitar e consentir, pois não há declaração de conhecimento por parte do consumidor.

A cognoscibilidade[71] tem, dessa forma, caráter objetivo e reporta-se à conduta abstratamente esperada. O consumidor pode conhecer, mas não compreender, cabendo ao julgador a verificação da conformidade da conduta concreta do fornecedor com a abstrata tutelada pelo direito. A informação e o dever de informar, portanto, tornam realizável[72] o direito de escolha e a autonomia do consumidor, reduzida intensamente pela

---

69 LÔBO, Paulo Luiz Netto. A informação como direito fundamental do consumidor. Revista de Direito do Consumidor, São Paulo, v. 37, p. 59-76, jan. /mar., 2001.

70 LÔBO, Paulo Luiz Netto. A informação como direito fundamental do consumidor. Revista de Direito do Consumidor, São Paulo, v. 37, p. 59-76, jan. /mar., 2001.

71 Termo utilizado no sentido de algo que se pode conhecer, ato ou capacidade de adquirir efetivamente um conhecimento.

72 Entre o direito do consumidor e a obrigação do fornecedor está o dever do Estado de exigir e fiscalizar que essa informação seja efetivamente procedida e de forma adequada, só assim estará implementado o direito e assegurado o cumpri-

economia de contratação em massa, como referido no item anterior. São instrumentos de repersonalização do direito, uma vez que são hábeis a recuperar a humanização dissolvida no mercado e a capacidade de pensar e agir livremente[73] sem submissão à vontade alheia.[74]

O direito à informação é um direito subjetivo de natureza obrigacional. Há, desse modo, um vínculo jurídico em razão do qual uma pessoa deve satisfazer uma obrigação. Os direitos subjetivos à informação se encontram principalmente no âmbito do direito das obrigações, apesar de também estarem presentes nos direitos reais e na prestação de contas. Eles pretendem realizar ou satisfazer um interesse de seu titular, que nunca pode ser apenas a vontade de saber. O desejo de ampliar conhecimento não é suficiente para fazer nascer a obrigação. Deve estar presente um interesse além do mero conhecimento.[75]

Ao analisar o inciso XXXIII do artigo 5º da Constituição da República, Azevedo ressalta que o direito de ser informado por um ente público é o máximo que podemos esperar, mas interpretando-se amplamente a Constituição, o direito de ser informado recebe abrangência ainda maior. Na seara do consumidor, a informação é uma questão de dignidade humana e cidadania, pois no direito a estar informado inclui-se o direito à saúde, à segurança, ao bem-estar social e a uma vasta gama de direitos sociais. Isso faz com que o direito à informação vá muito além do direito a ser informado sobre os atos da gestão do Poder Público. O fornecedor é detentor dos meios e modos de produção e consequentemente das informações técnicas dos produtos e dos serviços, o que denota sua superioridade, uma vez que tem um *know-how*, pois participa das fases que antecedem a comercialização do bem.[76]

---

mento da obrigação: ALMEIDA, João Batista de. *A proteção jurídica do consumidor.* 7. ed. São Paulo: Saraiva, 2009, p. 62.

73 Carvalho também relaciona a informação com a liberdade e demais valores éticos presentes no direito de informação: CARVALHO, Luis Gustavo Grandinetti Castanho de. *Direito de informação e liberdade de expressão.* Rio de Janeiro: Renovar, 1999, p. 70.

74 LÔBO, Paulo Luiz Netto. A informação como direito fundamental do consumidor. Revista de Direito do Consumidor, São Paulo, v. 37, p. 59-76, jan. /mar., 2001.

75 LÔBO, Paulo Luiz Netto. A informação como direito fundamental do consumidor. *Revista de Direito do Consumidor*, São Paulo, v. 37, p. 59-76, jan. /mar., 2001.

76 AZEVEDO, Marta Britto de. O consumidor consciente: liberdade de escolha e segurança. *Revista de Direito do Consumidor*, São Paulo, v. 67, p. 197-214, jul. / set., 2008.

O direito à informação é o reconhecimento da vulnerabilidade do consumidor no mercado de consumo e relaciona-se com a possibilidade de livre escolha de produtos ou serviços. Conjuga-se com outros princípios do CDC e com o direito fundamental à vida e à segurança, como no que diz respeito a informações sobre alimentos,[77] como antes mencionado.

Fabian propõe uma sistematização dos direitos subjetivos à informação por meio da qualidade da relação jurídica primária. O objetivo da disposição do artigo 6º, inciso III, explica, é a melhora do *status* do consumidor em relação ao fornecedor. Não se trata, portanto, de norma programática.[78]

O autor levanta a questão se o consumidor poderia exigir esse direito básico como um direito subjetivo tendo em vista a previsão no CDC de outras normas mais detalhadas sobre o direito à informação, como, por exemplo, seu artigo 31 que traz importante norma concretizadora.[79]

Esse dispositivo expressa o direito básico à informação no âmbito da oferta tendo em vista a necessidade de formulação clara de informações para a plena manifestação de vontade. Há destaque também para o fator socioeconômico: o consumidor informado tem clareza sobre as opções no mercado de consumo.

O fornecedor deve, assim, descrever o produto por suas características, quantidade, composição, qualidades, prazo de validade e preços. A menção aos riscos no artigo 31, ressalta Fabian, não é direcionada para a proteção da saúde e segurança, mas serve para assegurar o direito de escolha do consumidor. Os itens do dispositivo não compõem, dessa forma, rol taxativo.[80]

---

77 EFING, Antônio Carlos; BAGGIO, Andreza Cristina; MANCIA, Karin Cristina Borio. A informação e a segurança no consumo de alimentos transgênicos. *Revista de Direito do Consumidor*, São Paulo, v. 68, p. 9-27, out. /dez. 2008.

78 FABIAN, Christoph. *O dever de informar no direito civil.* São Paulo: Editora Revista dos Tribunais, 2002, p. 81-82.

79 Artigo 31 do CDC: "A oferta e apresentação de produtos ou serviços devem assegurar informações corretas, claras, precisas, ostensivas e em língua portuguesa sobre suas características, qualidades, quantidade, composição, preço, garantia, prazos de validade e origem, entre outros dados, bem como sobre os riscos que apresentam à saúde e segurança dos consumidores".

80 FABIAN, Christoph. *O dever de informar no direito civil.* São Paulo: Editora Revista dos Tribunais, 2002, p. 83.

Marques afirma que a necessidade de informação acerca das características físicas dos produtos expressa uma preocupação com a repercussão econômica, com a saúde e com a segurança do consumidor.[81]

Além de ser correta, a informação deve ser clara, precisa e ostensiva, em língua portuguesa, com exceção para palavras estrangeiras que passam a fazer parte do nosso vocabulário.[82] Em recente decisão, as Turmas Recursais do Rio Grande do Sul reconheceram a responsabilidade de companhia aérea por falha no dever de informar em caso de documentos emitidos em língua estrangeira que não possibilitaram o entendimento do consumidor acerca da possibilidade e das consequências do cancelamento da passagem.[83]

---

81 MARQUES, Claudia Lima. *Contratos no Código de Defesa do Consumidor:* o novo regime das relações contratuais.7. ed. São Paulo: Editora Revista dos Tribunais, 2014, p. 843.

82 Decisão na qual é analisada a responsabilidade da empresa fabricante e do comerciante pela venda de produto importado sem manual em língua portuguesa: Execução Fiscal. Embargos do devedor. Multa por infração ao Código de Defesa do Consumidor. Venda de produto importado, sem manual em língua portuguesa. Responsabilidade subsidiária do comerciante apenas se não identificado o importador. Art. 13 do Código de Defesa do Consumidor. Situação fática não amoldada à hipótese legal. Recurso provido. (Apelação Cível nº 0038831-86.2011.8.26.0405, Décima Terceira Câmara de Direito Público, Tribunal de Justiça de SP, Relator: Borelli Thomaz, Julgado em 26/03/2014)

83 CONSUMIDOR. COMPRA E VENDA DE PASSAGENS AÉREAS ATRAVÉS DE CARTÃO DE CRÉDITO. CANCELAMENTO DE PASSAGEM. PRELIMINAR DE ILEGITIMIDADE PASSIVA DA COMPANHIA AÉREA AFASTADA. DEVER DE DEVOLUÇÃO DO VALOR CORRESPONDENTE É DA COMPANHIA AÉREA. FALHA NA PRESTAÇÃO DO SERVIÇO. DEVER DE INFORMAR O CONSUMIDOR SOBRE O PROCEDIMENTO DE CANCELAMENTO. DEVER DE A RÉ REPARAR PELOS DANOS DAÍ DECORRENTES. DESCASO E DESRESPEITO COM O CONSUMIDOR. QUANTUM INDENIZATÓRIO MANTIDO, ESTANDO, INCLUSIVE, AQUÉM DOS PARÂMETROS UTILIZADOS PELAS TURMAS RECURSAIS EM CASOS ANÁLOGOS. 1. A falha na prestação do serviço de venda e cancelamento da passagem aérea restou evidenciada, na medida em que no próprio depoimento de um dos proprietários da empresa ré, este informou, por diversas vezes, que nada foi explicado para o autor sobre o cancelamento da compra, obrigando o consumidor a pagar um valor elevado de multa pelo cancelamento. 2. Documentos de venda emitidos em língua estrangeira, o que é expressamente proibido em nosso ordenamento jurídico. 3. Cancelamento da transição realizada entre as partes, sendo indevida a cobrança de R$ 616,82, ou qualquer outro valor além de R$ 270,00, em razão do cancelamento da negocia-

Matos destaca que com o advento da sociedade da informação, a comunicação adquiriu caráter transpessoal, extrapolando sua faceta de pessoa a pessoa. Ela destaca que o direito à informação se desdobra no direito de informar, no direito de ser informado e no direito de não receber informação.

O direito de informar diz respeito à liberdade do consumidor de se expressar e transmitir as informações que quiser e as compartilhar em aplicativos e sites como o Youtube, por exemplo. O direito de ser informado relaciona-se ao livre acesso aos bens de comunicação e é a outra face do dever de informar. O direito de não receber informações, por sua vez, liga-se ao direito à privacidade e à intimidade que não pode ser violado, por exemplo pelo envio de mensagens e-mails não solicitados.[84]

ção, ressalvado os valores que já foram descontados via cartão de crédito, ao qual deverão ser restituídos em dobro, conforme determinado na sentença. 4. Danos morais caracterizados. Situação que ultrapassa a seara do mero aborrecimento, configurando efetiva lesão à personalidade. 5. Quantum indenizatório mantido, estando, inclusive, aquém dos valores utilizados pelas Turmas Recursais em casos análogos. 4. Sentença mantida. RECURSO DESPROVIDO. (Recurso Cível Nº 71004763140, Quarta Turma Recursal Cível, Turmas Recursais do RS, Relator: Eliane Garcia Nogueira, Julgado em 31/01/2014)

84 Decisão do STJ em que não foi reconhecida a ocorrência de danos morais em virtude de recebimento de *spam* pelo consumidor: INTERNET – ENVIO DE MENSAGENS ELETRÔNICAS – SPAM – POSSIBILIDADE DE RECUSA POR SIMPLES DELETAÇÃO – DANO MORAL NÃO CONFIGURADO – RECURSO ESPECIAL NÃO CONHECIDO. (...) 2 – Não obstante o inegável incômodo, o envio de mensagens eletrônicas em massa – SPAM – por si só não consubstancia fundamento para justificar a ação de dano moral, notadamente em face da evolução tecnológica que permite o bloqueio, a deletação ou simplesmente a recusada de tais mensagens. 3 – Inexistindo ataques a honra ou a dignidade de quem o recebe as mensagens eletrônicas, não há que se falar em nexo de causalidade a justificar uma condenação por danos morais. 4 – Recurso Especial não conhecido. INTERNET – ENVIO DE MENSAGENS ELETRÔNICAS – SPAM – POSSIBILIDADE DE RECUSA POR SIMPLES DELETAÇÃO – DANO MORAL NÃO CONFIGURADO – RECURSO ESPECIAL NÃO CONHECIDO. 1 – Segundo a doutrina pátria "só deve ser reputado como dano moral a dor, vexame, sofrimento ou humilhação que, fugindo à normalidade, interfira intensamente no comportamento psicológico do indivíduo, causando-lhe aflições, angústia e desequilíbrio em seu bem-estar. Mero dissabor, aborrecimento, mágoa, irritação ou sensibilidade exacerbada estão fora da órbita do dano moral, porquanto tais situações não são intensas e duradouras, a ponto de romper o equilíbrio psicológico do indivíduo". 2 – Não obstante o inegável incômodo, o

Muitas vezes, os dados do consumidor são obtidos por meio do acesso a bancos de informações comercializados sem sua autorização, sendo,

---

envio de mensagens eletrônicas em massa – SPAM – por si só não consubstancia fundamento para justificar a ação de dano moral, notadamente em face da evolução tecnológica que permite o bloqueio, a deletação ou simplesmente a recusada de tais mensagens. 3 – Inexistindo ataques a honra ou a dignidade de quem o recebe as mensagens eletrônicas, não há que se falar em nexo de causalidade a justificar uma condenação por danos morais. 4 – Recurso Especial não conhecido. (STJ, REsp 844.736/DF, Rel. Ministro LUIS FELIPE SALOMÃO, Rel. p/ Acórdão Ministro HONILDO AMARAL DE MELLO CASTRO (DESEMBARGADOR CONVOCADO DO TJ/AP), QUARTA TURMA, julgado em 27/10/2009, DJe 02/09/2010)

Em sentido contrário, recente decisão do TJDFT que reconheceu a existência de danos morais em caso de consumidor que recebeu mais de quarenta e nove mil mensagens no período de quatro meses: DIREITO DO CONSUMIDOR. EMPRESA DE TELEFONIA. MATERIAL PUBLICITÁRIO. ENVIO EXCESSIVO POE MEIO DE MENSAGENS DE TEXTO. DANO MORAL CONFIGURADO. SITUAÇÃO QUE ULTRAPASSA O MERO DISSABOR COTIDIANO. ASTREINTES. FINALIDADE PERSUASÓRIA. APELAÇÃO CONHECIDA E DESPROVIDA. – O dano moral caracteriza-se pela ofensa aos atributos da personalidade, tais como a honra, imagem, reputação e integridade moral ou o abalo ao estado anímico, a ponto de romper o equilíbrio psicológico e emocional da pessoa. – O pedido compensatório não tem sua razão no mero envio de torpedos, mas, principalmente, na insistência da empresa telefônica em encaminhar 49.427 mensagens publicitárias, no espaço de 04 meses, e contra a vontade do recorrido. Seu comportamento demonstrou seu descaso para com a privacidade, o sossego e a tranquilidade do consumidor, além caracterizar falha na prestação de serviço de telefonia, pelo desvirtuamento do seu fim e prejudicar o bom funcionamento do aparelho móvel. –O envio excessivo de mensagens de texto, como ocorrido no caso concreto, é situação que ultrapassa os limites do mero dissabor cotidiano, capaz de causar intensa frustração, aborrecimento e angústia. – As astreintes somente incidirão se a parte devedora não cumprir o comando judicial, ante sua finalidade persuasória. Logo, não se pode predizer que é excessiva. De mais a mais, caberá ao Juiz, na fase de cumprimento da sentença, verificar se a multa se mostrou módica ou extremamente onerosa, para então adequá-la ao fim que se destina, levando em consideração que não há preclusão da decisão nesse ponto. – APELAÇÃO CONHECIDA E DESPROVIDA. (Acórdão n.1014662, 20160110827207APC, Tribunal de Justiça do Distrito Federal e Territórios, Relator: LUÍS GUSTAVO B. DE OLIVEIRA 4ª TURMA CÍVEL, Data de Julgamento: 03/05/2017, publicado no DJE: 16/05/2017. Pág.: 390/408)

portanto, ilícita a forma de captação do e-mail do consumidor a fim de enviar informações que ele não deseja receber, principalmente as de cunho comercial ou publicitário.[85]

O conteúdo do direito à informação não é determinado *a priori*, sendo necessário que se verifique no contrato e na relação específica quais são as informações substanciais que devem ser transmitidas ao consumidor.[86]

Khouri destaca que o direito à informação busca evitar que a persuasão se dê de modo abusivo, aproveitando-se o fornecedor da debilidade natural do consumidor. Antes do CDC, não havia tanta preocupação com o meio utilizado para o incremento da atividade econômica e, muitas vezes, qualidades de produtos eram enaltecidas e informações relevantíssimas, omitidas.[87]

No Código do Consumidor, o direito à informação do consumidor, além de ser direito, é também um princípio da Política Nacional das Relações de Consumo, previsto em seu artigo 4º, inciso IV. Com efeito, a informação é a base para a manutenção de uma relação harmônica e transparente, buscando o equilíbrio entre os interesses de fornecedores e consumidores.

A referida norma diz respeito não somente às informações sobre as características dos bens, mas à educação formal e informal do consumidor sobre o mercado em geral e sobre seus direitos e deveres.[88] Neste cenário ganham destaque trabalhos desenvolvidos por entidades não-governamentais, órgãos de imprensa, colégios, PROCONs, departamento de Universidades e demais entidades públicas e privadas que distribuem cartilhas e panfletos a fim de educar e informar a população em geral.[89]

---

85 MATOS, Karla Cristina da Costa e Silva. *O valor econômico da informação nas relações de consumo*. São Paulo: Almedina, 2012, p. 120-122.

86 MIRAGEM, Bruno. *Curso de Direito do Consumidor*. 6. ed. São Paulo: Editora Revista dos Tribunais, 2016, p. 589.

87 KHOURI, Paulo R. Roque. *Direito do consumidor*: contratos, responsabilidade civil e defesa do consumidor em juízo. 6. ed. São Paulo: Atlas, 2013, p. 70.

88 Foi elaborada pela Anvisa uma cartilha explicativa sobre os rótulos de alimentos. No documento há orientações, explicações e esclarecimentos sobre como o consumidor deve ler os rótulos e interpretar as informações descritas. Disponível em: <http://portal.anvisa.gov.br/documents/33916/396679/manual_consumidor. pdf/e31144d3-0207-4a37-9b3b-e4638d48934b> Acesso em: 16 mai. 2018.

89 FILOMENO, José Geraldo Brito. [arts. 4º e 5º]. In: GRINOVER, Ada Pellegrini, *et.al.*, *Código brasileiro de Defesa do Consumidor*: comentado pelos autores do anteprojeto. 8. ed. Rio de Janeiro: Forense Universitária, 2004, p. 73-75.

O direito de educação do consumidor corresponde ao dever de educação do fornecedor a quem a lei confiou a tarefa específica de educar sobre o consumo adequado de produtos e serviços com o objetivo de assegurar liberdade de escolha e igualdade nas contratações. E o ato de educar não se reduz à mera formalidade consistente em entrega de manuais ou folhetos, mas envolve atitude de buscar a efetiva compreensão das formas de utilização dos bens pelo consumidor, razão pela qual a informação deve ser acompanhada de divulgação e de utilização dos veículos de comunicação para transmissão de mensagens.[90] O fornecedor também deve se colocar à disposição para a solução de questionamentos ou dúvidas que possam surgir.

1.2.2. Características e adequação da informação

Para que o consumidor seja efetivamente informado, a informação deve ser clara e adequada. Clareza é a qualidade do que é inteligível, compreensível, daquilo que pode ser captado pelo consumidor de maneira eficaz. A informação deve ser fácil de ser identificada e deve ser bem compreendida pelos consumidores destinatários da mensagem.

Deve-se considerar que os atributos de uma informação clara podem variar conforme o grupo de consumidores que se queira atingir, a forma como é feita a comunicação, o tipo de produto ou serviço, o local e até mesmo a época em que o bem de consumo está sendo comercializado.[91]

---

90 MALFATTI, Alexandre David. *O direito de informação no Código de Defesa do Consumidor.* São Paulo: Alfabeto Jurídico, 2003, p. 249.

91 APELAÇÃO CÍVEL. PROMESSA DE COMPRA E VENDA. AÇÃO DECLARATÓRIA DE NULIDADE DE CLÁUSULAS ABUSIVAS EM CONTRATO DE FINANCIAMENTO INEXISTÊNCIA DE DÉBITO C/C PEDIDO DE REPETIÇÃO DE INDÉBITO E DANOS MORAIS. SISTEMA FINANCEIRO DE HABITAÇÃO. RECURSO ESPECIAL REPETITIVO Nº 1.599.511/SP. PREVISÃO CONTRATUAL EXPRESSA DA TRANSFERÊNCIA DA RESPONSABILIDADE À COMPRADORA PELO PAGAMENTO DA COMISSÃO DE CORRETAGEM. DEVER DE INFORMAÇÃO. CUMPRIDO. INCABÍVEL A RESTITUIÇÃO DE VALORES A TÍTULO DE COMISSÃO DE CORRETAGEM. MANUTENÇÃO DA SENTENÇA. A matéria em debate foi objeto de exame no Recurso Especial Repetitivo nº 1.599.511/SP, de relatoria do Ministro Paulo de Tarso Sanseverino, que entendeu pela validade da cláusula contratual que transfere ao promitente comprador a obrigação do pagamento da comissão de corretagem, desde que explicitamente prevista no contrato a obrigação. No caso, o recibo de arras firmado pelas partes contém cláusula inequívoca de transferência da obrigação de pagamento da comissão de corretagem à compradora, apontado o valor da

Informações contraditórias, incompletas ou insuficientes não são claras. Por exemplo, no rótulo de um produto, as informações nutricionais devem ser as mesmas na parte da frente e na parte de trás da etiqueta[92]. Os dados presentes em um iogurte, impressos na embalagem em círculo ao redor da etiqueta não transmitem a ideia de clareza, pois o consumidor deve ficar girando o produto para tentar ler, o que dificulta a compreensão.

Ossola e Vallespinos explicam que informação clara[93] é aquela que pode ser interpretada sem vacilações[94] e que seja efetivada por meio de um

---

cobrança. Cumprido o dever de informar, uma vez que consta na proposta de venda o valor da obrigação em destaque de forma clara e objetiva. Validade do ajuste. Sentença mantida. Precedentes jurisprudenciais. NEGARAM PROVIMENTO AO APELO. (Apelação Cível Nº 70079984688, Vigésima Câmara Cível, Tribunal de Justiça do RS, Relator: Glênio José Wasserstein Hekman, Julgado em 30/01/2019)g

92 Interessante estudo foi realizado na Austrália sobre o interesse dos consumidores de ter a informação na parte da frente dos produtos (FoPLS). A localização das informações na embalagem inclusive foi considerada um atributo para o desenvolvimento da saúde da população. A análise mostra em qual local e por quais razões o consumidor prefere ver a informação: PETTIGREW, Simone; TALATI, Zenobia; MILLER, Caroline; DIXON, Helen; KELLY, Bridget; BALL, Kylie. The types and aspects of front-of-pack food labelling schemes preferred by adults and children. *Appetite* v. 109, Elsevier, p. 115- 123, 2017.

93 PLANO DE SAÚDE. DESPESAS MÉDICO-HOSPITALARES. REEMBOLSO. CLÁUSULA QUE DEVE SER CLARA E OBJETIVA QUANTO AO VALOR QUE SERÁ REEMBOLSADO EM CASO DE ATENDIMENTO FORA DA REDE CREDENCIADA. HIPÓTESE NÃO VERIFICADA. SENTENÇA MANTIDA. RECURSOS NÃO PROVIDOS. Plano de saúde. Previsão de reembolso. A cláusula que prevê a fórmula do reembolso dos valores de despesas médico-hospitalares em atendimento fora da rede conveniada deve ser clara e objetiva. Código de Defesa do Consumidor. Prévio conhecimento e preparo do usuário. Hipótese não evidenciada. Dano moral. Não caracterização. Mera divergência de interpretação de contrato. Sentença mantida. Recursos não providos. (TJSP; Apelação 1006723-88.2017.8.26.0562; Relator (a): J.B. Paula Lima; Órgão Julgador: 10ª Câmara de Direito Privado; Foro de Santos – 6ª Vara Cível; Data do Julgamento: 31/01/2019; Data de Registro: 31/01/2019)

94 Exemplo de informação não considerada compreensível: RECURSO – APELAÇÃO – PRESTAÇÃO DE SERVIÇOS – ENVIDRAÇAMENTO PANORÂMICO DE FACHADA DE IMÓVEL – AÇÃO DE OBRIGAÇÃO DE FAZER CUMULADA COM REPARAÇÃO MORAL. Consumidor que aponta vício do serviço prestado pela requerida por má vedação entre as folhas de vidro que compõe o fechamento da fachada de seu imóvel. Perícia judicial que certificou a infiltração de água pluvial no imóvel por má vedação decorrente do sistema de "escovinhas"

conjunto de signos que transmita a informação de um polo a outro, mas que não infira no receptor da mensagem várias interpretações distintas da qual se pretende comunicar.

Destacam que a informação é precisa quando for exata, pontual, fidedigna. São características que se referem a um caráter quantitativo de símbolos que dão forma à mensagem de modo que ela seja compreensível. A falta ou o excesso de palavras pode frustrar o objetivo de fazer com que o outro conheça algo.

Além disso, a informação deve ser completa, veraz e compreensível. Quando o destinatário recebe a totalidade da informação, com todos os seus acessórios, pode-se dizer que está cumprido o requisito da completude. A veracidade, por sua vez, diz respeito à conformidade da mensagem, isto é, a informação deve ter um significado de acordo com a realidade objetiva que se deseja que seu destinatário conheça. Por fim, a obrigação é compreensível quando pode ser facilmente percebida por quem a recebe sem que gere dúvidas que impeçam a efetiva comunicação.[95]

Informações muito técnicas ou difíceis de serem compreendidas também não atendem ao requisito da clareza. O manual de um eletrodoméstico, por exemplo, que não traga imagens ou figuras das peças a serem encaixadas e montadas pelo consumidor dificilmente vai ter clareza na informação, já que o consumidor geralmente não conhece o nome de peças e ferramentas necessárias para montá-las.

(tipo de feltro) utilizado para a execução dos serviços. Verificação, ademais, da necessidade ajustes e regulagens do sistema operacional de abertura dos vidros. Juiz "a quo" que reconheceu a necessidade de regulagem dos vidros e condenou a requerida à revisão do sistema. Todavia, não reconheceu a ocorrência de vício de serviço por infiltração de água, na medida em que o contrato previu que o sistema contratado ("Reiki") era "não estanque", ou seja, não impedia a infiltração de umidade. Recurso do autor visando a reforma da sentença. Vício de informação contido no contrato a respeito do sistema de vedação das lâminas de vidro, pois embora tenha constado do instrumento contratual que o sistema "Reiki" vendido era "não estanque", essa informação técnica não transmitiu ao consumidor a exata compreensão de seu significado. Contrato que deveria prever com redação clara e precisão que o sistema era suscetível à infiltração de águas pluviais. Vício de informação e do serviço configurado. (...) (TJSP; Apelação 0152203-21.2012.8.26.0100; Relator (a): Marcondes D'Angelo; Órgão Julgador: 25ª Câmara de Direito Privado; Foro Central Cível – 31ª Vara Cível; Data do Julgamento: 30/11/2017; Data de Registro: 30/11/2017)

95 OSSOLA, Frederico; VALLESPINOS, Gustavo. *La obligación de informar*. Advocatus: Córdoba, 2001, p. 51-54.

Em recente julgado, o Tribunal Regional Federal da 3ª Região afastou a condenação de empresa de bebidas ao pagamento de multa em razão da comercialização de garrafas de rum com a indicação de conteúdo de 1L em vez de 1l – com letra minúscula como referido em Resolução do CONMETRO. Os julgadores entenderam que a informação foi útil e que a diferenciação na grafia configurava mero erro formal incapaz de atrapalhar o direito à informação do consumidor.[96]

A adequação, por sua vez, refere-se à característica da conformidade, do ajustamento, da identidade da informação com seu público alvo e

---

[96] DIREITO ADMINISTRATIVO. PROCESUAL CIVIL CONSUMIDOR. INFORMAÇÃO COM ERRO FORMAL. NECESSIDADE DE UTILIZAÇÃO DE LETRA minúscula PARA ESCREVER A UNIDADE LEGAL NA EMBALAGEM. EMBALAGEM CONTENDO ERRONEAMENTE A UNIDADE LEGAL EM LETRA MAIÚSCULA: 1L. RESOLUÇÃO CONMETRO Nº 012/1988. FINALIDADE DO ARTIGO 6º DO CDC. EXCESSO. APELAÇÃO PROVIDA. (…) 4. Como cediço, todos os bens comercializados no Brasil, insumos, produtos finais e serviços se encontram sujeitos a obrigatoriedade de prestar informação adequada e clara sobre os diferentes produtos e serviços, com especificação correta de quantidade, características, composição, qualidade, tributos incidentes e preço, bem como sobre os riscos que apresentem, eis que a informação é direito básico do consumidor (art. 6º do Código de Defesa do Consumidor). Ademais, todos os bens, insumos e serviços, quando sujeitos à regulamentação técnica – e de forma geral, estão sujeitos a tal procedimento – demandam observância dos regulamentos técnicos em vigor, conforme dispõe a Lei nº 9.933/99.5. O dever de informação tem como função proteger as relações de consumo, sendo importante a padronização e a clareza das informações constantes em rótulos e embalagens dos produtos comercializados.
6. Faz-se necessário analisar se a mera troca de letra maiúscula por minúscula tem o condão de afetar a compreensão do consumidor sobre as características do produto, o que entendo, no presente caso, não ocorrer, eis que a informação contida na embalagem, ainda que com erro formal, foi devidamente oferecida ao consumidor, não lhe causando nenhum prejuízo, atendendo, desta forma, o artigo 6º do Código do Consumidor. Isso porque, a informação sobre a quantidade do produto, mesmo com o erro de grafia consistente em "1L", em vez de "1l", permite a qualquer pessoa obter a informação real e precisa sobre ela. 7. Portanto, revela-se desproporcional e, em consequência ilegal a imposição da multa ora questionada.8. Apelação provida. (TRF 3ª Região, TERCEIRA TURMA, AC – APELAÇÃO CÍVEL – 1700569 – 0019293-18.2010.4.03.6100, Rel. DESEMBARGADOR FEDERAL ANTONIO CEDENHO, julgado em 18/08/2016, e-DJF3 Judicial 1 DATA:26/08/2016)

com o produto ou o serviço oferecido.[97] Há grupos de consumidores mais vulneráveis que os demais e cujo direito à informação é ainda mais sensível e importante,[98] como os consumidores analfabetos e idosos, por exemplo, que necessitam de atenção especial[99] dos fornecedores para que efetivamente possam compreender as características do bem.

Como explica Marques, as pessoas alfabetizadas conseguem mais facilmente comunicar e entender o que é comunicado. Informar é dar forma e isso é possível por meio do alfabeto, não compreendido por muitas pessoas, não só no Brasil, mas no mundo inteiro.[100] Pessoas que não sabem ler

---

97 APELAÇÃO – AÇÃO COM PEDIDO DE OBRIGAÇÃO DE FAZER, COM PEDIDO CUMULADO DE INDENIZAÇÃO POR DANO MATERIAL E MORAL – PRESTAÇÃO DE SERVIÇOS EDUCACIONAIS – Pretensão das rés de reforma da r.sentença de parcial procedência, que acolheu o pedido de condenação ao pagamento do FIES – Descabimento – Hipótese em que as rés, como prestadores de serviços, tinham o dever de informar claramente à autora, quando da contratação, em que consistia o requisito "excelência acadêmica" – Cláusula genérica e abrangente que não justifica a exigência de média superior à nota sete – RECURSO DESPROVIDO. APELAÇÃO – AÇÃO COM PEDIDO DE OBRIGAÇÃO DE FAZER, COM PEDIDO CUMULADO DE INDENIZAÇÃO POR DANO MATERIAL E MORAL – PRESTAÇÃO DE SERVIÇOS EDUCACIONAIS – Pretensão da autora de reforma da r. sentença que julgou improcedente o pedido de indenização por dano moral – Descabimento – Hipótese em que sequer ficou demonstrado o alegado desconto em conta corrente da autora, que também não esclareceu como a conduta das corrés teria lhe causado desequilíbrio financeiro, de modo a prejudicar a sua subsistência – Inexistência de negativação – RECURSO DESPROVIDO. (TJSP; Apelação 1008998-67.2018.8.26.0564; Relator (a): Ana de Lourdes Coutinho Silva da Fonseca; Órgão Julgador: 13ª Câmara de Direito Privado; Foro de São Bernardo do Campo – 1ª Vara Cível; Data do Julgamento: 24/01/2019; Data de Registro: 24/01/2019)

98 HISE, Monica; ROSELLO, Gabriela. *Tutela del Consumidor:* como defendernos de electrodomésticos defectuosos y deficientes? Mendoza: Ediciones Juridicas Cuyo, 1989, p. 40.

99 A lei 13.146 de julho de 2015, que instituiu o Estatuto da pessoa com deficiência acrescentou o parágrafo único ao artigo 6º do CDC, o qual prevê a característica da acessibilidade da informação a ser prestada, observado o que for disposto em regulamento.

100 MARQUES, Claudia Lima. Estudo sobre a vulnerabilidade dos analfabetos na sociedade de consumo: o caso do crédito consignado a consumidores analfabetos. *Revista de Direito do Consumidor*, São Paulo, v. 95, p. 99-145, set. /out., 2014.

ou escrever[101] devem ter sua vulnerabilidade agravada reconhecida e seu

---

[101] Casos em que foi reconhecida a vulnerabilidade do consumidor analfabeto: APELAÇÃO CÍVEL. SEGUROS. PLANO DE SAÚDE. AÇÃO ANULATÓRIA DE DÉBITO. AUTORA NÃO ALFABETIZADA. CONTRATO DE PRESTAÇÃO DE SERVIÇOS QUE NÃO OBSERVA A LEGISLAÇÃO APLICÁVEL. NULIDADE ABSOLUTA. 1. No caso concreto, a apelada não observa o dever legal de informação, disposto no artigo 6º, inciso III do CDC. 2. O vício no contrato originário transmite-se aos demais pactos eventualmente gerados do ato nulo. 3. Assim sendo, deve ser julgada procedente a presente ação. DERAM PROVIMENTO AO APELO. (Apelação Cível Nº 70070221213, Quinta Câmara Cível, Tribunal de Justiça do RS, Relator: Léo Romi Pilau Júnior, Julgado em 31/08/2016);

APELAÇÃO CÍVEL – AÇÃO DE REPETIÇÃO DE INDÉBITO C/C DANOS MORAIS. APLICAÇÃO DO CÓDIGO DE DEFESA DO CONSUMIDOR. CONSUMIDORA IDOSA E ANALFABETA. RESPONSABILIDADE DO BANCO. DESCONTO INDEVIDO. RESTIUIÇÃO EM DOBRO, PARÁGRAFO ÚNICO DO ART. 42 DO CDC. DEVOLUÇÃO CORRIGIDA DAS PARCELAS DESCONTADAS INDEVIDAMENTE. SENTENÇA CASSADA. DANO MORAL. INDENIZAÇÃO. RECURSO CONHECIDO E PROVIDO, EM PARTE. 1. Não cumpridas as formalidades legais, impõe-se a reforma da sentença de primeiro grau para que seja nulo o contrato apresentado, determinando a devolução do valor correspondente aos descontos indevidos. 2 Restituição em dobro dos valores indevidamente abatidos é medida que se impõe "ex vi" do art. 42, parágrafo único do CDC. O consumidor cobrado em quantia indevida tem direito à repetição do indébito. 3. Os descontos consignados nos proventos de aposentadoria encontram-se evidenciados e ocasionaram à recorrente analfabeta, adversidades que ultrapassam o mero aborrecimento, sendo suficiente para ensejar a indenização por Danos Morais. 4. Sentença reformada. 5. Recurso conhecido e provido. (Apelação Cível nº 2013.0001.007797-0, Segunda Câmara Especializada Cível, Tribunal de Justiça do PI, Relator: José Ribamar Oliveira, Julgado em: 22/11/2016)

PROCESSUAL CIVIL. CONSUMIDOR. ILEGITIMIDADE PASSIVA. REJEITADA. COMPRA E VENDA DE APARELHO CELULAR. RELAÇÃO DE CONSUMO. INADIMPLEMENTO. AUSÊNCIA DE DANO MORAL. VEROSSIMILHANÇA DAS ALEGAÇÕES. DEVER DE INFORMAÇÃO. COBRANÇA ANTECIPADA DAS PRESTAÇÕES. HIPERVULNERABILIDADE. IDOSO E ANALFABETO. CLÁUSULA ABUSIVA. (…) 3. Com a imposição do dever de informação e transparência, o Código Consumerista inaugurou nova regra de conduta no mercado, invertendo a ultrapassada ideia do caveat emptor, segundo a qual era dever do consumidor buscar todas as informações sobre o produto ou serviço, para a regra do caveat vendictor, que preconiza exatamente o oposto, a dizer, compete ao fornecedor informar todos os aspectos relevantes do produto ou do serviço, sobretudo, em se tratando de consumidor analfabeto e idoso. (…) (Acórdão n.907535, Tribunal de Justiça do Distrito Federal e Territórios, 20111110053264APC, Relator: FLAVIO ROSTIROLA 3ª TURMA CÍVEL, Data de Julgamento: 18/11/2015, Publicado no DJE: 25/11/2015. Pág.: 237)

direito à informação garantido. O direito do consumidor não pode ficar alheio às dificuldades desse grupo de indivíduos e as informações a eles transmitidas devem ser adequadas, principalmente no âmbito de serviços bancários, compra e venda de imóveis e contratação de plano de saúde, por serem contratos complexos e que buscam satisfazer as necessidades básicas e contribuir com o alcance de uma vida plena.

A informação somente será adequada se for transmitida oralmente ou com o auxílio de outros meios que permitam a compreensão[102] do consumidor analfabeto.[103] No caso de produtos perigosos, como venenos, produtos corrosivos de limpeza ou outros químicos é adequada a manutenção de símbolos nos rótulos e embalagens, como caveiras, sinais de alertas, figuras de explosivos, entre outros. Trata-se do recurso à imagem que pode fazer com que a informação chegue adequadamente a todos.

Além da clareza e da adequação, o inciso III do artigo 6º do CDC prevê que a informação contenha a especificação correta de quantidade, características, composição, qualidade, tributos incidentes e preço, bem como sobre os riscos que apresentem. A referência a tributos foi inserida no

---

102 REPARAÇÃO DE DANOS. EMPRÉSTIMO EM TERMINAL ELETRÔNICO. CLIENTE NÃO ALFABETIZADA. VULNERABILIDADE E HIPOSSUFICIÊNCIA DA CONSUMIDORA. RESPONSABILIDADE OBJETIVA DO PRESTADOR DO SERVIÇO PELAS FALHAS DELE ADVINDAS. SENTENÇA REFORMADA PARA JULGAR PARCIALMENTE PROCEDENTE A DEMANDA. RECURSO AO QUAL SE DÁ PROVIMENTO. A responsabilidade do prestador dos serviços tem natureza objetiva, de acordo com o disposto no artigo 14 do Código de Defesa do Consumidor. Autora não alfabetizada, que celebrou contrato de adesão junto ao banco demandado, sem conhecimento das cláusulas nele apostas. Nesta condição, não pode suportar os danos advindos de eventual falha no sistema do demandado, que concedeu empréstimo em seu favor, do qual afirma não ter conhecimento. Vulnerabilidade e hipossuficiência da consumidora, que não é apenas econômica, mas relacionada à incapacidade de percepção acerca da real prestação dos serviços contratados. Dano moral configurado, in re ipsa, diante da má-prestação dos serviços, que, por sua vez, gerou a inclusão indevida do nome da autora nos cadastros negativos de crédito. Quantum indenizatório fixado em R$ 1.000,00, para atentar às peculiaridades do caso concreto. Recurso ao qual se dá provimento. (Recurso Cível Nº 71001866490, Segunda Turma Recursal Cível, Turmas Recursais, Relator: Fernanda Carravetta Vilande, Julgado em 08/07/2009)

103 MARQUES, Claudia Lima. Estudo sobre a vulnerabilidade dos analfabetos na sociedade de consumo: o caso do crédito consignado a consumidores analfabetos. *Revista de Direito do Consumidor*, São Paulo, v. 95, p. 99-145, set. /out., 2014.

CDC pela Lei 12.741 de 2012 e amplia o conhecimento do consumidor sobre o preço do bem, permitindo uma melhor análise da composição do preço a ser pago pelo bem e a identificação de quanto de seu dinheiro vai para o Estado. A questão é que essa informação normalmente é transmitida na nota fiscal após a efetivação da compra, valendo mais a título de curiosidade. Mas, como se trata de direito básico do consumidor, pelo menos teoricamente poderia ser um dado exigível antes da compra ou da contratação do serviço.

A indicação da quantidade é importante, pois permite que o consumidor possa conferir a coerência entre o informado e o que efetivamente recebeu além de examinar, evidentemente, a utilidade e a pertinência da aquisição de determinado tamanho ou quantidade de produto. Muitas vezes, produtos de beleza como cremes ou condicionadores de cabelo são vendidos em embalagens muito grandes, comercializadas, portanto, parcialmente vazias. Nesse caso a informação deve ser ainda mais clara para que o consumidor compreenda por qual quantidade de produto está pagando.

Quanto à necessidade de informação sobre a quantidade do produto, é interessante a paradigmática decisão do STJ de relatoria do Ministro Humberto Martins que considerou violado o direito à informação, pois não cumprido o dever de informar pela Coca-Cola, que modificou a quantidade de refrigerante em suas garrafas, de 600 para 500ml. A informação transmitida pela empresa foi considerada insuficiente para alertar o consumidor, tendo em vista que o tamanho, a forma e o rótulo do recipiente permaneceu o mesmo, dificultando a percepção acerca da redução de volume da bebida há anos vendida no mercado.[104]

---

104 ADMINISTRATIVO. CONSUMIDOR. PROCEDIMENTO ADMINISTRATIVO. VÍCIO DE QUANTIDADE. VENDA DE REFRIGERANTE EM VOLUME MENOR QUE O HABITUAL.

REDUÇÃO DE CONTEÚDO INFORMADA NA PARTE INFERIOR DO RÓTULO E EM LETRAS REDUZIDAS. INOBSERVÂNCIA DO DEVER DE INFORMAÇÃO. DEVER POSITIVO DO FORNECEDOR DE INFORMAR. VIOLAÇÃO DO PRINCÍPIO DA CONFIANÇA. PRODUTO ANTIGO NO MERCADO. FRUSTRAÇÃO DAS EXPECTATIVAS LEGÍTIMAS DO CONSUMIDOR. MULTA APLICADA PELO PROCON. POSSIBILIDADE. ÓRGÃO DETENTOR DE ATIVIDADE ADMINISTRATIVA DE ORDENAÇÃO. PROPORCIONALIDADE DA MULTA ADMINISTRATIVA. SÚMULA 7/STJ. ANÁLISE DE LEI LOCAL, PORTARIA E INSTRUÇÃO NORMATIVA. AUSÊNCIA DE NATUREZA DE LEI FEDERAL. SÚMULA 280/STF. DIVERGÊNCIA NÃO DEMONSTRADA. REDUÇÃO DO "QUANTUM" FIXADO A TÍTULO DE HONORÁRIOS ADVOCATÍCIOS. SÚMULA

As características, composição e qualidade dos bens de consumo devem ser conhecidas pelo consumidor não só para que ele possa escolher adquirir ou não o bem, mas para que possa compara-lo com os demais oferecidos no mercado e estar ciente das obrigações que podem surgir da aquisição do produto ou da contratação do serviço. Por exemplo, quando o consumidor compra uma lata de tinta para pintar sua parede deve ser informado acerca do tempo necessário para o produto secar e da possibilidade de modificação da cor caso incida muita luz solar no ambiente. Além disso, é importante que o consumidor seja informado acerca da melhor forma de descarte dos produtos.[105]

7/STJ. (…) 4. A Lei n. 8.078/1990 traz, entre os direitos básicos do consumidor, a "informação adequada e clara sobre os diferentes produtos e serviços, com especificação correta de quantidade, características, composição, qualidade e preço, bem como sobre os riscos que apresentam" (art. 6°, inciso III). 5. Consoante o Código de Defesa do Consumidor, "a oferta e a apresentação de produtos ou serviços devem assegurar informações corretas, claras, precisas, ostensivas e em língua portuguesa sobre suas características, qualidades, quantidade, composição, preço, garantia, prazos de validade e origem, entre outros dados, bem como sobre os riscos que apresentam à saúde e segurança dos consumidores" (art. 31), sendo vedada a publicidade enganosa, "inteira ou parcialmente falsa, ou, por qualquer outro modo, mesmo por omissão, capaz de induzir em erro o consumidor a respeito da natureza, características, qualidade, quantidade, propriedades, origem, preço e quaisquer outros dados sobre produtos e serviços" (art. 37). 6. O dever de informação positiva do fornecedor tem importância direta no surgimento e na manutenção da confiança por parte do consumidor. A informação deficiente frustra as legítimas expectativas do consumidor, maculando sua confiança. (…). (STJ, REsp 1364915/MG, Rel. Ministro HUMBERTO MARTINS, SEGUNDA TURMA, julgado em 14/05/2013, DJe 24/05/2013)

105 A lei n.° 12.305/10 institui a Política Nacional dos Resíduos sólidos e traz disposições sobre o descarte de produtos e sobre a logística reversa, temas que se relacionam com o dever de informar na medida em que o consumidor deve ser informado sobre a possibilidade de a empresa recolher os produtos ou então em que espécie de lixo eles devem ser descartados. Disponível em: <http://www.planalto.gov.br/ccivil_03/_ato2007-2010/2010/lei/l12305.htm>. Acesso em: 10 dez. 2017.

O conhecimento prévio[106] das características do bem de consumo permitem uma escolha livre e consciente e também evita futuros danos[107] e problemas, como a necessidade de troca do bem ou desfazimento do contrato, permitindo a fluidez da relação entre fornecedores e consumidores e a harmonia contratual.

1.2.3. Direito de escolha do consumidor

O resguardo da liberdade de escolha do consumidor é direito básico reconhecido pelo CDC[108] e valorizado nas relações travadas sob a égide da nova teoria contratual, pautada nas ideias de proteção da boa-fé e da confiança. O direito de escolher e exercer a autonomia racional devem ser protegidos em um ambiente repleto de técnicas agressivas de venda e *marketing*.

Nesse contexto é que ganha reforço o dever de informar, como instrumento de garantia de uma plena tomada de decisão pelo consumidor e que se relaciona não somente com a quantidade e qualidade de informações fornecidas durante todo o período em que mantem contato com o fornecedor, mas também com o direito de arrependimento após certo prazo de reflexão.[109]

---

106 Em novembro de 2017 foi editada pelo STJ a Súmula 595 a qual prevê "que as instituições de ensino superior respondem objetivamente pelos danos suportados pelo aluno/consumidor pela realização de curso não reconhecido pelo Ministério da Educação, sobre o qual não lhe tenha sido dada prévia e adequada informação." Trata-se do reconhecimento da importância do fornecimento *prévio* de informações.

107 Veja-se recente decisão do TJSP na qual é examinada a responsabilidade de administradora de consórcio, que deixou de informar correta e tempestivamente o valor do saldo devedor e o número de prestações faltantes ao autor, causando a este a perda da chance de vender o imóvel, por preço melhor, a terceiro interessado: Apelação Cível nº 1032833-66.2014.8.26.0001, Vigésima Terceira Câmara de Direito Privado, Tribunal de Justiça de SP, Relator: Sérgio Shimura, Julgado em: 15/03/2017.

108 Art. 6º, II do CDC: "São direitos básicos do consumidor: a educação e divulgação sobre o consumo adequado dos produtos e serviços, asseguradas a liberdade de escolha e a igualdade nas contratações".

109 MARQUES, Claudia Lima; BENJAMIN, Antonio Herman V.; MIRAGEM, Bruno. *Comentários ao Código de Defesa do Consumidor*. 4. ed. São Paulo: Editora Revista dos Tribunais, 2013, p. 279-280.

O direito do consumidor e o direito à informação trazem regras que configuram contrapartida à liberdade irrestrita de mercado, proporcionando a "humanização dos sujeitos consumidores".[110] A diminuição da desigualdade informacional relaciona-se, assim, com o exercício da autonomia e do direito de escolha do consumidor.

O direito de ser informado, como já explicado, permite uma escolha completa e adequada no momento da contratação. Ao ter a informação adequada sobre o bem de consumo, o consumidor poderá fazer uma análise comparativa entre os fornecedores, poderá avaliar a sua necessidade e sua vontade de adquirir o produto, poderá refletir sobre as características e consequências da contratação e planejar seu orçamento doméstico.

A escolha sobre a contratação somente será plena se aquele que compra souber das especificações do bem. A informação serve, assim, para evitar situações em que o consumidor se arrepende do contrato, pois não o teria firmado se soubesse de determinada característica do produto ou do serviço. Somente por meio do fornecimento de informações completas, suficientes e adequadas acerca dos riscos, perigos, efeitos, chances e tudo mais o que for essencial, o consumidor poderá exercer seu direito de escolha.[111]

O consumidor deve ser educado e informado para ganhar conhecimento e adquirir uma real liberdade de escolha que seja compatível com as possibilidades disponíveis no mercado. A própria liberdade do consumidor está em jogo e deve ser efetivada para que se possa cumprir os ditames de uma sociedade que se pretende livre, justa e solidária, nos termos do artigo 3º, I da Constituição.[112]

Ao tratar da responsabilidade pré-contratual no direito português, Ana Prata enfatiza a importância dos deveres de comunicação, de informação e de esclarecimento porquanto abrangem a viabilidade da celebração do contrato e seus obstáculos e a própria viabilidade jurídica do negócio.[113]

---

110 LÔBO, Paulo Luiz Netto. A informação como direito fundamental do consumidor. Revista de Direito do Consumidor, São Paulo, v. 37, p. 59-76, jan. /mar., 2001.

111 MARQUES, Claudia Lima. *Contratos no Código de Defesa do Consumidor:* o novo regime das relações contratuais.7. ed. São Paulo: Editora Revista dos Tribunais, 2014, p. 841-842.

112 MALFATTI, Alexandre David. *O direito de informação no Código de Defesa do Consumidor.* São Paulo: Alfabeto Jurídico, 2003, p. 250.

113 PRATA, Ana. *Notas sobre responsabilidade pré-contratual.* Coimbra: Almedina, 2002, p. 49.

O dever de informação, salienta, diz respeito a todos os elementos negociais relevantes, quer para a decisão de contratar, quer para a conformação concreta do contrato a ser celebrado e também para a sua completa funcionalidade para servir aos interesses das partes. As características da coisa ou da atividade, seus vícios, sua prestabilidade e quaisquer qualidades jurídicas do sujeito suscetíveis de influenciarem o negócio devem ser informadas.

A violação do dever de informação pode se configurar como um ato puramente omissivo, mas também pode se apresentar como atitude positiva quando uma informação falsa ou que cause confusão for transmitida. O descumprimento do dever também resulta de sua falta de tempestividade, caso em que a informação é prestada em momento tardio.

A conduta informativa não terá papel apenas na hermenêutica contratual, mas será essencial para a análise do comportamento das partes, desde a tomada de decisão na fase pré-contratual. Esses deveres assumem particular relevância quando se está diante de uma relação entre dois sujeitos com poder negocial desequilibrado, já que a parte que detém a posição mais forte é capaz de impor cláusulas sem que o outro sequer tome conhecimento.

Nessas situações de debilidade contratual, como nas que envolvem consumidores, a possibilidade de escolha[114] é reduzida e a lei procura assegurar ao contratante débil as condições materiais de reflexão e informação, indispensáveis ao exercício de uma vontade livre e esclarecida.[115]

---

[114] No âmbito da prestação de serviços de saúde e estéticos a ligação entre informação e escolha é comumente referida na jurisprudência nacional. No Recurso Especial 902.784/MG foi afastada a responsabilidade de hospital por ausência de informações sobre os riscos do procedimento cirúrgico e do período pós-operatório, pelo qual o consumidor precisou passar sem ter tido a oportunidade de concordar. Os ministros entenderam que o dever de bem informar o paciente é do médico pois é com ele que o paciente estabelece relação de confiança, não sendo adequada a interferência do estabelecimento hospitalar. Também ilustrativo é o Recurso Especial 436.827/SP de relatoria do ministro Ruy Rosado de Aguiar no bojo do qual foi reconhecido o descumprimento do dever de informar pelo médico acerca dos riscos de cirurgia oftalmológica. O paciente apenas foi comunicado que a cirurgia seria complicada e demorada, sem que maiores detalhes fossem transmitidos, impossibilitando a efetiva escolha pela realização ou não do procedimento.

[115] PRATA, Ana. *Notas sobre responsabilidade pré-contratual.* Coimbra: Almedina, 2002, p. 49-51/89.

No contexto internacional, a Resolução 39/248 da ONU traz importantes diretrizes para a política de defesa dos consumidores, entre elas o acesso à informação adequada que os habilite a fazerem escolhas conscientes conforme seus desejos e necessidades.[116]

A Resolução 1999/C 23/01 do Conselho da União Europeia também considera a importância do tema e reputa que a informação tem clara função de inclusão social e política, servindo também como instrumento de prevenção de riscos e regulador de liberdades, além de ser fonte de tomada de decisão.[117]

No âmbito do CDC, a liberdade de escolha[118] é direcionada pela informação adequada, que faz parte dos quatro pilares dos direitos básicos dos consumidores mencionados pelo presidente norte-americano John Kennedy em sua carta ao Congresso em 1962.[119]

---

116 A Resolução 39/48 traz um Anexo com diversas disposições acerca da proteção do consumidor e seu direito de ser informado. Especialmente os artigos 31 ao 37 tratam de programas de educação e informação do consumidor, considerando-se as tradições culturais de cada país. Os programas devem ter como objetivo capacitar os consumidores para que possam bem eleger os produtos e serviços e ter consciência de seus direitos e obrigações. As informações disponibilizadas aos consumidores são formas de proteger sua saúde, diminuir os riscos causados por certos produtos e proporcionar conhecimento sobre pesos, medidas, qualidades e condições de contratação de bens e serviços incluindo os de crédito e os de primeira necessidade. Disponível em: <http://www.un.org/es/comun/docs/?symbol=A/RES/39/248>. Acesso em: 16. mai. 2018.

117 Resolução 1999/C 23/01 do Conselho da União Europeia, disponível em: <http://eur-lex.europa.eu/legal-content/PT/TXT/PDF/?uri=CELEX:31999Y0128(01)&from=EN> Acesso em 16. Mai. 2018.

118 A presença de elementos geneticamente modificados em produtos alimentícios é um dos universos em que se discute a liberdade de escolha do consumidor. A informação sobre o produto transgênico permite que ele escolha se quer ou não o adquirir. Independentemente da comprovação ou não de malefícios para a saúde desses alimentos, em razão de quantidade de agrotóxico ou qualquer outra razão, o direito de escolha do consumidor deve ser preservado. No Brasil, o Decreto n. 4.680/03 regulamenta o direito à informação quanto aos alimentos e ingredientes alimentares destinados ao consumo humano ou animal que contenham ou sejam produzidos a partir de organismos geneticamente modificados.

119 SANTOS, Fabíola Meira de Almeida. Informação como instrumento para amenizar riscos na sociedade de consumo. *Revista de Direito do Consumidor*, São Paulo, v. 107, p. 363-384, set. /out., 2016.

O caráter da informação como instrumento de poder é analisado por Camargo, que reconhece também sua função de matéria-prima da decisão econômica. Ressalta que "tanto a informação que se oferta como aquela que se oculta, não deixa de ser uma forma de reforçar a própria posição de poder de quem a detém".[120]

1.3. O DEVER DE INFORMAR DO FORNECEDOR

A informação tida como um dever tem como fundamento a boa-fé objetiva[121] e a tutela da confiança do consumidor, ou seja, a necessidade de um agir transparente e leal. Esses são considerados elementos instituidores do dever de informar pelos estudiosos da matéria.

O fornecedor deve transmitir informações adequadas não somente acerca das características e do funcionamento do bem de consumo, mas também deve alertar o consumidor sobre os riscos esperados e de forma ainda mais veementemente nos casos de produtos ou serviços potencialmente perigosos ou cujo uso inadequado podem acarretar danos de maior intensidade ou irreversibilidade.

1.3.1. O fundamento na boa-fé e a tutela da confiança

O dever de informação tem assumido cada vez mais importância na sociedade massificada e impessoal em que vivemos, de despersonalização da relação obrigacional, na qual o fabricante acumulou para si o poder de elaborar o conteúdo dos contratos e submeteu o consumidor à sua própria vontade, como analisa Lisboa.[122]

Exige-se, por isso, o máximo de transparência, sinceridade e lealdade na relação. Enfatiza-se um dever que transparece em duas perspectivas fundamentais para o fornecedor: o dever de esclarecer a forma correta de utilização de um produto ou serviço, fornecendo as instruções de uso, e o dever de advertir o consumidor, isto é, alertar acercas das precauções e cuidados necessários.[123]

---

120 CAMARGO, Ricardo Antônio Lucas. *Liberdade de informação, direito à informação verdadeira e poder econômico.* São Paulo: Memória Jurídica, 2007, p. 97.

121 MIRAGEM, Bruno. *Curso de Direito do Consumidor.* 6. ed. São Paulo: Editora Revista dos Tribunais, 2016, p. 214.

122 LISBOA, Roberto Senise. *Confiança contratual.* São Paulo: Atlas, 2012, p. 45.

123 SANSEVERINO, Paulo de Tarso Vieira. *Responsabilidade civil no Código do Consumidor e a defesa do fornecedor.* 2. ed. São Paulo: Saraiva, 2007, p. 149-151.

No sistema de proteção do consumidor instituído no âmbito do CDC, o dever de informar revela-se como básico, essencial. O dever de informar enfraquece a ideia do *caveat emptor*, criando a necessidade de um comportamento ativo do fornecedor para dar forma, tornar comum, compartilhar as informações sobre o produto ou o serviço.[124]

A expressão em latim *caveat emptor* surgiu por volta do século XVI e passou a caracterizar a influência da economia no direito e foi utilizada até o século XIX, principalmente na Inglaterra e nos Estados Unidos. Em 1534, Anthony Fitzherbert, compilador de leis inglesas, escreveu uma frase sobre a compra de um cavalo: *caveat emptor,* se o animal foi amansado e cavalgado a preocupação é do comprador, que assumia a total responsabilidade e deveria analisar com cuidado o bem. Prevalecia a desconfiança que o comprador devia ter em relação ao vendedor. Não havia obrigação de dar informação e na dúvida era o comprador que deveria ter a iniciativa de pedir uma garantia.[125]

A regra não valia apenas para os contratos de compra e venda, mas também para aqueles firmados com médicos ou o de locação de terras. A doutrina do *caveat emptor* teve seu prestígio com um caso na Inglaterra em que o réu comerciante de ouro teria vendido ao autor uma pedra por cem libras, por ser uma pedra de bezoar (com poderes mágicos de curar doenças por ser encontrada no estômago ou intestino de animais). Quando o adquirente percebeu que a pedra não era mágica, ajuizou ação, que foi julgada improcedente sob o argumento de que o vendedor não havia garantido que se tratava mesmo de uma pedra de bezoar, mas somente que tinha origem em uma.

Não houve na decisão preocupação com a justiça do negócio, mas sim com a segurança das relações jurídicas. A aceitação dessa teoria na época não era absoluta e a própria igreja católica a condenou até, no entanto, passar a ser beneficiária pelo comércio e dele participar.[126]

---

124 MARQUES, Claudia Lima. *Contratos no Código de Defesa do Consumidor:* o novo regime das relações contratuais.7. ed. São Paulo: Editora Revista dos Tribunais, 2014, p. 840.

125 GUIMARÃES, Paulo Jorge Scartezzini. *Vício do produto e do serviço por qualidade, quantidade e insegurança:* cumprimento imperfeito do contrato. São Paulo: Editora Revista dos Tribunais, 2004, p. 57- 58.

126 GUIMARÃES, Paulo Jorge Scartezzini. *Vício do produto e do serviço por qualidade quantidade e insegurança:* cumprimento imperfeito do contrato. São Paulo: Editora Revista dos Tribunais, 2004, p. 58-59.

O princípio foi mitigado, em 1893, pelo *Sales of Good Act*[127] e praticamente afastado em 1973 pelo *Suplly of Goods Act,* que estendeu cláusulas de qualidade para os produtos vendidos que impunham ao vendedor a obrigação de vender somente mercadorias de boa qualidade e que atendessem às expectativas do comprador.[128]

Antonio Junqueira de Azevedo diz que o dever de informar se limita ao conteúdo do contrato, especialmente "às qualidades essenciais do objeto, e não à oportunidade ou vantagem do contrato (isto é, se a mercadoria, dentro em pouco, vai ficar mais barata ou se há, no mercado, outra superior pelo mesmo preço); quanto a esses dois pontos, vale a velha máxima *caveat emptor*, 'cuide-se o comprador'."[129] Conceber um dever de informar também sobre a oportunidade ou a vantagem dos negócios é querer transformar o fornecedor em assistente social, ressalta.

Como ensina Marques, o dever de informar foi desenvolvido na teoria contratual por meio da utilização e do estudo dos deveres acessórios.[130]

---

127 O *Sales of Good Act* é uma lei do Parlamento do Reino Unido que regula os contratos de mercadorias vendidas e compradas e o Supply of Goods Act trata da adequação de serviço. Foram ambas substituídas em 1º de outubro de 2015 pelo *Consumer Rights Act.,* disponível em: <http://www.legislation.gov.uk/ukpga/2015/15/contents/enacted>. Acesso em 05. Jul. 2017.

128 PASQUALOTTO, Adalberto. Responsabilidade civil do fabricante e os riscos do desenvolvimento, *Revista da Ajuris,* v. 59, Porto Alegre, nov. /1993.

129 AZEVEDO, Antonio Junqueira de. Responsabilidade pré-contratual no código de defesa do consumidor: estudo comparativo com a responsabilidade pré-contratual no direito comum. Revista de Direito do Consumidor, São Paulo, v. 18, abr. / jun., p. 23-31, 1996.

130 Recurso especial. Civil. Indenização. Aplicação do princípio da boa-fé contratual. Deveres anexos ao contrato. – O princípio da boa-fé se aplica às relações contratuais regidas pelo CDC, impondo, por conseguinte, a obediência aos deveres anexos ao contrato, que são decorrência lógica deste princípio. – O dever anexo de cooperação pressupõe ações recíprocas de lealdade dentro da relação contratual. – A violação a qualquer dos deveres anexos implica em inadimplemento contratual de quem lhe tenha dado causa. – A alteração dos valores arbitrados a título de reparação de danos extrapatrimoniais somente é possível, em sede de Recurso Especial, nos casos em que o quantum determinado revela-se irrisório ou exagerado. Recursos não providos. (STJ, REsp 595631/SC, Rel. Ministra NANCY ANDRIGHI, TERCEIRA TURMA, julgado em 08/06/2004, DJ 02/08/2004, p. 391)

Eles são secundários à prestação principal, instrumentais e auxiliares ao bom desempenho da relação obrigacional.[131]

Os sujeitos da relação principal não estão vinculados apenas ao dever principal, mas também àqueles que se encontram próximos a ele, ligados de alguma forma. Percebe-se a adoção de inúmeras nomenclaturas nos estudos sobre os deveres que não são os principais.[132] Importante, assim, o esclarecimento de Paulo Lôbo sobre o tema. O autor explica que a ideia central dessas obrigações, que ficam ao lado daquela correspondente à satisfação do interesse do credor, baseia-se no pensamento de Larenz, que as designou como deveres de conduta que podem ter três origens: no estipulado pelas partes, na boa-fé e nas exigências do tráfego.

Esses deveres de conduta não podem ser demandados autonomamente, mas sua violação fundamenta uma indenização. Eles têm caráter secundário ou complementar e são de grande relevância para a dilatação dos efeitos das obrigações. São derivados do dever primário e são qualificados como secundários, complementares, acessórios, conexos, laterais ou anexos, conforme a denominação que se adote.[133]

Observa-se os termos *obrigações principais* e *obrigações acessórias* nas divisões de Pothier, que apresenta diferentes segmentações conforme alguns critérios. Segundo a sexta divisão apresentada pelo autor, que se dá conforme a ordem que têm entre as coisas que constitui o objeto das obrigações, elas podem ser principais ou acessórias. As primeiras têm como objeto o principal compromisso contratado entre as partes. Essas, por sua vez, são aquelas consequentes e dependentes da obrigação principal. Esses termos, porém, também são utilizados em outros sentidos.[134]

De acordo com a sétima divisão de Pothier, conforme a ordem pela qual se reputam contratadas, as obrigações podem ser primitivas (ou principais) ou secundárias. As primitivas são as contratadas em primeiro lugar e as

---

131 MARQUES, Claudia Lima. *Contratos no Código de Defesa do Consumidor:* o novo regime das relações contratuais.7. ed. São Paulo: Editora Revista dos Tribunais, 2014, p. 840.

132 MIRAGEM, Bruno. *Direito civil:* direito das obrigações. São Paulo: Saraiva, 2017, p. 45.

133 LÔBO, Paulo. *Direito civil:* obrigações. 5. ed. São Paulo: Saraiva, 2017, p. 80.

134 POTHIER, Robert Joseph. *Tratado das obrigações.* Tradução de Adrian Sotero de Witt Batista e Douglas Dias Ferreira. Campinas: Servanda, 2001, p. 161-164. A obra foi originalmente escrita pelo estudioso francês em 1761.

secundárias são aquelas previstas para o caso de inexecução da primeira, como as perdas e danos, por exemplo. As obrigações secundárias ainda se dividem em obrigações secundárias que são consequência natural da obrigação principal (como os juros em caso se atraso da obrigação de pagar quantia) e obrigações secundárias que nascem de uma cláusula contratual (como a cláusula penal).

Sendo consideradas consequência natural, as obrigações secundárias ainda podem ser categorizadas em obrigações a que se convertem inteiramente as primitivas que não são executadas, – como acontece com as perdas e danos que substituem a primeira obrigação, a qual já não existe – e em obrigações secundárias que somente acendem à primeira, sem destruí-la, como nas ocasiões de atraso na execução.

A oitava divisão é feita em relação às pessoas que contratam. É principal se é daquele que é exigido como principal obrigado e é acessória se for obrigação em que um se obriga pelo outro, como os fiadores.[135]

No direito português, Menezes Cordeiro acolhe a designação de deveres acessórios e reconhece que eles recebem várias tipificações. Segundo sua divisão tripartite, são deveres de proteção (evitar danos mútuos); deveres de esclarecimento (informar-se mutuamente sobre todos os aspectos do vínculo) e deveres de lealdade (abster-se de comportamentos que possam falsear o objetivo do negócio).[136]

Costa, por sua vez, explana que os deveres de prestação são divididos em principais (ou primários) e secundários (ou acidentais). Essa última categoria se subdivide em deveres secundários meramente acessórios (aqueles relacionados ao ato de preparar o cumprimento ou assegurar a perfeita realização da obrigação) e deveres secundários com prestação autônoma, os quais podem se dividir em deveres secundários com prestação autônoma sucedâneos do dever principal ou coexistentes com o dever principal.[137]

Ao lado dessa sistematização, como se estivessem fora desse grande grupo de deveres principais e secundários, estão os deveres laterais que apresentam três derivações possíveis: uma cláusula contratual, a lei e

---

135 POTHIER, Robert Joseph. *Tratado das obrigações*. Tradução de Adrian Sotero de Witt Batista e Douglas Dias Ferreira. Campinas: Servanda, 2001, p. 161-164.

136 MENEZES CORDEIRO, António Manuel da Rocha. *Da boa-fé no Direito Civil*. Coimbra: Almedina, 2001, p. 603.

137 COSTA, Mario Júlio de Almeida. *Direito das obrigações*. 12. ed. Coimbra: Almedina, 2012, p. 76-80.

o princípio da boa-fé. São os elementos baseados no pensamento de Larenz. São deveres que não interessam diretamente ao cumprimento da obrigação ou da satisfação em si e que podem ser sistematizados em vários tipos, por exemplo, dever de cuidado, dever de segurança, dever de informação, dever de proteção.

Noronha também divide os deveres entre primários e secundários, termo que utiliza como sinônimo de acessórios. Destaca que os deveres fiduciários, anexos ou laterais correspondem aos deveres de conduta e, assim, têm o mesmo significado, apesar de não haver consenso sobre sua nomenclatura. A primeira designação utilizada, afirma, foi a de "deveres laterais', mas a que ganhou a preferência da doutrina e da jurisprudência foi a de "deveres anexos". Ressalta ainda que tem preferência pelo termo "deveres fiduciários" porque "é a denominação que aponta diretamente para o fato de eles serem exigidos pelo dever de agir de acordo com a boa-fé, tendo como fundamento a confiança gerada na outra parte".[138]

Os deveres fiduciários, no entanto, se distinguem dos secundários, pois estes dizem respeito a prestações específicas, pré-determináveis e aqueles são genéricos, por isso não seria conveniente designar os fiduciários de "deveres acessórios de conduta". A violação desses deveres implica a obrigação de reparar os danos causados e normalmente se enquadra no adimplemento defeituoso da obrigação, mas também pode configurar situações de inadimplemento absoluto.

Na sistemática alemã há referência aos deveres de cuidado, cooperação e respeito às legítimas expectativas; aos deveres de informação e advertência e aos deveres de proteção de cuidado com a pessoa e o patrimônio da outra parte, além dos deveres de abstenção, que se relacionam normalmente com a proteção da privacidade e do sigilo.[139]

Fabian também destaca a origem dogmática dos deveres de informar que se originam de subprincípios da boa-fé; das concretizações do princípio da transparência e dos conceitos da doutrina alemã baseados em elaboração de vários deveres de informar por meio da interpretação de cláusulas gerais conforme os direitos fundamentais.[140]

---

138 NORONHA. Fernando. *Direito das obrigações*. 4. ed. São Paulo: Saraiva, 2013, p. 101.

139 MIRAGEM, Bruno. *Direito civil:* direito das obrigações. São Paulo: Saraiva, 2017, p. 44-46.

140 FABIAN, Christoph. *O dever de informar no direito civil*. São Paulo: Editora Revista dos Tribunais, 2002, p. 56-66.

Ressalta que os deveres anexos podem ser divididos em dois grandes grupos: os deveres anexos de prestação e os deveres anexos de proteção. A ideia dos deveres prestacionais é a de respeito de uma parte pelos interesses da outra. Um deve ajudar o outro e deve evitar dificultar a realização do contrato a fim de que seja assegurada a prestação, objetivo final dos contratantes. Relacionam-se, portanto, com a vontade contratual, com o desiderato de trocar prestações. Pressupõem a existência de um pacto e podem ter início no momento de sua conclusão e permanecerem como deveres pós-contratuais.

Os deveres de proteção, por outro lado, relacionam-se com a o amparo da outra parte e seus bens mediante o afastamento de prejuízos evitáveis[141] durante o processo da prestação. São deveres que independem da vontade das partes. Seu conteúdo é determinado no momento do contato social.[142] Podem ser considerados pré-contratuais já que não são fundamentados no vínculo entre as partes, apesar de apresentarem certa proximidade com os deveres estipulados no contrato. São, na verdade, complementações e concretizações da obrigação precípua.

Um dever anexo pode pertencer ao mesmo tempo aos dois grupos, caracterizando-se como de prestação e de proteção, como no caso de um manual de instruções fornecido para o comprador, que terá informações sobre como usar o produto e como se proteger das consequências do uso errado.

Os deveres de proteção não têm a mesma importância no direito brasileiro que têm no direito alemão, onde a sistematização surgiu, explica Noronha. Como entre nós consagra-se um princípio geral de responsabilidade civil não é tão necessário invocar deveres específicos, ligados a um contrato.[143]

---

141 Um exemplo do dever de informar como dever de proteção é o dever daquele que contrata empresa de transporte para enviar caixa com mercadoria perigosa. A característica do produto enviado deve ser informada para não prejudicar a segurança do contratante e dos demais: FABIAN, Christoph. *O dever de informar no direito civil.* São Paulo: Editora Revista dos Tribunais, 2002.

142 A noção de contato social é fluída. Há diversos graus de contato social. A manifestação mais intensa de contato é o próprio contrato, expressão plena da autonomia privada. Uma manifestação mais reduzida é a responsabilidade aquiliana, que independe de qualquer pactuação: USTÁRROZ, Daniel. Aspectos quanto à proteção jurídica na fase pré-negocial – comentários ao Recurso Especial n. 1.367.955/SP. *Revista Direito & Justiça*, v. 41, n. 2, p. 167-173, jul. /dez., 2015.

143 NORONHA. Fernando. *Direito das obrigações.* 4. ed. São Paulo: Saraiva, 2013, p. 106.

Eles são uma espécie de deveres laterais que têm como núcleo a característica de estabelecer aos figurantes de determinada relação jurídica o dever de não realizarem atos que possam vir a causar danos ao outro.[144]

O costume tradicional de dividir os deveres anexos em contratuais e extracontratuais, afirma Fabian, não explicava adequadamente sua natureza. Esse dualismo tinha como consequência dividir os deveres anexos em outros dois grupos, considerando-se o momento de sua atuação. No primeiro grupo, encontravam-se os deveres pré e os pró contratuais, fundamentados na lei. No segundo, os deveres anexos exigidos durante a execução contratual, baseados nas disposições do contrato.

Nos anos cinquenta, então, começou certa tendência de se fundamentar os deveres anexos na confiança, o que possibilitaria a quebra dessa divisão dos deveres anexos já que a necessidade de agir de forma a proteger a confiança seria o alicerce desses deveres, independentemente da fase relacional em que se encontrava.[145]

Quando as partes começam a negociação, esperam da outra um comportamento leal. Desse dever de lealdade e respeito decorre uma relação de confiança e desta decorrem outros deveres de comportamento. A relação de confiança, dessa forma, não se assenta na vontade das partes, mas numa situação fática: o já mencionado contato social existente entre elas, como explica Clóvis do Couto e Silva.[146]

O autor destaca também a importância da categoria dos deveres secundários tendo vista sua origem na boa-fé. Esses deveres são denominados de secundários, anexos ou instrumentais e correspondem ao termo alemão *Nebenpflichten*. No direito anglo-americano também se faz condição entre *condition* e *warranty*, mas lá as obrigações diferem do conceito usado no direito continental-europeu, explica.

No Código Civil brasileiro, os deveres não aparecem formando um sistema, mas se fazem presentes em alguns artigos de regra relacionados

---

144 HAICAL, Gustavo Luís da Cruz. O inadimplemento pelo descumprimento exclusivo de dever lateral advindo da boa-fé objetiva. In: MOTA, Maurício, KLOH, Gustavo (org.). *Transformações contemporâneas do direito das obrigações*. Rio de Janeiro: Elsevier, 2011, p. 485-521.

145 FABIAN, Christoph. *O dever de informar no direito civil*. São Paulo: Editora Revista dos Tribunais, 2002, p. 56-66.

146 COUTO E SILVA, Clóvis. *A obrigação como processo*. Rio de Janeiro: Editora FGV, 2006, p. 91-92.

com a culpa. A particularidade mais importante de algumas obrigações anexas é a de ainda perdurarem mesmo depois do adimplemento da obrigação principal.

Quando se diz que o adimplemento extingue a relação jurídica se deve entender que extingue um crédito determinado. Os deveres secundários comportam tratamento que abranja toda a relação jurídica. Podem ser examinados durante o curso ou desenvolvimento da obrigação principal. "Consistem em indicações, atos de proteção, como o dever de afastar danos, atos de vigilância, de guarda, de cooperação, de assistência".[147]

O objeto de alguns deles é o "fazer" ou "não fazer", consistindo alguns em declarações de ciência, como nas indicações e comunicações. Como o adimplemento é ato-fato, não é necessária a investigação da existência de vontade.

Na maior parte das vezes, aos deveres secundários não corresponde uma pretensão, pois a outra parte não tem conhecimento acerca do que não foi informado ou comunicado, não podendo, assim, exigir o que não conhece. Há casos, no entanto, em que um dever anexo pode ser cobrado, como no caso do dever de prestar contas, concebido como anexo em certos contratos.[148]

Couto e Silva segue explicando que o dever de esclarecimento se dirige ao outro participante da relação jurídica para tornar clara certa circunstância de que o outro ignora ou tem conhecimento errôneo ou imperfeito. É um dever em favor do outro. Os deveres de esclarecimento têm como objeto uma declaração de conhecimento.

O dever de indicar, por sua vez, existe toda vez em que é necessário mostrar ou salientar uma situação, como nas relações de locação em que o locatário possuidor deve indicar a situação capaz de afetar o imóvel. O dever de cooperação materializa categoria que pode abranger todos os deveres anexos. Alguns autores, porém, costumam dar significado restrito a esses deveres de modo a abranger somente os deveres de auxílio entendidos como aqueles em que o fim somente poder ser obtido com a cooperação mútua. Os deveres de auxílio, por fim, são certo tipo particular que nada tem a ver propriamente com as prestações principais.

---

147 COUTO E SILVA, Clóvis. *A obrigação como processo*. Rio de Janeiro: Editora FGV, 2006, p. 91-92.

148 COUTO E SILVA, Clóvis. *A obrigação como processo*. Rio de Janeiro: Editora FGV, 2006, p. 93.

Os deveres anexos dividem-se em dependentes e independentes, conforme tem ou não possibilidade de ultrapassar o término da obrigação principal. Os dependentes são assim considerados e seu descumprimento acarretará também o do dever principal. Não têm acionabilidade própria, como o dever do sócio que se retira da sociedade. Alguns desses deveres são objetos de lei específica, como o de guardar sigilo dos médicos e dos advogados. Os independentes podem ser acionados sem que isso acarrete o desfazimento da obrigação principal, mas dela dependem para seu nascimento.[149]

A relação dos deveres anexos com a boa-fé e com a confiança é identificada ao se perceber a necessidade de superação da relação contratual como única fonte geradora de obrigações. O comportamento leal e comprometido com a satisfação das necessidades e expectativas do outro foi ganhando relevância e a proteção da própria confiança passou a ser elemento central no tema dos deveres secundários, entre eles o dever de informar.

O conceito clássico de relação obrigacional se revelou inadequado e insuficiente para tutelar todas os aspectos inerentes à visão solidarista da relação. A posição é mais estática e o vínculo obrigacional deve ser visto como um processo de cooperação, uma vez que sua finalidade não é somente atingida pelo cumprimento do dever principal considerando-se os outros deveres cujo cumprimento serve para a completa satisfação da obrigação.[150]

A ideia de confiança surgiu nas diversas manifestações da boa-fé, seja na análise dos casos concretos da boa-fé ou em tentativas de explica-la. Exprime a situação em que uma pessoa adere a certas representações que tenha por efetivas. A pessoa age ou crê em determinada situação. O princípio da confiança explicitaria, assim, o reconhecimento da situação e sua tutela.

Confiança é a expectativa que surge de um comportamento honesto, normal e cooperativo, a partir de normas estabelecidas pela comunidade[151] na qual estão inseridos os indivíduos. Trata-se, portanto, de base de coesão social que serve de condição ou influência do comportamento

---

149 EHRHARDT JÚNIOR, Marcos. *Responsabilidade pelo inadimplemento da boa-fé.* 2. ed. Belo Horizonte: Fórum, 2017, p. 89

150 EHRHARDT JÚNIOR, Marcos. *Responsabilidade pelo inadimplemento da boa-fé.* 2. ed. Belo Horizonte: Fórum, 2017, p. 89.

151 ANDRADE JÚNIOR, Luiz Carlos Vila Boas. *Responsabilidade civil e proteção jurídica da confiança:* a tutela da confiança como vetor de solução de conflitos na responsabilidade civil. Curitiba: Juruá, 2016, p. 116.

dos sujeitos, que acreditam na reciprocidade da conduta do outro e na possibilidade de sanção em caso de violação do dever de se comportar de determinado modo.[152]

Menezes Cordeiro rejeita a locução "aparência", corrente na literatura alemã para a explicação da confiança. Afirma que apenas interessa considerar a aparência que tenha repercussões humanas. O autor explica que a consciência do fenômeno da confiança surgiu nos finais do século XIX por meio dos estudos de Eugen Huber sobre a *gewere*. Começou, então, a ser entendida como uma legitimação formal, atribuída por norma específica para o exercício de determinado direito que em abstrato não teria sido conferido pelo ordenamento. Houve certo descrédito com o alargamento da teoria da confiança e surgiram, assim, estudos mais restritivos segundo os quais a confiança somente teria lugar quando houvesse faltas nos pressupostos de eficácia de determinada situação, não tendo influência nos fundamentos constitutivos da relação.[153]

Depois disso, houve uma escassez de estudos sobre o tema, que perdurou até o final da década de sessenta com a publicação de obras monográficas. A confiança estava inserida em alguns institutos, mas o crescimento da matéria era obstaculizado pela incipiência do cultivo da boa-fé objetiva. Em 1950, no entanto, Eichler aproxima a confiança da lealdade contratual. A relação de confiança, assim, seria derivada da boa-fé. O princípio de comportamento segundo a boa-fé quer dizer que se deve atuar como, no tráfego, se é de esperar uns dos outros.

A importância da confiança do ponto de vista sociológico[154] não deve ser levada de forma mecânica para o Direito, alerta Menezes Cordeiro. A confiança em um contrato, por exemplo, não advém tanto de expectativas de comportamento regular, mas sim da ideia de segurança que transmite

---

152 MIRAGEM, Bruno. *Direito civil:* direito das obrigações. São Paulo: Saraiva, 2017, p. 126.

153 MENEZES CORDEIRO, António Manuel da Rocha. *Da boa-fé no Direito Civil.* Coimbra: Almedina, 2001, p. 1.235.

154 Luhmann propõe uma análise sociológica da confiança, a considerando como fator de redução das complexidades sociais tendo em vista sua importância como ponto de partida correto e apropriado para a derivação de regras de conduta e como elemento a ser examinado pela psicologia e pelas ciências sociais: LUHMANN, Niklas. *Confianza.* Traduzido por Dario Rodriguez Mansilla. Barcelona: Anthropos, 2005, p. 5-7.

o fato daquele negócio estar previsto na lei, inserido no mundo jurídico. Revela-se, assim, uma faceta da confiança calcada no próprio direito.[155]

A determinação das situações de confiança às quais o direito confere eficácia é alcançada por meio do recurso das classificações: há casos em que a confiança é objeto de disposições específicas e esses se relacionam com a boa-fé subjetiva e há casos que se originam de institutos gerais informados por conceitos indeterminados e ligam-se à ideia da boa-fé objetiva.

Menezes Cordeiro destaca três fatores necessários para a proteção da confiança: uma situação de confiança traduzida na boa-fé subjetiva e na ética; uma justificativa para a confiança, expressa na presença de elementos objetivos capazes de provocar uma crença plausível (requisito que pode ser dispensado em algumas situações se o primeiro pressuposto aparecer com bastante intensidade, como acontece na posse sem boa-fé) e, por último, um investimento de confiança.[156]

O CDC protege a confiança que o consumidor depositou no vínculo obrigacional, mais especificamente na prestação contratual, na sua adequação ao fim que dela se espera. Resguarda também a confiança depositada na segurança do produto ou do serviço. É a ideia da proteção da confiança legítima do mais fraco, que é um princípio geral do direito privado, como explica Marques.[157]

O mandamento de proteção da confiança está intimamente ligado ao anonimato das novas relações sociais. No cenário de comercialização multiplicada, há necessidade de criação de um novo paradigma, mais objetivo do que a subjetiva vontade, boa ou má-fé do fornecedor, um standard de qualidade e segurança que possa ser esperado por todos.[158]

---

155 MENEZES CORDEIRO, António Manuel da Rocha. *Da boa-fé no Direito Civil.* Coimbra: Almedina, 2001, p. 1.244.

156 MENEZES CORDEIRO, António Manuel da Rocha. *Da boa-fé no Direito Civil.* Coimbra: Almedina, 2001, p. 1.248.

157 MARQUES, Claudia Lima. *Contratos no Código de Defesa do Consumidor:* o novo regime das relações contratuais.7. ed. São Paulo: Editora Revista dos Tribunais, 2014, p. 1.285.

158 Interessante caso julgado pelo TJBA no qual há menção à necessidade de proteção da confiança de consumidora que acreditava estar em hospital credenciado à rede da Unimed. A paciente estava internada em estabelecimento hospitalar da Unimed, mas a empresa alegou a impossibilidade de cobertura alegando divisões internas e regionais da cooperativa: AGRAVO DE INSTRUMENTO. DIREITO

Para proteger a confiança despertada pelo outro, o Direito tem que superar a divisão entre responsabilidade contratual e extracontratual e faz isso revigorando a figura dos deveres anexos. São os deveres de conduta, de boa-fé. São deveres de informação, de segurança e de cooperação que estão presentes em todas as relações, mesmo as extracontratuais, pois são deveres de conduta humana só indiretamente dirigidos à prestação contratual.

Como se lê em Schimidt Neto, a proteção da confiança é fundamental para a concretização da justiça. A ideia básica da confiança é a adesão dos

---

PROCESSUAL CIVIL E DO CONSUMIDOR. PRELIMINAR DE INADMISSIBILIDADE RECURSAL. REJEITADA. TRATAMENTO MÉDICO. ANGIOPLASTIA. NECESSIDADE. RELATÓRIO MÉDICO COMPROBATÓRIO. UNIDADE MÉDICA NÃO CREDENCIADA. POSSIBILIDADE. TEORIA DA APARÊNCIA. MULTA DIÁRIA. MANUTENÇÃO. RECURSO IMPROVIDO. (Agravo de Instrumento n.º 0016796-95.2016.8.05.0000, Tribunal de Justiça da BA, Relator (a): Regina Helena Ramos Reis, Segunda Câmara Cível, Publicado em: 24/01/2017)

sujeitos a relações jurídicas específicas motivadas pela confiança depositada na outra parte, na própria relação, na empresa, na marca[159] ou no costume.[160]

No Brasil, a inclusão do princípio se deu no Direito Comercial e no Direito Administrativo. No direito anglo-saxão, está ligada à ideia de *reliance*, que protege aquele que de boa-fé deposita sua confiança em algo que legitimamente se podia esperar. Também está ligada a institutos como *trust* e *consideration*.

A ideia de tutela da confiança firmou-se como princípio geral e não é mais tratada somente incidentalmente. A valorização da confiança, porém, é relativamente recente. O ato de confiar torna vulnerável aquele que crê

---

[159] Há interessantes acórdãos nos quais o debate passa pela confiança depositada pelo consumidor na marca do produto adquirido. No âmbito do STJ, o REsp 1.096.325 versa sobre a responsabilidade de laboratório por pílula anticoncepcional sem efeitos colocada no mercado. A relatora menciona a confiança que tem a pessoa que toma o remédio e espera não engravidar: REsp 1096325/SP, Rel. Ministra NANCY ANDRIGHI, TERCEIRA TURMA, julgado em 09/12/2008, DJe 03/02/2009.

As Turmas Recursais do Rio Grande do Sul enfrentaram a questão da responsabilidade da empresa Sony por defeito de máquina adquirida no exterior baseando-se na confiança que o consumidor coloca na marca mundialmente conhecida: CONSUMIDOR. VENDA DE PRODUTO IMPORTADO SEM PEÇAS PARA REPOSIÇÃO NO MERCADO NACIONAL. RESPONSABILIDADE DA FABRICANTE E IMPORTADORA NACIONAL PERTENCENTE AO MESMO GRUPO EMPRESARIAL. É legítima passivamente a fabricante e importadora nacional, ainda que o produto estrangeiro da mesma marca por ela não tenha sido importado, uma vez é parte integrante de negócio globalizado, com extensão mundial, prevalecendo-se da confiança depositada na marca para efetuar seus negócios. Se a empresa nacional beneficia-se da marca do produto defeituoso, deve também honrar com a sua garantia legal. Sentença confirmada por seus próprios fundamentos. Recurso improvido. (Recurso Cível Nº 71001662253, Primeira Turma Recursal Cível, Turmas Recursais do RS, Relator: Ricardo Torres Hermann, Julgado em 07/08/2008).

O caso paradigmático sobre o tema dos produtos adquiridos fora do país e a confiança na marca é o famoso Caso Panasonic, julgado pelo STJ no ano 2000 e que reconheceu a responsabilidade do fornecedor: REsp 63981/SP, Rel. Ministro ALDIR PASSARINHO JUNIOR, Rel. p/ Acórdão Ministro SÁLVIO DE FIGUEIREDO TEIXEIRA, QUARTA TURMA, julgado em 11/04/2000, DJ 20/11/2000, p. 296.

[160] SCHIMIDT NETO, André Perin. *Contratos na sociedade de consumo*: vontade e confiança. São Paulo: Editora Revista dos Tribunais, 2016, p. 187-196.

que é verdadeiro algo que não está escrito nem na lei nem no contrato, mas é capaz de gerar legítimas expectativas.[161]

A confiança não está expressamente prevista na lei, mas permeia todo o ordenamento jurídico. Ela preenche o modelo que a sociedade massificada exige. Foi um pilar do Direito civil alemão e serviu de fundamento para a segurança do tráfego jurídico. Também serve de redutor de complexidade da sociedade, como já referido, já que não há como se conhecer e prever tudo. Assim, alguns aspectos das relações ficam pressupostos.

No âmbito do Direito do consumidor, as ações, os comportamentos, as práticas do fornecedor criam no consumidor expectativas legítimas que, se violadas, causam efeitos. Não é toda confiança, no entanto, que deve ser protegida, mas aquela que está justificada pelas circunstâncias.[162]

---

161 RECURSO ESPECIAL. CIVIL. CONTRATO DE SEGURO DE AUTOMÓVEL. SINISTRO. REPARAÇÃO DE VEÍCULO. DEMORA ANORMAL E INJUSTIFICADA. CIRCUNSTÂNCIA INCONTROVERSA. DANO MORAL. RECONHECIMENTO. SEGURADO. EXPECTATIVA LEGÍTIMA. FRUSTRAÇÃO. PRINCÍPIO DA BOA-FÉ. VIOLAÇÃO. EXISTÊNCIA. 1. O atraso anormal na reparação de veículo sinistrado gera a frustração de expectativa legítima do consumidor contratante, situação que revela violação do dever de proteção e lealdade existente entre segurador e segurado, promovendo irreparável quebra da confiança, ato ilícito grave e passível de reparação. 2. No caso concreto, a prestação de serviço foi manifestamente intempestiva, pois a previsão de 60 (sessenta) dias para efetivação dos reparos do veículo, exposta inicialmente pela seguradora, foi superada em inexplicáveis 180 (cento e oitenta) dias. Não há, portanto, como prevalecer o entendimento adotado no acórdão recorrido de reduzir o abalo e o transtorno sofrido pela recorrente ao patamar do mero aborrecimento. 3. A ponderação entre a cláusula geral da boa-fé, especialmente o dever de probidade – compreendido como a honestidade de proceder-, e a legítima expectativa do consumidor que contrata seguro de automóvel, revela como razoável o prazo geral de 30 (trinta) dias para a reparação de veículos sinistrados, contados da data de entrega dos documentos exigidos do segurado, nos termos do art. 33 da Circular Susep nº 256, de 16 de junho de 2004, incluídos na esfera do simples inadimplemento contratual e do mero aborrecimento apenas os pequenos atrasos decorrentes de circunstâncias excepcionais e imprevisíveis no momento da contratação. 4. Recurso especial provido para restabelecer a condenação da seguradora ao pagamento de R$ 15.000,00 (quinze mil reais), a título de danos morais. (STJ, REsp 1604052/SP, Rel. Ministro RICARDO VILLAS BÔAS CUEVA, TERCEIRA TURMA, julgado em 16/08/2016, DJe 26/08/2016)

162 Casos em que a legítima expectativa do consumidor foram levadas em consideração nas razões de decidir, embora não como único fundamento para a responsabilização do fornecedor: Apelação Cível Nº 70069375038, Nona Câmara

A ideia de confiança vai além da crença depositada na outra pessoa, já que ela não é posta apenas no comportamento das partes, mas em todas as circunstâncias negociais. Importa o contexto da contratação e também o comportamento legitimamente presumível.

Lorenzetti salienta que a criação da aparência e da confiança produz uma modificação na carga de autoinformação e também uma mudança no risco derivado das assimetrias informativas. Se houver erros ou discordâncias entre as informações transmitidas, aquele que criou a situação de aparência é quem deve suportar os danos gerados.[163]

A confiança influencia, assim, a afirmação de obrigações e garantias implícitas que ficam a cargo do ofertante. O autor faz referência à Diretiva Europeia de 1985[164] que equipara ao produtor quem coloca no produto seu nome ou marca justamente por dar aparência de ser por ele responsável. Na lei argentina 24.240, ressalta, não há equiparação, mas previsão

---

Cível, Tribunal de Justiça do RS, Relator: Miguel Ângelo da Silva, Julgado em 30/03/2017; TJMG – Apelação Cível 1.0145.13.042233-3/001, Relator(a): Des.(a) Pedro Bernardes, 9ª CÂMARA CÍVEL, julgamento em 03/05/2016, publicação da súmula em 01/06/2016); Apelação Cível Nº 70070957873, Décima Segunda Câmara Cível, Tribunal de Justiça do RS, Relator: Umberto Guaspari Sudbrack, Julgado em 23/02/2017; Recurso Cível Nº 71006570303, Quarta Turma Recursal Cível, Turmas Recursais do RS, Relator: Ricardo Pippi Schmidt, Julgado em 07/04/2017.

163 No direito do consumidor, a teoria da aparência serve de fundamento para a responsabilidade daqueles que se apresentam como o sujeito que desperta a confiança na outra parte. O artigo 34 do CDC baseia-se no princípio da confiança para ampliar a cadeia de solidariedade: MIRAGEM, Bruno. *Curso de Direito do Consumidor*. 6. ed. São Paulo: Editora Revista dos Tribunais, 2016, p. 263-264.

164 Diretiva 85/374/CEE que aborda a responsabilidade não culposa aplicável aos produtores europeus. Disponível em: <http://eur-lex.europa.eu/legal-content/EN/TXT/PDF/?uri=CELEX:31985L0374&from=PT> Acesso em 05. Jun. 2017

específica de responsabilidade solidária[165] entre quem produz e quem ostenta sua marca.[166]

Sobre a marca e a confiança, Ghersi destaca que se um consumidor não confia, deve obter toda a informação necessária sobre o produto. Essa informação, porém, não é de fácil acesso porque é custosa, porque precisa de conhecimento profissional para ser valorada ou então o consumidor não tem condições de se informar. São situações de forte assimetria de informação e o comprador é obrigado a confiar no que adquire porque já adquiriu antes e confia que as características do bem não vão mudar porque a marca simboliza aquilo que a empresa representa, isto é, substitui os altos custos de informação por confiança, que é seu equivalente funcional. A confiança, dessa forma, constitui um recurso econômico para reduzir a necessidade de informação e diminuir os custos para o próprio consumidor. Se a empresa abusar dessa confiança mediante comportamentos oportunistas com condutas que a despertem e não a tutelem, um dano econômico será causado. A confiança torna-se, assim, um novo critério autônomo para que nasçam obrigações cujo único fundamento é sua violação.[167]

Schmidt Neto segue explicando que, diferentemente da boa-fé, o princípio da confiança atua protegendo as legítimas expectativas. A boa-fé por sua vez liga-se mais ao dever geral de cooperação impondo a lealdade e a consideração dos interesses do outro. Já a confiança vincula-se principalmente à geração de legítimas expectativas que levam à criação de um

---

165 Artigo 40 da Lei 24.240, que foi incorporado pela Lei 24.999 de 1198: "Si el daño al consumidor resulta del vicio o riesgo de la cosa o de la prestación del servicio, responderán el productor, el fabricante, el importador, el distribuidor, el proveedor, el vendedor y quien haya puesto su marca en la cosa o servicio. El transportista responderá por los daños ocasionados a la cosa con motivo o en ocasión del servicio. La responsabilidad es solidaria, sin perjuicio de las acciones de repetición que correspondan. Sólo se liberará total o parcialmente quien demuestre que la causa del daño le ha sido ajena.". Disponível em: <http://servicios.infoleg.gob.ar/infolegInternet/anexos/0-4999/638/texact.htm>. Acesso em: 20. Mai. 2018.

166 LORENZETTI, Ricardo Luis. La oferta como apariencia y la aceptación basada en la confianza. *Revista de Direito do Consumidor*, São Paulo, v. 35, p. 9-38, jul. / set., 2000.

167 GHERSI, Carlos Alberto; WEINGARTEN, Celia (coord.). *Tratado de daños reparables:* parte geral. v. 1. Buenos Aires: La ley, 2008, p. 443-445.

dever jurídico, tais como a responsabilização pelo descumprimento de uma prestação que uma parte poderia esperar.[168]

Tadeu observa que os autores em geral utilizam sinônimos como lealdade, probidade, correção, fidelidade, para expressar a ideia de manutenção da confiança e de agir conforme a boa-fé. Explana que os deveres de colaboração, de reserva, de segredo e de respeito também se relacionam com a boa-fé e entre todos esses deveres que derivam de sua força jurídica o de informação adquiriu maior transcendência. Sua sublimidade justifica-se em razão da alta tecnificação e instrumentalização da sociedade atual que permite o aparecimento das mais diversas situações de desigualdade e desequilíbrio entre os contratantes.[169]

Consoante à clássica lição de Menezes Cordeiro, a boa-fé está ligada à confiança nas suas manifestações objetiva e subjetiva sendo que a objetiva lhe confere a base jurídica necessária para sua proteção. A confiança seria, assim, um dos fatores materiais da boa-fé.[170]

A expressão boa-fé está presente na legislação em diversas situações e com significados diferentes, mas que designam o mesmo fenômeno. Às vezes, aparece como conceito indeterminado, como princípio ou como *standard*. A boa-fé objetiva é aquela que traduz um estado de fato. Ao ser qualificada com esse adjetivo, a boa-fé remete à ideia de um modelo ou instituto jurídico, que deve ser concretizado de maneira contextual uma vez que o conteúdo específico da boa-fé está ligado às circunstâncias. Isso não significa que a boa-fé seja um elástico ou um cheque em branco a ser preenchido de qualquer forma, como ressalta Judith Martins-Costa.[171]

No Código Civil brasileiro de 2002,[172] a boa-fé está presente em seu caráter geral nos artigos 187, 113 e 422. Também está prevista de modo

---

168 SCHIMIDT NETO, André Perin. *Contratos na sociedade de consumo:* vontade e confiança. São Paulo: Editora Revista dos Tribunais, 2016.

169 TADEU, Silney Alves. O dever de informar: considerações comparadas ao conteúdo da informação contidas no CDC e no CC. *Revista de Direito do Consumidor*, São Paulo, v. 58, p. 255-274, abr. /jun., 2006.

170 MENEZES CORDEIRO, António Manuel da Rocha. *Da boa-fé no Direito Civil.* Coimbra: Almedina, 2001, p. 1.250.

171 MARTINS-COSTA, Judith. *A boa-fé no direito privado:* critérios para sua aplicação. São Paulo: Marcial Pons, 2015, p. 41.

172 No CC/02 a boa-fé objetiva é modelo jurídico prescritivo, ou seja, poderia ser acolhida mesmo que implicitamente. Tem importância nuclear para o Direito das

específico nos artigos 128 e 473, parágrafo único, por exemplo. No Código de Defesa do Consumidor, a boa-fé objetiva está prevista em caráter geral como Princípio fundante da Política Nacional das Relações de Consumo, na parte final do artigo 4º, inciso III; e como critério de aferição da validade das cláusulas contratuais no artigo 51, IV do CDC.[173]

Ruy Rosado de Aguiar Júnior destaca o papel de conciliação de interesses da boa-fé nas relações de consumo. Explica que ela aparece como princípio orientador da interpretação e não como cláusula geral para a definição de regra de conduta. Trata-se de critério auxiliar para a viabilização dos ditames constitucionais sobre a ordem econômica.

Obrigações pois emparelha a autonomia privada as ideias de confiança legítima e de cooperação em vista da utilidade da prestação, transformando, dessa forma, a relação obrigacional em um vínculo dialético e polêmico estabelecendo entre credor e devedor certos deveres cooperativos que se tornam necessários para o adimplemento: MARTINS-COSTA, Judith. *A boa-fé no direito privado*: critérios para sua aplicação. São Paulo: Marcial Pons, 2015.

173 CIVIL E PROCESSO CIVIL. RECURSO ESPECIAL. DIREITO DO CONSUMIDOR. AÇÃO INDENIZATÓRIA. PROPAGANDA ENGANOSA. GOLPE DA ALMOFADA. SUPOSTO TRATAMENTO DE DIVERSAS MOLÉSTIAS. VIOLAÇÃO DA BOA-FÉ OBJETIVA. RESPONSABILIDADE CIVIL. DANO MORAL IN RE IPSA. INDENIZAÇÃO DEVIDA. RECURSO PROVIDO. 1. Viola a boa-fé objetiva a conduta do fornecedor do produto que, abusando da frágil saúde do consumidor, de sua idade avançada e de sua condição social, falsamente promete a cura para suas doenças com produto sabidamente ineficaz. E, mais, o induz a celebrar contrato de financiamento com a garantia do desconto em seus benefícios previdenciários. 2. O consumidor, ao empregar recursos na compra de caro equipamento, absolutamente ineficaz, deixou de ter a possibilidade de adquirir remédios e custear tratamentos adequados para curar ou amenizar seus males. 3. "O intuito de lucro desarrazoado, a partir da situação de premente necessidade do recorrente, é situação que desafia a reparação civil" (REsp 1.329.556/SP, Rel. Ministro Ricardo Villas Bôas Cueva, Terceira Turma, DJe 9.12.2014), que, neste caso, prescinde da demonstração de sofrimento íntimo da vítima, por ocorrer in re ipsa. 4. Recurso especial provido. (STJ, REsp 1250505/RS, Rel. Ministra MARIA ISABEL GALLOTTI, QUARTA TURMA, julgado em 25/10/2016, DJe 04/11/2016)

Essa análise traz à tona um aspecto nem sempre considerado na boa-fé que é sua vinculação com os princípios socioeconômicos que presidem o ordenamento jurídico, atuando operativamente no âmbito da economia do contrato.

A boa-fé, explana, não serve apenas para a defesa da parte mais fraca, mas atua como fundamento para orientar a interpretação garantidora da ordem econômica, compatibilizando interesses contraditórios.[174] E a solução nem sempre será a mais favorável ao consumidor considerando-se a natureza do contrato, ou seja, a operação econômica pretendida e o custo social decorrente dessa operação.[175]

A boa-fé tem raízes no Direito Romano, na lei das XII Tábuas. Historiadores dizem que ainda é anterior, remetendo à própria fundação de Roma. De qualquer forma, a ideia de *fides* nasceu com o mundo romano e recebeu expansão e significados ao longo do tempo. Menezes Cordeiro destaca os elementos históricos da *fides* primitiva, que teve diversos prismas semânticos. A *fides*-sacra relacionava-se à lei das XII tábuas, com culminações religiosas. A fides-facto era despida de conotações religiosas ou morais e estava ligada à noção de garantia. A fides-ética era ligada à certa coloração moral.[176]

Em Roma, a boa-fé estava principalmente presente nas relações de clientela, estabelecidas entre cidadão livre e cliente, designando o poder do patrão; nos negócios contratuais, enquanto elemento de garantia da palavra dada, situação que refletia na relação interna entre os romanos e

---

174 AGUIAR JÚNIOR, Ruy Rosado de. A boa-fé na relação de consumo. *Revista de Direito do Consumidor*, São Paulo, v. 14, p. 20-27, abr. /jun., 1995.

175 Por exemplo, no caso de cláusula de consórcio que prevê devolução no final do período conforme entendimento do STJ: RECURSO ESPECIAL REPETITIVO. JULGAMENTO NOS MOLDES DO ART. 543-C DO CÓDIGO DE PROCESSO CIVIL. CONSÓRCIO. DESISTÊNCIA. DEVOLUÇÃO DAS PARCELAS PAGAS PELO CONSORCIADO. PRAZO. TRINTA DIAS APÓS O ENCERRAMENTO DO GRUPO. 1. Para efeitos do art. 543-C do Código de Processo Civil: é devida a restituição de valores vertidos por consorciado desistente ao grupo de consórcio, mas não de imediato, e sim em até trinta dias a contar do prazo previsto contratualmente para o encerramento do plano.2. Recurso especial conhecido e parcialmente provido. (STJ, REsp 1119300/RS, Rel. Ministro LUIS FELIPE SALOMÃO, SEGUNDA SEÇÃO, julgado em 14/04/2010, DJe 27/08/2010)

176 MENEZES CORDEIRO, António Manuel da Rocha. *Da boa-fé no Direito Civil.* Coimbra: Almedina, 2001.

entre eles e outros povos – nesse ponto é que surgiu a adjetivação de *bona* para *fides*, que passou a atuar como cânone hermenêutico e integrativo dos contratos – e nas situações de proteção possessória.

A transformação da *fide* em *bona fides* operou-se a partir de um mesmo núcleo semântico substancial: a lealdade à palavra dada por parte de quem é titular da *fides*. Essa noção aproxima-se à ideia de crédito que o titular da *fides* pode oferecer aos demais e aos deveres de lealdade e honestidade.[177]

A *fides* aparece em diversas situações de crédito, nascendo e se desenvolvendo também no campo dos créditos e negócios não submetidos ao direito formulário. A conotação da *fide bona* no campo dos negócios calcada no Direito romano antigo modifica-se com o tempo, conduzindo à subjetivação e à diluição da boa-fé. Uma complexa série de fatores levará ao enfraquecimento da acepção técnica e objetiva. A noção de *fides* se dilui porque passa a ser utilizada para traduzir situações jurídicas diferentes e expressar princípios gerais sem separação clara de outros princípios, como a equidade, por exemplo.

A sociedade na época do Império Romano era essencialmente ligada à agricultura e à terra e à importância da boa-fé se revelava na proteção da posse, em especial na usucapião e se caracterizava como um estado de ignorância, era configurada em termos subjetivos,[178] antinômica à má-fé.[179]

Na cultura germânica, a boa-fé é expressa nas ideias de *treu und glauben* que são diferentes das identificadas no Direito Romano. Foram adicionadas à ideia de fidelidade ao pactuado as noções de lealdade (*treu*) e crença (*glauben)* que se relacionam com as tradições dos juramentos de honra medievais, elementos essenciais da cultura germânica na época. Boa-fé se relaciona com cortesia, com o ideal de vida social civilizada, que faz parte de um conjunto de qualidades nobres.

O direito germânico propôs significados diversos daqueles atribuíveis à *bona fides* romana, o que teria consequências duradouras na noção

---

177 MARTINS-COSTA, Judith. *A boa-fé no direito privado:* critérios para sua aplicação. São Paulo: Marcial Pons, 2015, p. 57.

178 Essa distinção de significado como boa-fé objetiva e subjetiva pode ser percebida nos artigos 1.201 e 422 do CC/02. No primeiro dispositivo à referência a um estado de ignorância, caráter subjetivo da boa-fé enquanto o segundo traz uma noção de boa-fé como criadora de dever jurídico.

179 MARTINS-COSTA, Judith. *A boa-fé no direito privado:* critérios para sua aplicação. São Paulo: Marcial Pons, 2015, p. 75.

posteriormente conotada. Foram introduzidos na boa-fé um conjunto de valores novos que perdurariam até a codificação alemã.[180]

Na primeira sistemática, desenvolvida na cultura do Humanismo, a boa-fé esteve presente por meio das obras de Cujaccius e Donellus. O primeiro desenvolveu a ideia de retirar da boa-fé possessória o caráter de mero dado subjetivo, dando a ela a noção de comportamento correto e não doloso, nos moldes do Direito canônico. O segundo estudioso traz a ideia de boa-fé como um princípio geral, tendo em vista as características de um sistema periférico, construído na época, que opera das bordas para o centro, abandonando-se a dualidade entre boa-fé como garantia e boa-fé como ignorância do Direito Romano.

A boa-fé como princípio geral se solidifica na segunda sistemática, com o Jusracionalismo, modelo jurídico fundado em axiomas, que não requerem demonstração por serem verdadeiras ou inatas. Foi dado, então, outro tratamento à boa-fé pelos fundadores do Código de Napoleão. Começa a ser traçado um percurso no qual a boa-fé prosseguirá no caminho da diluição a ponto de se tornar um princípio geral. A própria boa-fé obrigacional chega às vésperas da primeira codificação com uma noção diluída, fortemente relacionada à equidade.[181]

Os códigos civis do século XIX foram em sua grande parte elaborados tecnicamente inspirados na primeira ou na segunda sistemática. Já, a partir da segunda metade do século XX, nota-se modificações quanto à técnica e também em relação à linguagem.

Passaram a ser utilizadas normas abertas, vagas, disposições diferentes das anteriores em que havia indicação pontual de seus pressupostos e consequências. Entre essas normas vagas e abertas encontra-se a cláusula geral, de origem germânica e com uma estrutura normativa muito vaga na hipótese e que não tem seu conteúdo previamente definido. A boa-fé encaixa-se nesse conceito de cláusula geral.[182]

---

180 MARTINS-COSTA, Judith. *A boa-fé no direito privado*: critérios para sua aplicação. São Paulo: Marcial Pons, 2015, p. 79-82.

181 MARTINS-COSTA, Judith. *A boa-fé no direito privado*: critérios para sua aplicação. São Paulo: Marcial Pons, 2015, p. 89.

182 Um dos mais céleres e conhecidos exemplos de cláusula geral é o § 242 do BGB que trata da boa-fé e constituiu elemento fundamental para a compreensão da nova relação obrigacional, que deve ser pautada pela boa-fé considerando-se também os costumes do tráfego jurídico: MARTINS-COSTA, Judith. *A boa-fé no direito privado*: critérios para sua aplicação. São Paulo: Marcial Pons, 2015. §

No direito do consumidor, a boa-fé recebeu nova função, tendo sido otimizada sua dimensão de cláusula geral na qual tem raiz o dever de informar. Esse dever, entretanto, não se baseia somente na realização da boa-fé objetiva, uma vez que o desenvolvimento do direito do consumidor transformou o direito à informação em fundamental, o elevando a "condicionante e determinante do conteúdo da prestação principal do fornecedor",[183] não sendo apenas um dever anexo, mas uma obrigação basilar.

Com efeito, observa-se que o dever de informar decorre da imprescindibilidade da adoção de um comportamento que respeite a confiança do outro e que seja leal, honesto, ético, que denote boa-fé. Ainda que o fornecimento de informação não seja a prestação única e principal do contrato, não constitua o objeto da relação jurídica, muitas vezes se torna tão essencial que o próprio desiderato contratual deixa de ser atingido se o dever de informar não for cumprido.

O dever do fornecedor é de informar bem o público consumidor, para que ele possa adquirir produtos ou contratar serviços sabendo exatamente o que pode esperar deles.[184] É indispensável que haja uma ligação permanente, um elo de comunicação entre fornecedores e consumidores para que se efetive o conhecimento de quem consome sobre os bens que estão no mercado, relacionando-se, assim, o dever de informar com o direito à educação do consumidor.

O fornecimento da informação é um dever, pois é uma exigência de ordem jurídica que demanda a obediência de seu conteúdo. Muitos deveres de informar existem apenas para fundamentar um direito à compensação. Referem-se, a sua maioria, a um direito à indenização. Esses direitos à compensação substituem em segundo plano o direito primário à informação.[185]

242, BGB: § 242: O devedor está adstrito a realizar a prestação tal como o exija a boa-fé, com consideração pelos costumes do tráfego (conforme tradução de Menezes de Cordeiro)

183 LÔBO, Paulo Luiz Netto. A informação como direito fundamental do consumidor. *Revista de Direito do Consumidor*, São Paulo, v. 37, p. 59-76, jan. /mar., 2001.

184 Schier também destaca a relação do dever de informar com a boa-fé, ressaltando a importância da proteção do consumidor e de seu direito de escolher: SCHIER, Flora Margarida Clock. *A boa-fé como pressuposto fundamental do dever de informar.* Curitiba: Juruá, 2011.

185 FABIAN, Christoph. *O dever de informar no direito civil.* São Paulo: Editora Revista dos Tribunais, 2002, p. 56.

Ossola e Vallespinos destacam que o objeto da obrigação de informar é composto pelo comportamento do devedor de uma prestação e pelo interesse do credor que é satisfeito por meio do fornecimento da informação. O credor necessita de determinada informação, mesmo que não tenha consciência dessa necessidade. Cabe, portanto, ao devedor, determinar qual é a informação que deve ser transmitida a outra parte. Assim, o devedor da informação a transmitirá e o credor também poderá repassar as informações que devem ser transmitidas em determinada relação contratual. [186]

As obrigações e deveres de informar, ressaltam os autores, são deveres acessórios de conduta e encontram seu fundamento e razão nas obrigações principais do contrato. Há, dessa forma, um duplo interesse: o imediato correspondente à necessidade de que a comunicação entre as partes se dê de maneira eficaz e o mediato que é o dever de informar que se liga à própria obrigação.

Como ensina Marques, há dois tipos de dever de informação. O primeiro é o dever de conselho ou aconselhamento[187] e o segundo é o dever de esclarecimento simples. Esse último obriga o fornecedor a informar sobre a correta utilização e a qualidade do produto e do serviço.[188] O dever de conselho consiste em indicar ao futuro contraente as consequências técnicas e econômicas que decorrem do contrato a ser celebrado. É mais do que enunciar os fatos, vai um pouco além do dever se informar.[189]

---

186 OSSOLA, Frederico; VALLESPINOS, Gustavo. *La obligación de informar*. Advocatus: Córdoba, 2001.p. 151-153.

187 O dever de aconselhamento muitas vezes é debatido no âmbito da responsabilidade civil do médico e também nos casos de investimentos financeiros, duas áreas em que as informações apresentadas pelos fornecedores devem ser precisas e transparentes tendo em vista o grande grau de risco envolvidos tanto nos casos médicos como nos que envolvem instituições financeiras. Veja-se, no STJ: REsp 1606775/SP, Rel. Ministro RICARDO VILLAS BÔAS CUEVA, TERCEIRA TURMA, julgado em 06/12/2016, DJe 15/12/2016 e REsp 992.821/SC, Rel. Ministro LUIS FELIPE SALOMÃO, QUARTA TURMA, julgado em 14/08/2012, DJe 27/08/2012.

188 MARQUES, Claudia Lima. Boa-fé nos serviços bancários, financeiros, de crédito e securitários e o código de defesa do consumidor: informação, cooperação e renegociação? *Revista de Direito do Consumidor*, v. 43, São Paulo, jul. / set., p. 215-257, 2002.

189 AMARAL JÚNIOR, Alberto do. *Proteção do consumidor no contrato de compra e venda*. São Paulo: Revista dos Tribunais, 1993, p. 223.

Noronha também utiliza essa divisão, salientando a existência dos deveres de advertência. Assim, os deveres de esclarecimento seriam aqueles de tornar mais compreensível a informação e também mais completa (informar sobre as condições de funcionamento do produto da necessidade de obtenção de licenças de autoridades); os deveres de conselho aqueles sobre o uso mais adequado do bem e os de advertência aqueles quanto aos riscos (acerca dos perigos de manuseio, por exemplo).

No dever de informar do fornecedor percebe-se todos esses elementos pois o que se busca é a informação clara e adequada sobre a nocividade ou periculosidade do produto ou do serviço, não sendo permitida a utilização de falsas informações nem publicidade enganosa ou abusiva.[190]

Nelson Rêgo entende que o princípio da transparência norteia as relações de consumo e está intimamente relacionado com a boa-fé e com ela integrado e assenta-se na ideia de que todas as características importantes dos produtos e serviços devem ser informadas para que o consumidor possa saber exatamente o que esperar deles.[191]

O princípio da transparência, previsto expressamente no *caput* do artigo 4º do nosso Código do Consumidor é, na verdade, complementado pelo dever de informar.[192] O fornecedor deve transmitir todas as informações[193] necessárias ou úteis sobre o produto ou serviço. Agindo de maneira clara e franca, o fornecedor demonstra transparência em seu comportamento, possibilita o direito de escolha do consumidor e contribui para a diminuição dos riscos relacionados à fruição de bens e serviços.

Santos refere que a transparência não está ligada somente ao dever de informar do fornecedor, mas ao dever de educação e informação do Estado, previsto no inciso IV do referido artigo 4º. Assim, o dever de

---

190 NORONHA. Fernando. *Direito das obrigações.* 4. ed. São Paulo: Saraiva, 2013, p. 107

191 RÊGO, Nelson Melo de Moraes. *Da boa-fé objetiva nas cláusulas gerais de direito do consumidor e outros estudos consumeristas.* Rio de Janeiro: Forense, 2009, p. 69.

192 VIEIRA, Adriana Carvalho Pinto; CORNÉLIO, Adriana Régia. Produtos light e diet: o direito à informação do consumidor. *Revista de Direito do Consumidor,* São Paulo, v. 54abr. / jun., p. 23-31, 2005.

193 Rizatto Nunes enfatiza a importância do art. 4º do CDC e afirma que o dever de informar claramente advém da soma do princípio da transparência e da informação: NUNES, Rizatto. *Comentários ao Código de Defesa do Consumidor.* 4. ed. São Paulo: Saraiva, 2009, p. 142.

informar e os princípios da Política Nacional das Relações de Consumo decorrem do mesmo dever geral de não lesar o outro e materializam uma obrigação positiva.[194]

Como afirma Tomasetti Júnior, o objetivo de transparência está correlacionado a vários conceitos definidos ou em fase de definição. No contexto das declarações negociais para consumo e consequentes relações jurídicas de consumo, transparência significa uma situação informativa favorável à apreensão racional pelos sujeitos da relação dos sentimentos, impulsos e interesses, fatores, conveniências e injunções que possam interferir e condicionar as expectativas e o comportamento dos sujeitos. Os consumidores e fornecedores devem estar conscientes de seus papeis, poderes, deveres e responsabilidades.[195]

O autor refere certa falta de transparência no próprio conceito de transparência, mas destaca que há relativa prestabilidade no termo. A transparência, na verdade, é um resultado prático que a lei substancialmente persegue mediante o que se denomina de princípio (e correspondentes deveres legais) de informação.

Ao fornecedor, devedor de informação, cumpre esclarecer, avisar e predispor os consumidores a escolhas predominantemente refletidas e na sua maior parte autodeterminadas. A informação tem o sentido funcional de racionalizar as opções do consumidor. Essa racionalização é resultado que não se obtém pela sugestão (especialmente a publicitária), a qual primordialmente atua pela incitação dos sentidos. A persuasão passa por um apelo à razão e nessa medida é admitida e regulada juridicamente.

Informação é a conformação aplicada a certo dado o qual torna-se possível de ser conhecido e, por consequência, comunicável. Desse modo, informação é a palavra que refere tanto o processo de formulação e transmissão de dados cognoscíveis como também estes últimos ao passo em que eles estão no conteúdo e também no resultado do processo.

A informação também é fenômeno coletivo e nesse aspecto tem a finalidade de dar conta do significado dos ratos sociais na proporção que

---

194 SANTOS, Fabíola Meira de Almeida. Informação como instrumento para amenizar riscos na sociedade de consumo. Revista de Direito do Consumidor, São Paulo, v. 107, p. 363-384, set. /out., 2016.

195 TOMASETTI JÚNIOR, Alcides. O objetivo de transparência e o regime jurídico dos deveres e riscos de informação nas declarações negociais para consumo. *Revista de Direito do Consumidor*, São Paulo, v. 4, out. /dez., p. 52-90, 1992.

vêm selecionados, organizados e difundidos por meios de comunicação em massa. A sugestão, por seu turno, é ato ou situação que provoca acentuada ou integral paralisia do senso de discernimento e crítica da pessoa. Ela exclui ou se sobrepõe à informação, seja do ponto de vista individual ou coletivo, e tende, assim, a ser juridicamente rejeitada pelas técnicas de controle racional da comunicação.[196]

Em virtude da influência do liberalismo, passou a ser indispensável certo grau de transparência nas relações de consumo provocada pelo controle da difusão e eficiência da informação acerca dos produtos, serviços e do contexto das situações de consumo.

O objetivo de transparência pela informação foi acolhido e privilegiado pelo CDC e não se parece com o que havia no Código Comercial de 1850 e no Código Civil de 1916. No modelo de transparência decorrente da informação, prepondera o princípio da relevância dos motivos que levam o consumidor à prática dos negócios jurídicos orientado à função de consumo.

O modelo de transparência implica não só a difusão da informação, mas também a eficiência da mensagem informativa. É eficiente a informação que enseja de maneira apropriada a consecução do objetivo de transparência propiciando ao consumidor atuar segundo a ponderação e a ordenação de variáveis apontadas por Tomasetti Júnior como decisivas para a implantação da Política Nacional das Relações de Consumo.

A informação que deixe de atender integralmente a qualquer uma das variáveis não atinge sequer um grau mínimo de transparência[197] e seu

---

196 TOMASETTI JÚNIOR, Alcides. O objetivo de transparência e o regime jurídico dos deveres e riscos de informação nas declarações negociais para consumo. *Revista de Direito do Consumidor*, São Paulo, v. 4, out. /dez., p. 52-90, 1992.

197 AÇÃO DECLARATÓRIA INEXISTÊNCIA DÉBITO – DANO MORAL – JUSTIÇA GRATUITA – PREPARO – ATO INCOMPATÍVEL – PLANO TELEFONIA MÓVEL – TRANSPARÊNCIA – INFORMAÇÃO -NEGATIVAÇÃO INDEVIDA. 1. Há preclusão lógica do direito da parte que pretende a concessão dos benefícios da justiça gratuita, mas promove o preparo recursal, praticando ato incompatível com a gratuidade perseguida. 2. <u>O Código de Defesa do Consumidor impõe ao fornecedor a adoção de um dever de conduta ou de comportamento positivo de informar o consumidor a respeito das características, componentes e riscos inerentes ao produto ou serviço. Informação adequada implica em correção, clareza, precisão e ostensividade, sendo o silêncio, total ou parcial, do fornecedor, a respeito da utilização do serviço, uma violação do princípio da transparência que rege as relações de consumo.</u> 3. Compete à empresa de tele-

objetivo será inalcançado. Haverá, portanto, defeito de transparência que, embora existente, não é em grau suficiente.

Pode também ocorrer excesso de informação ou hipereficiência informativa, o que provoca no consumidor dificuldade ou mesmo impossibilidade de apreender o que na mensagem é o verdadeiro núcleo cognoscitivo. Se o dado fundamental não vem claramente identificado ou ressaltado, a eficiência da informação está prejudicada e equivale à falta de informação.[198] Dessa forma, a insuficiência, a deficiência e a hipereficiência de informação caracterizam infração do dever legal de cooperar com a difusão eficiente na informação adaptado ao objetivo de transparência.[199]

O autor destaca também o enquadramento do artigo 4º do Código de Defesa do Consumidor na categoria nomeada por Eros Grau de norma-objetivo. Assim, considerada, a transparência das declarações negociais para consumo e das relações jurídicas de consumo pela eficiência da informação passa a ser uma finalidade jurídica priorizada e, portanto, não permeável a juízos hermenêuticos de mera razoabilidade: ou a informação sobre um produto ou serviço é eficiente ou há infração do dever de informar.[200]

---

fonia atentar para a maior vulnerabilidade dos seus consumidores, fornecendo informações muito mais claras, completas, precisas e adequadas quanto à utilização do serviço linha móvel, principalmente no que diz respeito à cobrança adicional quando for excedida a franquia nos pacotes que se dizem prestarem serviços de forma ilimitada. Descumprido o dever de informação, a cobrança dos acessos e ligações adicionais é indevida. 4. A existência dos danos morais no caso vertente é in re ipsa, ou seja, decorre automaticamente da negativação do nome do consumidor no cadastro de inadimplentes, sendo prescindível a comprovação de efetivo prejuízo, na medida em que o mesmo é presumido. A fixação da indenização por danos morais deve ser realizada com razoabilidade e proporcionalidade. (TJMG – Apelação Cível 1.0313.14.014547-2/002, Relator(a): Des.(a) Estevão Lucchesi, 14ª CÂMARA CÍVEL, julgamento em 29/11/2018, publicação da súmula em 07/12/2018)

198 MALFATTI, Alexandre David. *O direito de informação no Código de Defesa do Consumidor.* São Paulo: Alfabeto Jurídico, 2003. p. 255.

199 TOMASETTI JÚNIOR, Alcides. O objetivo de transparência e o regime jurídico dos deveres e riscos de informação nas declarações negociais para consumo. *Revista de Direito do Consumidor*, São Paulo, v. 4, out. /dez., p. 52-90, 1992.

200 TOMASETTI JÚNIOR, Alcides. O objetivo de transparência e o regime jurídico dos deveres e riscos de informação nas declarações negociais para consumo. *Revista de Direito do Consumidor*, São Paulo, v. 4, out. /dez., p. 52-90, 1992.

Wajntraub explica que o consumidor deve ter conhecimento de uma quantidade de dados suficiente para que possam ser evitados os danos e amenizada a inferioridade negocial que gerada pela ausência de informação. Ao comentar a lei argentina de defesa do consumidor,[201] ele esclarece que o dever de informar se desenvolve de forma transversal em diversos institutos – como também acontece no Brasil – e que são numerosas as disposições que tratam da informação.[202]

É o entendimento que sufraga a jurisprudência. Assim, por exemplo, o Recurso Especial 586.316/MG, de relatoria do Ministro Herman Benjamin, julgado em 2007, ao desenvolver os princípios da vulnerabilidade, da transparência, da boa-fé objetiva e da confiança. O relator destaca que "informação adequada, nos termos do art. 6º, III, do CDC, é aquela que se apresenta simultaneamente completa, gratuita e útil, vedada, neste último caso, a diluição da comunicação efetivamente relevante pelo uso de informações soltas, redundantes ou destituídas de qualquer serventia para o consumidor".

O julgador divide a obrigação de informar em quatro categorias: a) informação-conteúdo, nas quais se observam as características intrínsecas do produto e serviço; b) informação-utilização, relacionada ao modo de uso do produto ou serviço; c) informação-preço, que abrange o custo e as formas e condições de pagamento e d) informação-advertência, ligada à necessidade de esclarecimento sobre os riscos do produto ou serviço.

---

201 A já citada lei argentina n. º 24.240 trata da defesa do consumidor, cujos direitos fundamentais foram reconhecidos expressamente no artigo 42 da Constituição do país. Veja-se: "*Artículo 42.- Los consumidores y usuarios de bienes y servicios tienen derecho, en la relación de consumo, a la protección de su salud, seguridad e intereses económicos; a una información adecuada y veraz; a la libertad de elección, y a condiciones de trato equitativo y digno.*

Las autoridades proveerán a la protección de esos derechos, a la educación para el consumo, a la defensa de la competencia contra toda forma de distorsión de los mercados, al control de los monopolios naturales y legales, al de la calidad y eficiencia de los servicios públicos, y a la constitución de asociaciones de consumidores y de usuarios.

La legislación establecerá procedimientos eficaces para la prevención y solución de conflictos, y los marcos regulatorios de los servicios públicos de competencia nacional, previendo la necesaria participación de las asociaciones de consumidores y usuarios y de las provincias interesadas, en los organismos de control.". Disponível em: <http://servicios.infoleg. gob.ar/infolegInternet/anexos/0-4999/804/norma.htm>. Acesso em: 07. Jun. 2017.

202 WAJNTRAUB, Javier. *Protección jurídica del consumidor:* ley 24.240 comentada y anotada. Buenos Aires: Depalma, 2004.

Ressalta, ainda, que "a obrigação de informação exige comportamento positivo, pois o CDC rejeita tanto a regra do *caveat emptor* como a subinformação, o que transmuda o silêncio total ou parcial do fornecedor em patologia repreensível, relevante apenas em desfavor do profissional, inclusive como oferta e publicidade enganosa por omissão".[203]

Menciona também que o CDC estatui uma obrigação geral de informação, que é comum, ordinária ou primária, e outras leis específicas dispõem sobre certos setores dispõem sobre obrigação especial de informação, a qual é secundária, derivada ou tópica.[204] Ambas devem ser cumpridas pelos fornecedores.

No direito brasileiro, como explica Bruno Miragem, o legislador utilizou uma técnica abrangente ao estipular o dever de informar, já que não exis-

---

203 STJ, REsp 586.316/MG, Rel. Ministro HERMAN BENJAMIN, SEGUNDA TURMA, julgado em 17/04/2007, DJe 19/03/2009.

204 Por exemplo, a lei n. º 10.674/03 que obriga a que os produtos alimentícios comercializados informem sobre a presença de glúten, como medida preventiva e de controle da doença celíaca e o Decreto 4.680/03, já mencionado nesse trabalho, que trata da informação acerca de organismos geneticamente modificados. Sobre o tema, confira: APELAÇÃO – AÇÃO COLETIVA – OBRIGAÇÃO DE FAZER INFORMAÇÃO/ADVERTÊNCIA NOS RÓTULOS DE ALIMENTOS – "CONTÉM GLÚTEN" OU "NÃO CONTÉM GLÚTEN" – INTERESSE DE AGIR VERIFICADO – DESNECESSIDADE DE PRÉVIA NOTIFICAÇÃO AO PODER PÚBLICO – DIREITO À SAÚDE – PRODUTO PREPARADO E NÃO INDUSTRIALIZADO – AUSÊNCIA DE OBRIGAÇÃO LEGAL – O acesso à jurisdição é direito fundamental, previsto no artigo 5º, inciso XXXV da Constituição Federal, que prevê que "a lei não excluirá da apreciação do Poder Judiciário lesão ou ameaça a direito" – a autora pretende que a ré cumpra as regras já estabelecidas em lei editada pelo Poder Público Federal (Lei 10.674/03), em que há determinações quanto às informações necessárias; – Desnecessária a prévia notificação ou requerimento do Poder Público local para que fiscalize a conduta da ré, sendo patente o interesse de agir da parte autora. – A Lei 10.674/03, conhecida como a "Lei do Glúten", disciplina as relações consumeristas, determinando que os produtos industrializados indiquem em seus rótulos as informações "contém glúten" ou "não contém glúten"; – Tal lei exclui de sua exigência os alimentos preparados e embalados em restaurantes e estabelecimentos comerciais, prontos para o consumo. É o caso dos autos: o supermercado em questão oferece produtos PREPARADOS e não manufaturados ou industrializados – STJ no RESP 1.515.895/MS ampliou o direito à informação aos consumidores, entendendo que a informação de "contém glúten" e "não contém glúten" deveriam ser complementadas com a informação-advertência sobre os riscos do glúten à saúde dos doentes celíacos – que não vincula o caso dos autos. RECURSO IMPROVIDO.

tem obrigações legais específicas de informar no momento pré-contratual e no período de execução do pacto. Em qualquer fase da relação entre consumidor e fornecedor, este tem que cumprir o dever de informar, inclusive não havendo uma relação contratual.[205] A violação desse dever, portanto, é considerada infração de dever legal sujeito a sanções.

1.3.2. Dever de informar sobre os riscos

Conforme a proibição do artigo 8º do Código de Defesa do Consumidor,[206] os produtos e serviços colocados no mercado não pode-

---

(TJSP; Apelação 1006105-64.2018.8.26.0189; Relator (a): Maria Lúcia Pizzotti; Órgão Julgador: 30ª Câmara de Direito Privado; Foro de Fernandópolis – 1ª Vara Cível; Data do Julgamento: 06/02/2019; Data de Registro: 07/02/2019)

205 MIRAGEM, Bruno. *Curso de Direito do Consumidor.* 6. ed. São Paulo: Editora Revista dos Tribunais, 2016, p. 216.

206 Art. 8º do CDC: "Os produtos e serviços colocados no mercado de consumo não acarretarão riscos à saúde ou segurança dos consumidores, exceto os considerados normais e previsíveis em decorrência de sua natureza e fruição, obrigando-se os fornecedores, em qualquer hipótese, a dar as informações necessárias e adequadas a seu respeito. *Parágrafo único.* Em se tratando de produto industrial, ao fabricante cabe prestar as informações a que se refere este artigo, através de impressos apropriados que devam acompanhar o produto. § 1º Em se tratando de produto industrial, ao fabricante cabe prestar as informações a que se refere este artigo, através de impressos apropriados que devam acompanhar o produto. § 2º O fornecedor deverá higienizar os equipamentos e utensílios utilizados no fornecimento de produtos ou serviços, ou colocados à disposição do consumidor, e informar, de maneira ostensiva e adequada, quando for o caso, sobre o risco de contaminação.

rão acarretar riscos à saúde[207] ou segurança[208] dos consumidores, excetos aqueles considerados normais e previsíveis em decorrência da natureza

---

207 APELAÇÃO CÍVEL. RESPONSABILIDADE CIVIL. AÇÃO INDENIZATÓRIA. INTERVENÇÃO MÉDICA COM FINS ESTÉTICOS. OBRIGAÇÃO DE RESULTADO. FALHA NO DEVER DE PRESTAR INFORMAÇÃO. RESPONSABILIDADE DA MÉDICA RÉ CONFIGURADA. DANOS MORAIS OCORRENTES. 1. Caso em que a autora foi submetida, pela médica ré, para fins estéticos, a aplicações na sua região Peri-labial do produto polimetilmetracrilato (metracril), as quais não foram exitosas, porquanto surgiram granulomas no local da intervenção, tendo, a paciente, que realizar duas intervenções cirúrgicas, a fim de corrigir o problema, bem como sofrido com dor e angústia por um longo período e restado com sequelas estéticas. 2. A intervenção médica com fins estéticos configura-se como uma obrigação de resultado, o qual, no presente caso, não foi obtido. Ademais, em que pese os problemas verificados sejam decorrentes de uma reação do organismo da autora, houve falha no dever de prestar informação a respeito dos riscos inerentes ao procedimento ao qual a médica ré submeteu a autora. Nesse contexto, configurada a responsabilidade da demanda. 3. Ocorrentes danos morais significativos, na medida em que a autora restou com dolorosas feridas resultantes de inflamação crônica, com reação granulomatosa, a partir do procedimento realizado pela médica ré, tendo que se submeter a duas cirurgias plásticas. (…) (Apelação Cível Nº 70067322362, Nona Câmara Cível, Tribunal de Justiça do RS, Relator: Carlos Eduardo Richinitti, Julgado em 11/05/2016)

208 APELAÇÃO CÍVEL. AÇÃO RESCISÃO DE CONTRATO DE COMPRA E VENDA CUMULADA COM PEDIDO DE INDENIZAÇÃO POR DANOS MATERIAIS E MORAIS. COMPRA E VENDA DE VEÍCULO. DEVER DO FORNECEDOR DE PRESTAR INFORMAÇÕES ADEQUADAS A RESPEITO DAS CONDIÇÕES DO PRODUTO. ARTIGO 6º, INCISO III, DO CDC. VEÍCULO QUE NÃO POSSUÍA ITEM IMPORTANTE DE SEGURANÇA (TRAVA DE SEGURANÇA DO CAPÔ). FORNECEDOR QUE NÃO PODE COLOCAR À VENDA PRODUTO QUE COLOQUE EM RISCO A VIDA DO CONSUMIDOR. ARTIGO 8º DO CDC. APELANTE PESSOA SIMPLES QUE NÃO TINHA EXPERIÊNCIA PARA AVALIAR AS CONDIÇÕES DO VEÍCULO. APELANTE QUE JÁ MODIFICOU OUTROS ITENS DO VEÍCULO. IMPOSSIBILIDADE DE DEVOLUÇÃO DO CARRO. PROCEDÊNCIA DO PEDIDO DE RESTITUIÇÃO DOS VALORES GASTOS COM O CONSERTO.APELANTE E FAMÍLIA QUE PASSARAM POR SITUAÇÃO DE INTENSA ANGÚSTIA QUANDO O CAPÔ DO CARRO ABRIU E ESTILHAÇOU O PARA-BRISA. DANOS MORAIS CONFIGURADOS. REFORMA DA SENTENÇA. PEDIDOS JULGADOS PARCIALMENTE PROCEDENTES.REDISTRIBUIÇÃO DOS ÔNUS DA SUCUMBÊNCIA. (TJPR, 11ª Câmara Cível, Apelação Cível 1280954-2, Rel.: Sigurd Roberto Bengtsson, julgado em 02.03.2016)

e fruição do bem.[209] Trata-se da materialização da teoria da qualidade, melhor examinada posteriormente, que cria uma verdadeira garantia implícita e estabelece uma base de responsabilidade pelo fornecimento de bens de consumo não considerados seguros.

A qualidade de um produto, com efeito, pode ser vista sob vários prismas. É condicionada pela sua composição, por seus elementos, seu aspecto, sua embalagem, sua durabilidade, sua capacidade de resistir a pressões e estímulos no uso normal e, principalmente, pela possibilidade de satisfação de determinada necessidade do consumidor que o adquiriu.[210]

Há, todavia, bens de periculosidade inerente que possuem uma característica ou elemento apto[211] a causação de um dano, como as facas, os fogos de artifício, os medicamentos, os serviços de dedetização, entre outros.[212] Esses riscos são tolerados pelo Direito desde que informados. Aos fornecedores, dessa forma, não é permitida a colocação no mercado desses produtos e serviços sem o devido aviso aos consumidores acerca

---

209 Riscos não considerados normais ou inerentes ao bem pela jurisprudência: elevador que cai (TJDFT, Acórdão n.997273, 20140710163702APC, Relator: ROMULO DE ARAUJO MENDES 1ª TURMA CÍVEL, Data de Julgamento: 15/02/2017, Publicado no DJE: 15/03/2017. Pág.: 443-465); queda de arquibancada em espaço utilizado para rodeios (Apelação Cível nº 0000646-18.2009.8.26.0059, Terceira Câmara de Direito Privado, Tribunal de Justiça de SP, Relator: Beretta da Silveira, Julgado em: 14/01/2017); escada com defeito (Apelação Cível nº 20140410063386APC, Primeira Turma Cível, Tribunal de Justiça do DF e Territórios, Relator: Rômulo de Araújo Mendes, Julgado em: 03/08/2016); falha em motor de veículo (Apelação Cível Nº 70072757289, Décima Nona Câmara Cível, Tribunal de Justiça do RS, Relator: Mylene Maria Michel, Julgado em 31/08/2017).

210 SAAD, Eduardo Gabriel. *Comentários ao Código de Defesa do Consumidor:* Lei n. 8.078, de 11.9.90. São Paulo: LTr, 1991, p. 113.

211 Como a eletricidade, no exemplo de Saad: SAAD, Eduardo Gabriel. *Comentários ao Código de Defesa do Consumidor:* Lei n. 8.078, de 11.9.90. São Paulo: LTr, 1991, p. 109.

212 DENARI, Zelmo [arts. 8º a 28]. GRINOVER, Ada Pellegrini, *et.al., Código brasileiro de Defesa do Consumidor:* comentado pelos autores do anteprojeto. 8. ed. Rio de Janeiro: Forense Universitária, 2004, p. 167.

dos riscos a eles inerentes, sendo transmitidas as informações[213] necessárias e adequadas, ainda que os riscos sejam considerados normais.[214]

Se o produto for industrial, cabe ao fabricante prestar as informações por meio de impressos que acompanhem o bem. Caso seja hipótese de recondicionamento de produtos ou fornecimento de serviços, o encargo pertence, respectivamente, aos comerciantes e aos prestadores de serviço, que poderão se utilizar de quaisquer meios informativos para prestar esclarecimentos aos consumidores.[215]

Estes também respondem pela higienização dos equipamentos e utensílios utilizados no fornecimento de produtos ou serviços colocados à disposição do consumidor e deverão informar de maneira ostensiva e adequada se houver risco de contaminação, nos termos do § 2º do artigo 8º do CDC.

Diferentemente do citado artigo 8º do CDC, que regula as situações em que não podem ser colocados no mercado bens que causem riscos além dos normais e previsíveis,[216] o artigo 9º faz alusão aos produtos e serviços

---

213 Caso em que não havia informação acerca do risco de se posicionar sobre o eixo dianteiro de trator, mas não foi reconhecida a responsabilidade do fabricante do veículo tendo em vista que a consumidora revelou conhecer o risco e saber que se tratava de bem destinado ao trabalho e não ao transporte de passageiros: Apelação Cível n. 2012.053059-3, Segunda Câmara de Direito Civil, Tribunal de Justiça de SC, Relator: Trindade dos Santos, Julgado em 11-04-2013.

214 Casos em que a jurisprudência reconheceu o risco como inerente ao bem e informado ao consumidor: margem de falha de anticoncepcional (Apelação Cível Nº 70070352851, Décima Câmara Cível, Tribunal de Justiça do RS, Relator: Túlio de Oliveira Martins, Julgado em 30/03/2017); lesão física ocorrida durante atividades desenvolvidas em treino em escola técnica para formação de seguranças (TJSC, Apelação Cível n. 2014.038308-6, de Joinville, rel. Des. Denise Volpato, j. 22-03-2016); passeio de "banana boat" durante o qual os usuários são arremessados na água com colete salva-vidas (TJSC, Apelação Cível n. 2011.005272-8, de Braço do Norte, rel. Des. Rosane Portella Wolff, j. 04-02-2016).

215 DENARI, Zelmo [arts. 8º a 28]. GRINOVER, Ada Pellegrini, *et.al., Código brasileiro de Defesa do Consumidor:* comentado pelos autores do anteprojeto. 8. ed. Rio de Janeiro: Forense Universitária, 2004, p. 168.

216 APELAÇÃO CÍVEL. RESPONSABILIDADE CIVIL. AÇÃO INDENIZATÓRIA. CONSUMIDOR. REAÇÃO DERMATOLÓGICA DE FELINO A MEDICAMENTO ANTIPULGAS. FATO DO PRODUTO DE USO VETERINÁRIO E DEVER DE INFORMAÇÃO. AUSÊNCIA DE DEFEITO. EXCLUDENTE DE RESPONSABILIDADE

que são perigosos,[217] mas que podem ser comercializados. São bens de periculosidade exacerbada e que, por isso, devem estar acompanhados de informações sobre sua nocividade, como os cigarros,[218] as bebidas

---

EVIDENCIADA. – A responsabilidade civil do fabricante pelos danos causados aos consumidores é objetiva, ressalvadas as causas excludentes previstas em lei. – Filhote que apresenta reação de pele após a aplicação, por seu dono, do produto antipulgas "Advocate Gatos", da Bayer, vindo a ter lesões na região do pescoço, do tipo dermatose, o que acarretou necessidade de custoso e prolongado tratamento. – Conjunto probatório que não permite concluir com segurança o nexo causal entre a aplicação do produto e a reação de pele do felino. Ainda, mesmo que partindo da premissa de elo de causalidade, não há qualquer indicativo de defeito no antiparasitário, sendo eventual reação alérgica um risco potencial e previsto para esse tipo de produto, que contém componentes tóxicos. – Rotulagem e bula suficientemente esclarecedoras, atendendo ao dever de informação quanto aos riscos do produto. Eventual condição de sensibilidade individual do animal para o qual o produto é destinado se trata de uma intercorrência previsível que não necessariamente significa defeito de qualidade e segurança intrínsecos à mercadoria comercializada. – Assim, presente causa excludente de responsabilidade, na forma do art. 12, §3º, II, do CDC, e cumprido corretamente o dever de informar, impõe-se, portanto, a manutenção da sentença de improcedência. APELAÇÃO DESPROVIDA. (Apelação Cível Nº 70073318552, Nona Câmara Cível, Tribunal de Justiça do RS, Relator: Carlos Eduardo Richinitti, Julgado em 12/07/2017)

217 Segundo Araujo Júnior, será elevado o grau de perigo sempre que o produto ou o serviço estiver contido entre aqueles que a experiência internacional ou nacional relacionou dentre os que provocam, necessariamente, danos à vida e à saúde dos consumidores, segundo a teria dos padrões: ARAUJO JÚNIOR. João Marcello de. [arts. 8º a 17]. In: CRETELLA JÚNIOR, José; DOTTI, René Ariel, *et. al.* Comentários ao Código do Consumidor. Rio de Janeiro: Forense, 1992, p. 63.

218 INDENIZAÇÃO. INVERSÃO DOS ÔNUS DA PROVA. PERÍCIA PSICOLÓGICA. AUDIÊNCIA DE INSTRUÇÃO. COMERCIALIZAÇÃO DE CIGARROS. RESPONSABILIDADE CIVIL. TABAGISMO. TROMBOANGEÍTE OBLITERANTE. AMPUTAÇÃO DE DEDOS. DANOS: MATERIAIS, MORAIS E ESTÉTICOS. SUCUMBÊNCIA RECÍPROCA (...). Constatada a responsabilidade civil objetiva do fabricante de cigarros por prestar informações insuficientes e inadequadas sobre os riscos do produto. VI – A autora iniciou o consumo de cigarros e tornou-se dependente de nicotina por influência de publicidade que vinculava o hábito de fumar ao sucesso e ao prazer. VII – Segundo a prova pericial, o tabagismo é fator determinante para a tromboangeíte obliterante, doença da qual padece a autora. (...) (TJDFT, Acórdão n.944450, 20150710298402APC, Relator: VERA ANDRIGHI, Revisor: ANA MARIA AMARANTE, 6ª TURMA CÍVEL, Data de Julgamento: 30/03/2016, Publicado no DJE: 07/06/2016, p. 446/519)

alcoólicas, os venenos, os agrotóxicos, os medicamentos e os serviços como de demolição ou limpeza com produtos químicos perigosos.

Trata-se de situação de reconhecimento da periculosidade de certos produtos pelo legislador. Certos riscos não podem ser suprimidos porquanto são inerentes a determinados bens essenciais ao bem-estar coletivo ou à satisfação das necessidades individuais ou coletivas. Para colocá-lo no mercado, no entanto, o fornecedor deve oferecer ao consumidor o máximo de segurança possível, o que faz mediante a transmissão de informações ostensivas.[219]

São hipóteses em que o produto tem uma periculosidade própria, previsível e latente, que não é adquirida, pois se assim fosse, estaria configurado o defeito do produto. O bem é potencialmente perigoso, mas sua comercialização é permitida. Por exemplo, no caso de inseticidas, úteis ao combate das pragas, mas que podem trazer danos à saúde das pessoas e dos animais, pelos quais responde o fornecedor em caso de inexistência de informação.[220]

Mais do que informação, deve existir um aviso, um alerta sobre as precauções que devem ser tomadas. A intensidade da advertência pode variar conforme o público receptor da mensagem ou as características do produto ou do serviço, delimitando-se um contorno mais rígido ao dever de informar.[221]

---

219 APELAÇÃO – AÇÃO INDENIZATÓRIA – Compra e venda de bem móvel – Autora que adquiriu medicamento produzido e comercializado pelas rés – Suposto defeito do produto – Queimação, ardência e inchaço na língua, boca e lábios assim que levou o remédio à boca – Presença de pintas amarelas no medicamento – Sentença de improcedência – Relação de consumo – Ausência de indícios de que os sintomas experimentados têm relação com a simples colocação do remédio na boca – Não comprovação do suposto defeito do produto – Possíveis reações em razão da ingestão do medicamento, de todo modo, que foram informadas na bula – Presença de pintas amarelas que é insuficiente para caracterizar defeito do produto – Alteração da coloração que pode ter decorrido de outro fator – Reações que constituem risco inerente do medicamento – Fabricante que cumpriu com o seu dever de informar – Honorários advocatícios recursais – Negado provimento. (TJSP; Apelação 0005625-60.2012.8.26.0045; Relator (a): Hugo Crepaldi; Órgão Julgador: 25ª Câmara de Direito Privado; Foro de Arujá – 2ª Vara; Data do Julgamento: 30/08/2018; Data de Registro: 30/08/2018)

220 SAAD, Eduardo Gabriel. *Comentários ao Código de Defesa do Consumidor:* Lei n. 8.078, de 11.9.90. São Paulo: LTr, 1991, p. 117-118.

221 BARBOSA, Fernanda Nunes. *Informação: direito e dever nas relações de consumo.* São Paulo: Editora Revista dos Tribunais, 2008, p. 127.

O alerta a ser feito diz respeito ao uso normal e regular do bem naturalmente perigoso. Caso os efeitos do uso abusivo sejam muito graves[222], no entanto, como no caso de ingestão incorreta de medicamentos, a advertência sobre a utilização abusiva também deve ser realizada.[223]

O dever de informar sobre os riscos liga-se também ao direito à efetiva prevenção e reparação de danos patrimoniais e morais, individuais, coletivos e difusos suportados por consumidores.[224] O Código do Consumidor dispõe sobre duas espécies de deveres do fornecer relacionados à prevenção de danos: os deveres positivos e os deveres negativos.[225]

Os positivos consubstanciam-se no dever de informar sobre os riscos dos produtos e dos serviços e também na necessária comunicação às autoridades quando os riscos se tornarem conhecidos após sua colocação no mercado, nos termos do artigo 10, § 1º do CDC. Os deveres negativos ou de abstenção são aqueles que determinam a não introdução no mercado de produtos que o fornecedor sabe ou deveria saber ser de alto grau de nocividade colocando em risco a saúde a segurança daqueles que consomem, conforme o artigo 10, *caput* do referido Código.

---

222 Nesse sentido: APELAÇÃO CÍVEL. RESPONSABILIDADE CIVIL. ACIDENTE DE CONSUMO. INFORMAÇÕES INSUFICIENTES QUANTO AOS RISCOS DA UTILIZAÇÃO DE PRODUTO COSMÉTICO. REAÇÃO ALÉRGICA. CONFIGURAÇÃO DO DEVER DE INDENIZAR. Caso dos autos em que a autora sofreu forte reação alérgica pela utilização de dois esmaltes fabricados pela ré. À luz das disposições do Código de Defesa do Consumidor, é objetiva a responsabilidade do fabricante por dano decorrente de fato do produto, bem como é dever do fabricante informar acerca dos riscos do produto à saúde e segurança dos consumidores, especialmente quando o seu uso do pode causar graves danos. Prova dos autos que demonstra a falta de informações adequadas quanto aos riscos do produto, notadamente com relação à existência de componente que podem causar reação alérgica. Configuração do dever de indenizar. (...) (Apelação Cível Nº 70057545832, Nona Câmara Cível, Tribunal de Justiça do RS, Relator: Tasso Caubi Soares Delabary, Julgado em 18/12/2013)

223 FABIAN, Christoph. *O dever de informar no direito civil.* São Paulo: Editora Revista dos Tribunais, 2002. p. 148.

224 Artigo 6º, VI do CDC: "São direitos básicos do consumidor: VI – a efetiva prevenção e reparação de danos patrimoniais e morais, individuais, coletivos e difusos;"

225 MIRAGEM, Bruno. *Curso de Direito do Consumidor.* 6. ed. São Paulo: Editora Revista dos Tribunais, 2016, p. 226.

A informação sobre o risco do bem, portanto, atua no âmbito da prevenção de danos, sem prejuízo da reparação caso ocorram. Em geral, a prevenção de danos tem a função não somente de estabelecer a adoção de providências materiais para a não realização do dano, mas também de desestimular a repetição da conduta do fornecedor.[226]

A informação garante o acesso das pessoas ao conteúdo das decisões tomadas, possibilitando também a devida fiscalização. O cumprimento do dever de informar permite que cada indivíduo tome para si parte do gerenciamento dos riscos que lhe assombram. É, desse modo, é indispensável para o exercício da escolha e da autodeterminação.[227]

1.3.3. Deveres específicos de informação

Algumas atividades vinculam-se a elementos específicos do dever de informar por suas características e pelas especificidades do ambiente em que se desenvolvem. O fornecimento de serviços de concessão de crédito e financiamento recebeu regulação especial no CDC em virtude justamente de sua importância, suas peculiaridades e também em razão da dificuldade de compreensão sobre os elementos que envolvem esse tipo de contrato pela maioria dos consumidores, além das importantes consequências de seu descumprimento.

Os contratos eletrônicos também merecem especiais considerações quanto ao dever de informar em virtude da acentuada vulnerabilidade dos consumidores que navegam no ambiente virtual e se encontram ainda mais distante dos fornecedores, tendo que lidar com uma nomenclatura muitas vezes incompreensível e com as dificuldades da contratação pela internet.

---

226 MIRAGEM, Bruno. *Curso de Direito do Consumidor.* 6. ed. São Paulo: Editora Revista dos Tribunais, 2016, p. 227.

227 HARTMANN, Ivar Alberto Martins. O princípio da precaução e sua aplicação no direito do consumidor: dever de informação. *Revista Direito & Justiça*, v. 38, n. 2, p. 156-182, jul. /dez., 2012.

1.3.3.1. Serviços de concessão de crédito e financiamento

O artigo 52 do Código de Defesa do Consumidor[228] disciplina o conteúdo da informação sobre serviços que envolvam outorga de crédito ou concessão de financiamento.[229] As informações devem ser prévias,[230] transmitidas anteriormente à pactuação, na fase das tratativas uma vez que o objetivo da norma é propiciar uma avaliação completa e adequada pelo consumidor, que poderá refletir sobre qual forma de pagamento ou obtenção de financiamento é realmente a mais vantajosa.[231]

A adequabilidade da informação, mencionada no *caput* do referido artigo é conceito que varia conforme o tipo de contrato de consumo, o nível econômico e social do consumidor e demais fatores específicos relativos a cada pacto, como as bases do mercado, os usos e costumes, entre outros.[232] De qualquer forma, deve ser sempre "real e verdadeira, e não inverídica ou ficta contratualmente".[233]

---

228 Art. 52 do CDC: "No fornecimento de produtos ou serviços que envolva outorga de crédito ou concessão de financiamento ao consumidor, o fornecedor deverá, entre outros requisitos, informá-lo prévia e adequadamente sobre: I – preço do produto ou serviço em moeda corrente nacional; II – montante dos juros de mora e da taxa efetiva anual de juros; III – acréscimos legalmente previstos; IV – número e periodicidade das prestações; V – soma total a pagar, com e sem financiamento".

229 A lista de exigências do art. 52 não é taxativa: SAAD, Eduardo Gabriel. *Comentários ao Código de Defesa do Consumidor:* Lei n. 8.078, de 11.9.90. São Paulo: LTr, 1991, p. 285.

230 MARQUES, Claudia Lima. Boa-fé nos serviços bancários, financeiros, de crédito e securitários e o código de defesa do consumidor: informação, cooperação e renegociação? *Revista de Direito do Consumidor*, v. 43, São Paulo, jul. / set., p. 215-257, 2002.

231 NERY JÚNIOR, Nelson. [arts. 46 a 54]. In: GRINOVER, Ada Pellegrini, *et.al., Código brasileiro de Defesa do Consumidor:* comentado pelos autores do anteprojeto. 8. ed. Rio de Janeiro: Forense Universitária, 2004, p. 612-613.

232 NERY JÚNIOR, Nelson. [arts. 46 a 54]. In: GRINOVER, Ada Pellegrini, *et.al., Código brasileiro de Defesa do Consumidor:* comentado pelos autores do anteprojeto. 8. ed. Rio de Janeiro: Forense Universitária, 2004, p. 613.

233 MARQUES, Claudia Lima. *Contratos no Código de Defesa do Consumidor:* o novo regime das relações contratuais.7. ed. São Paulo: Editora Revista dos Tribunais, 2014, p. 1.189.

O preço[234] deve ser discriminado em moeda corrente nacional, sendo vedada a contratação em moeda estrangeira ou baseada em outro fator de indexação, ainda que previsto em índices oficiais.

O valor total dos juros deverá ser efetivamente informado, com menção clara à taxa anual utilizada. Não basta a indicação do preço à vista e do preço financiado. A indicação da taxa[235] permite uma melhor escolha em relação não somente à possibilidade de aquisição do bem, mas também em relação ao fornecedor com quem contratar, possibilitando uma decisão livre e amadurecida.[236]

---

234 A Resolução 3.517/2017 do Banco Central dispõe sobre a informação e a divulgação do custo efetivo total correspondente a todos os encargos e despesas de operações de crédito e de arrendamento mercantil financeiro, contratadas ou ofertadas a pessoas físicas. A norma traz o conceito de Custo Efetivo Total (CET). Veja-se: <http://www.bcb.gov.br/pre/normativos/busca/downloadNormativo.asp?arquivo=/Lists/Normativos/Attachments/48005/Res_3517_v2_P.pdf>. Acesso em: 07. Nov. 2017.

235 RECURSO ESPECIAL. CIVIL E PROCESSUAL CIVIL. CÉDULA DE CRÉDITO BANCÁRIO. CAPITALIZAÇÃO DIÁRIA. TAXA NÃO INFORMADA. DESCABIMENTO. VIOLAÇÃO A DISPOSITIVOS CONSTITUCIONAIS. DESCABIMENTO. 1. Controvérsia acerca da capitalização diária em contrato bancário. 2. Comparação entre os efeitos da capitalização anual, mensal e diária de uma dívida, havendo viabilidade matemática de se calcular taxas de juros equivalentes para a capitalização em qualquer periodicidade (cf. REsp 973.827/RS). 3. Discutível a legalidade de cláusula de capitalização diária de juros, em que pese a norma permissiva do art. 5º da Medida Provisória 2.170-36/2001. Precedentes do STJ. 4. Necessidade, de todo modo, de fornecimento pela instituição financeira de informações claras ao consumidor acerca da forma de capitalização dos juros adotada.

5. Insuficiência da informação a respeito das taxas equivalentes sem a efetiva ciência do devedor acerca da taxa efetiva aplicada decorrente da periodicidade de capitalização pactuada. 6. Necessidade de se garantir ao consumidor a possibilidade de controle 'a priori' do contrato, mediante o cotejo das taxas previstas, não bastando a possibilidade de controle 'a posteriori'. 7. Violação do direito do consumidor à informação adequada. 8. Aplicação do disposto no art. 6º, inciso III, combinado com os artigos 46 e 52, do Código de Defesa do Consumidor(CDC). 9. Reconhecimento da abusividade da cláusula contratual no caso concreto em que houve previsão de taxas efetivas anual e mensal, mas não da taxa diária. 10. RECURSO ESPECIAL DESPROVIDO. (STJ, REsp 1568290/RS, Rel. Ministro PAULO DE TARSO SANSEVERINO, TERCEIRA TURMA, julgado em 15/12/2015, DJe 02/02/2016)

236 ALMEIDA, João Batista de. *A proteção jurídica do consumidor.* 7. ed. São Paulo: Saraiva, 2009, p. 160.

Se o desconto dos juros se der antecipadamente, a taxa efetiva não é aquela efetivamente cobrada pelo banco, mas todo o ganho que a instituição financeira tem com a celebração do contrato. Além disso, os acréscimos legais também devem ser informados,[237] incluindo-se os impostos e taxas de cadastro e seguro, por exemplo.

O número e a periodicidade das prestações também devem ser indicados, bem como a soma total a pagar, com e sem financiamento, como já mencionado, para que o consumidor possa avaliar quanto de seu orçamento familiar ficará comprometido e se terá mesmo condições de arcar com o crédito mesmo em caso de desemprego, doença, morte, nascimento ou outro acidente da vida que possa acontecer.[238]

Como destaca Miragem, no contrato bancário o relevo da informação é nuclear e se projeta tanto sobre a celebração quanto na execução do pacto.[239] O relacionamento entre a instituição financeira e sua clientela se

---

[237] AGRAVO REGIMENTAL NOS EMBARGOS DE DECLARAÇÃO NO RECURSO ESPECIAL. AÇÃO COLETIVA. CONSUMIDOR. CARTÃO DE CRÉDITO. JUROS REMUNERATÓRIOS E MULTA MORATÓRIA. DIREITO À INFORMAÇÃO. APLICABILIDADE DO ENUNCIADO 283/STJ. (...) 2. Multa moratória: Desde a edição da Lei 9.298/96, alterando o enunciado do §1º do art. 52 da Lei nº 8.078/90, as multas de mora decorrentes do inadimplemento de obrigações no seu termo não poderão ser superiores a dois por cento do valor da prestação. Incidente o CDC em relação aos contratos de administração de cartão de crédito, deve ser observado o disposto no art. 52 do CDC aos negócios jurídicos celebrados após a entrada em vigor da Lei 9.298/96. 3. Informação: Imprescindível nesse oscilante setor de consumo, quando da concessão de crédito, informar aos usuários os custos nas operações por eles realizadas. 4. Astreintes: Ausência de impugnação no recurso especial. Eficácia das disposições a ser analisada em sede de eventual execução para o cumprimento da obrigação de fazer. 5. AGRAVO REGIMENTAL DESPROVIDO. (STJ, AgRg nos EDcl no REsp 1345760/SP, Rel. Ministro PAULO DE TARSO SANSEVERINO, TERCEIRA TURMA, julgado em 14/04/2015, DJe 16/04/2015)

[238] MARQUES, Claudia Lima; BENJAMIN, Antonio Herman V.; MIRAGEM, Bruno. *Comentários ao Código de Defesa do Consumidor.* 4. ed. São Paulo: Editora Revista dos Tribunais, 2013, p. 1.246.

[239] EMENTA: APELAÇÃO CÍVEL – AÇÃO DECLARATÓRIA DE INEXISTÊNCIA DE DÉBITO C/C INDENIZAÇÃO POR DANOS MORAIS – PROCEDIMENTO PARA ENCERRAMENTO DE CONTA CORRENTE – RESOLUÇÃO BACEN Nº 2.025/93 – DEVER DE INFORMAÇÃO IMPOSTO À INSTITUIÇÃO FINANCEIRA – INFRINGÊNCIA – EFEITO – ANOTAÇÃO INDEVIDA EM CADASTROS RESTRITIVOS DO CRÉDITO – DANOS MORAIS – VALORAÇÃO – CRITÉRIOS – CORREÇÃO

estabelece mediante a prestação de informações, presentes desde o extrato bancário até a formalização e a execução de operações bancárias. O fornecimento ausente[240] ou equívoco da informação, desse modo, caracteriza cumprimento imperfeito ou até mesmo descumprimento contratual.[241]

MONETÁRIA E JUROS DE MORA – INÍCIO DE INCIDÊNCIA. 1 – O dever de indenizar pressupõe a confluência de três requisitos: a prática de uma conduta antijurídica, comissiva ou omissiva, a existência de um dano e o nexo de causalidade entre esses dois primeiros elementos. 2 – A Resolução nº 2.025/93, do Banco Central do Brasil, impõe às instituições financeiras a obrigação de informar ao consumidor/depositante, na ficha-proposta relativa a conta de depósitos à vista, sobre as condições exigidas para a rescisão do contrato por iniciativa de qualquer das partes. 3 – Não informado ao consumidor o procedimento para o encerramento da conta corrente, deve ser acatado o pedido verbal formalizado. 4 – O valor da indenização por danos morais deve ser fixado considerando o grau da responsabilidade atribuída ao réu, a extensão dos danos sofridos pela vítima, bem como a condição social e econômica do ofendido e do autor da ofensa, atentando-se, também, para os princípios constitucionais da razoabilidade e da proporcionalidade. 5 – A correção monetária do valor da indenização do dano moral incide desde a data do arbitramento (Súmula 362, STJ). 6 – Tratando-se de responsabilidade contratual, os juros de mora incidem a partir da citação, nos termos do art. 405 do Código Civil, sendo inaplicável a súmula 54 do STJ, que trata de responsabilidade extracontratual. (TJMG – Apelação Cível 1.0440.17.000083-8/001, Relator(a): Des.(a) Claret de Moraes, 10ª CÂMARA CÍVEL, julgamento em 16/10/2018, publicação da súmula em 26/10/2018)

240 Casos em que houve o descumprimento do dever do artigo 52 do CDC e o consequente afastamento de taxa de juros supostamente pactuada, mas não informada ao consumidor: STJ, REsp 1431572/SC, Rel. Ministro RICARDO VILLAS BÔAS CUEVA, TERCEIRA TURMA, julgado em 07/06/2016, DJe 20/06/2016; Apelação Cível nº 443555-64.2013.8.09.0084, Sexta Câmara Cível, Tribunal de Justiça de GO, Relator: Fausto Moreira Diniz, Julgado em: 19/04/2016; Apelação Cível Nº 70060164860, Décima Quarta Câmara Cível, Tribunal de Justiça do RS, Relator: Judith dos Santos Mottecy, Julgado em 28/08/2014.

241 MIRAGEM, Bruno. *Direito bancário*. São Paulo: Editora Revista dos Tribunais, 2013, p. 284.

Informações também se exigem dos clientes de serviços bancários.[242] Na abertura de crédito ou no mútuo, o banco deve exigi-las dos clientes a fim de que possa prevenir ou mitigar o risco de crédito, estando a par de dados sobre a existência de patrimônio ou outras formas de garantia da dívida.

Informações adequadas e eficientes exercem certo papel no processo de evitar o superendividamento do consumidor, o qual também compete ao fornecedor, na medida de suas possibilidades.[243] Superendividamento define-se pela situação de impossibilidade de o devedor pessoa-física, leigo e de boa-fé pagar suas dívidas de consumo.[244] Quanto mais informações acerca dos riscos, taxas e características dos produtos oferecidos pelos bancos, melhor planejado e orientado estará o consumidor.

A democratização do crédito veio acompanhada do aumento do superendividamento, também denominado de falência ou insolvência pela doutrina portuguesa e que configura um fenômeno duradouro que tem em suas razões o déficit de informação e de educação financeira. Os consumidores que não recebem previamente as informações sobre as condições da contratação correm mais risco de comprometer todo o seu orçamento doméstico.[245]

---

242 Sobre informações nas transações de crédito na *Common Law*, veja: Disclousure in credit transactions In: SPANOGLE, John A.; ROHNER, Ralph J.; PRIDGEN, Dee; RASOR, Paul B. *Consumer Law*: cases and materials. 2. ed. St. Paul: West Publishing Co., 1990, p. 106.

243 Casos em que foi considerado o dever da instituição financeira de avaliar a capacidade de pagamento do consumidor para ajudar a evitar o superendividamento: Apelação Cível nº 0045543-77.2012.8.19.0203, Nona Câmara Cível, Tribunal de Justiça do RJ, Relator: Jose Roberto Portugal Compasso, Julgado em: 17/11/2015; Agravo Interno na Apelação Cível nº 0016258-27.2012.8.19.0207, Terceira Câmara Cível, Tribunal de Justiça do RJ, Relator: Helda Lima Meireles, Julgado em: 18/11/2015; Agravo de Instrumento nº 0625123-84.2015.8.06.0000, Terceira Câmara Cível, Tribunal de Justiça do CE, Relator: Washington Luis Bezerra de Araujo, Julgado em: 28/09/2015.

244 MARQUES, Claudia Lima. *Contratos no Código de Defesa do Consumidor:* o novo regime das relações contratuais.7. ed. São Paulo: Editora Revista dos Tribunais, 2014, p. 1.393.

245 LIMA, Clarissa Costa de. *O tratamento do superendividamento e o direito de recomeçar dos consumidores.* São Paulo: Editora Revista dos Tribunais, 2014, p. 35-36.

Um dos projetos que objetiva a atualização do CDC, elaborado por Comissão de Juristas coordenada pelo Ministro Herman Benjamin, aborda o dever de informar na concessão de crédito. Atualmente em trâmite na Câmara dos Deputados, o Projeto de Lei 3515/2015 versa sobre a disciplina do crédito e a prevenção do superendividamento. Com o projeto, pretende-se a inclusão de artigos no CDC que tragam o conceito de superendividamento, normas para a oferta de crédito, limites para descontos a serem realizados por bancos, além de regras específicas sobre conciliação em caso de superendividamento.

O proposto artigo Art. 54-B[246] a ser incluído no Código prevê o dever de informar, prévia e adequadamente, no momento da oferta, sobre o custo efetivo total e a descrição dos elementos que o compõem; a taxa efetiva mensal de juros, bem como a taxa dos juros de mora e o total de encargos, de qualquer natureza, previstos para o atraso no pagamento; o montante das prestações e o prazo de validade da oferta, (que deve ser no mínimo de dois dias); o nome e o endereço, inclusive o eletrônico, do fornecedor e o direito do consumidor à liquidação antecipada e não onerosa do débito.

O parágrafo § 1º traz a obrigatoriedade dessas informações estarem resumidas no próprio contrato, na fatura ou em instrumento apartado, de fácil acesso ao consumidor. O § 3º, por seu turno, dispõe que a oferta

---

246 Art. 54-B: " No fornecimento de crédito e na venda a prazo, além das informações obrigatórias previstas no art. 52 e na legislação aplicável à matéria, o fornecedor ou o intermediário deverá informar o consumidor, prévia e adequadamente, no momento da oferta, sobre: I – o custo efetivo total e a descrição dos elementos que o compõem; II – a taxa efetiva mensal de juros, bem como a taxa dos juros de mora e o total de encargos, de qualquer natureza, previstos para o atraso no pagamento; III – o montante das prestações e o prazo de validade da oferta, que deve ser no mínimo de 2 (dois) dias; IV – o nome e o endereço, inclusive o eletrônico, do fornecedor; V – o direito do consumidor à liquidação antecipada e não onerosa do débito. § 1º As informações referidas no art. 52 e no *caput* deste artigo devem constar de forma clara e resumida no próprio contrato, na fatura ou em instrumento apartado, de fácil acesso ao consumidor. § 2º Para efeitos deste Código, o custo efetivo total da operação de crédito ao consumidor consistirá em taxa percentual anual e compreenderá todos os valores cobrados do consumidor, sem prejuízo do cálculo padronizado pela autoridade reguladora do sistema financeiro. § 3º Sem prejuízo do disposto no art. 37, a oferta de crédito ao consumidor e a de venda a prazo, ou a fatura mensal, a depender do caso, deve indicar, no mínimo, o custo efetivo total, o agente financiador e a soma total a pagar, com e sem financiamento".

de crédito ao consumidor e a de venda a prazo, ou a fatura mensal, a depender do caso, deve indicar, no mínimo, o custo efetivo total, o agente financiador e a soma total a pagar, com e sem financiamento.

O projeto prevê ainda a vedação da veiculação de certos elementos na oferta, publicitária ou não, que divulgue serviços de crédito ou financiamento.[247] *Há proibição das expressões "sem juros", "gratuito", "sem acréscimo", "taxa zero"* ou dizeres análogos que transmitam a ideia de que o consumidor não será cobrado ou que será extremamente fácil quitar a dívida. Também se pretende a proibição da indicação de que a operação será efetuada sem avaliação financeira, da ocultação dos riscos e ônus da contratação, do assédio ao consumidor idoso, analfabeto, doente em estado de vulnerabilidade (inclusive por meios eletrônicos) e do condicionamento do atendimento de pretensões do consumidor ou o início de tratativas à renúncia ou à desistência de demandas judiciais, ao pagamento de honorários advocatícios ou a depósitos judiciais.

Também são, no projeto, estabelecidos deveres ao fornecedor intermediário que deve informar e esclarecer adequadamente o consumidor, considerando sua idade, saúde, conhecimento e condição social, sobre a natureza e a modalidade do crédito oferecido, sobre todos os custos incidentes; avaliar a capacidade econômica do consumidor e também informar sobre quem é o agente financiador.

O descumprimento desses deveres de informação poderá acarretar judicialmente a inexigibilidade ou a redução dos juros, dos encargos ou de qualquer acréscimo ao principal e a dilação do prazo de pagamen-

---

247 Art. 54-C. "*É vedado, expressa ou implicitamente, na oferta de crédito ao consumidor, publicitária ou não:* I – fazer referência a crédito "sem juros", "gratuito", "sem acréscimo", com "taxa zero" ou expressão de sentido ou entendimento semelhante; II – indicar que a operação de crédito poderá ser concluída sem consulta a serviços de proteção ao crédito ou sem avaliação da situação financeira do consumidor; III – ocultar ou dificultar a compreensão sobre os ônus e riscos da contratação do crédito ou da venda a prazo; IV – assediar ou pressionar o consumidor para contratar o fornecimento de produto, serviço ou crédito, inclusive a distância, por meio eletrônico ou por telefone, principalmente se se tratar de consumidor idoso, analfabeto, doente ou em estado de vulnerabilidade agravada ou se a contratação envolver prêmio; V – condicionar o atendimento de pretensões do consumidor ou o início de tratativas à renúncia ou à desistência de demandas judiciais, ao pagamento de honorários advocatícios ou a depósitos judiciais. Parágrafo único. O disposto no inciso I do *caput* deste artigo não se aplica à oferta de produto ou serviço para pagamento por meio de cartão de crédito."

to previsto no contrato original, conforme a gravidade da conduta do fornecedor e as possibilidades financeiras do consumidor, sem prejuízo de outras sanções e de indenização por perdas e danos, patrimoniais e morais, ao consumidor.[248]

1.3.3.2. Informações no contrato eletrônico de consumo

A internet tem fundamental papel no desenvolvimento do mercado nacional e internacional. A divulgação de bens e serviços em plataformas on-line traz vantagens para fornecedores e consumidores, considerando-se o baixo custo do comércio eletrônico e a possibilidade de seleção de mercadorias e análise de melhores condições de compra que pode ser feita de qualquer lugar.[249]

Ao mesmo tempo, todavia, esse ambiente proporciona a intensificação da situação de inferioridade e fragilidade dos consumidores que muitas vezes tem dificuldade para compreender o texto da mensagem do fornecedor ou tem seu direito de escolha impossibilitado diante da ausência de informações sobre os bens.

O CDC atualmente não apresenta norma específica à oferta feita pela internet ou por meios eletrônicos. O artigo 33 do Código versa sobre

---

248 Proposta para o art. 54-D do CDC prevista no PL 3515/2015: "Na oferta de crédito, previamente à contratação, o fornecedor ou intermediário deve, entre outras condutas: I – informar e esclarecer adequadamente o consumidor, considerando sua idade, saúde, conhecimento e condição social, sobre a natureza e a modalidade do crédito oferecido, sobre todos os custos incidentes, observado o disposto nos arts. 52 e 54-B, e sobre as consequências genéricas e específicas do inadimplemento; II – avaliar a capacidade e as condições do consumidor de pagar a dívida contratada, mediante solicitação da documentação necessária e das informações disponíveis em bancos de dados de proteção ao crédito, observado o disposto neste Código e na legislação sobre proteção de dados; III – informar a identidade do agente financiador e entregar ao consumidor, ao garante e a outros coobrigados cópia do contrato de crédito. Parágrafo único. O descumprimento de qualquer dos deveres previstos no *caput* deste artigo, no art. 52 e no art. 54-C poderá acarretar judicialmente a inexigibilidade ou a redução dos juros, dos encargos ou de qualquer acréscimo ao principal e a dilação do prazo de pagamento previsto no contrato original, conforme a gravidade da conduta do fornecedor e as possibilidades financeiras do consumidor, sem prejuízo de outras sanções e de indenização por perdas e danos, patrimoniais e morais, ao consumidor."

249 OLIVEIRA, Elsa Dias. *A proteção dos consumidores nos contratos celebrados através da internet.* Coimbra: Almedina, 2002, p. 23-25.

a oferta ou venda por telefone ou reembolso postal, determinando a obrigatoriedade da apresentação do nome e do endereço do fabricante na embalagem, na publicidade e em todos os impressos utilizados na transação comercial.

Em 2013, entrou em vigor o Decreto 7.962/13 que, regulamentando o Código, trouxe regras sobre a contratação no comércio eletrônico em relação à divulgação de informações claras a respeito do produto, serviço e do fornecedor; ao atendimento facilitado ao consumidor e ao respeito ao direito de arrependimento.

Quanto às informações, dispõe o decreto sobre a necessidade de disponibilização em sítios e demais meios eletrônicos utilizados para oferta ou conclusão de contrato de certas informações, veiculadas em lugar de destaque. São dados relativos ao nome empresarial e número de inscrição do fornecedor, quando houver, no Cadastro Nacional de Pessoas Físicas ou no Cadastro Nacional de Pessoas Jurídicas do Ministério da Fazenda; endereço físico e eletrônico, e demais informações necessárias para sua localização e contato; características essenciais do produto ou do serviço, incluídos os riscos à saúde e à segurança dos consumidores; discriminação, no preço, de quaisquer despesas adicionais ou acessórias, tais como as de entrega ou seguros; condições integrais da oferta, incluídas modalidades de pagamento, disponibilidade, forma e prazo da execução do serviço ou da entrega ou disponibilização do produto; e informações claras e ostensivas a respeito de quaisquer restrições à fruição da oferta.[250]

Além dessas informações, os sítios eletrônicos ou demais meios eletrônicos utilizados para ofertas de compras coletivas ou modalidades análogas de contratação deverão divulgar a quantidade mínima de consumidores para a efetivação do contrato; o prazo para utilização da oferta pelo consumidor; e a identificação do fornecedor responsável pelo sítio eletrônico e do fornecedor do produto ou serviço ofertado.[251]

O objetivo dessa regra é proteger o consumidor quanto à identificação do fornecedor em caso de ocorrência de danos. Trata-se de ideia que se coaduna com as peculiaridades do ambiente virtual em que são celebrados os contratos de consumo pela internet.

A internet é um meio de comunicação que interliga dezena de milhões de computadores e permite acesso a uma quantidade de informações

---

250 Artigo 2º do Decreto 7.962 de 15 de março de 2013.

251 Artigo 3º do Decreto 7.962 de 15 de março de 2013.

inesgotáveis.[252] Surgiu no auge do processo de barateamento das comunicações ocorrido ao longo do século XX. O elemento mais importante para a consagração da internet como meio de comunicação de massa foi a criação da rede mundial *world wide web,* ou www. Trata-se de imensa rede que liga elevado número de computadores em todo o planeta e cada máquina pode conter e fornecer uma infinidade de informações. Nesse ambiente é que são realizadas as contratações eletrônicas.[253]

A marcante característica do contrato eletrônico, explica Klee, é o meio utilizado, que o torna substancialmente diferente dos demais contratos porque permite a interatividade e o uso de imagens e cliques, ou seja, a utilização de uma conduta silenciosa[254] do consumidor, que expõe também a sua fraqueza.

A vulnerabilidade na contratação por meio eletrônico é acentuada pela desmaterialização, pela despersonalização e pela globalização dos serviços e produtos oferecidos em massa. Os contratos eletrônicos influenciam o conceito de tempo, de território e também de local de celebração, uma vez que a oferta é global e está na rede, não tendo limitação nacional ou territorial.[255]

---

252 Além do acesso à internet por meio de computadores e demais plataformas, discute-se, atualmente, a internet das próprias coisas ou *internet of things*, conhecida como IoT. A associação sem fins lucrativos *Consumers International* publicou interessante cartilha com informações sobre a internet das coisas, seu conceito, características, consequências e demais temas correlatos. Disponível em: <http://www.consumersinternational.org/media/1657273/connection-and-protection-the-internet-of-things-and-challenges-for-consumer-protection.pdf> Acesso em: 20. Mai 2018.
Sobre o tema da internet das coisas e a vulnerabilidade dos consumidores, principalmente das crianças em face dos brinquedos conectados, esclarecedor é o material elaborado pelo Conselho do Consumidor da Noruega, que traz inclusive detalhes sobre famosos casos como o da boneca Cayla. Disponível em: <https://fil.forbrukerradet.no/wp-content/uploads/2016/12/toyfail-report-desember2016.pdf> Acesso em: 20. Mai. 2018.

253 PAESANI, Liliana Minardi. *Direito e internet:* liberdade de informação, privacidade e responsabilidade civil. 4. ed. São Paulo: Atlas, 2008, p. 10-13.

254 Tutikian refere os contratos formados por telefone, e-mail, chat, blog ou outros meios através da internet como contratos entre ausentes em que a declaração de vontade se dá de maneira silenciosa: TUTIKIAN, Priscila David Sansone. *O silêncio na formação dos contratos:* proposta, aceitação e elementos da declaração negocial. Porto Alegre: Livraria do Advogado Editora, 2009, p. 50-51.

255 KLEE, Antonia Espíndola Longoni. *Comércio eletrônico.* São Paulo: Editora Revista dos Tribunais, 2014, p. 131.

Os contratos eletrônicos de consumo são em geral de adesão e caracterizam-se por serem uma nova forma de realização de contrato, embora não se caracterizem como um novo tipo contratual. O consumidor sabe que de um lado está o fornecedor, ou assim espera, mas não sabe quem exatamente ele é. Quem consome também não é perfeitamente distinguido de pessoas que formam a massificada sociedade de consumo.

Uma maneira de suprir a demasiada impessoalidade na contratação e a debilidade informativa é o reforço da confiança depositada pelo consumidor na marca e ratificada pelo marketing e também pela boa prática comercial no mercado da empresa fornecedora.[256]

Contrato eletrônico de consumo, segue explicando a autora, é aquele em o computador incide diretamente no processo de formação da vontade do negócio. São contratos de adesão formados por meios eletrônicos automatizados e praticamente instantâneos, sem contato entre as partes, sem fase de negociações preliminares. A discussão das condições do negócio não se coaduna com a rapidez e com as peculiaridades da internet. O consumidor tem que se submeter a determinadas regras estabelecidas pelo fornecedor se quiser adquirir determinado bem.[257]

Muitas vezes, o ciberespaço potencializa a insegurança jurídica e gera mais incertezas para os indivíduos que navegam no ambiente virtual. O meio eletrônico permite o surgimento de novas formas de contratar que apresentam problemas como a desumanização do contrato,[258] a imputabilidade da declaração de vontade, a questão da formação do consentimento e da definição do local e do momento da celebração.

---

256 Há alguns sites de reclamação de fornecedores em que os consumidores podem expressar seus problemas e entrar em contato com as empresas. Muitas delas utilizam esse canal como forma de fazer uma boa propaganda demonstrando que se importam com o consumidor. Um dos famosos sites é o Reclame Aqui. Trata-se de um projeto pró-bono de um grupo empresarial que busca melhorar o relacionamento entre pessoas e empresas. Disponível em: <https://www.reclameaqui. com.br/> Acesso em 05. jul. 2017. Funciona da mesma forma a associação sem fins lucrativos Proteste: <https://www.proteste.org.br>. Acesso em 20. Mai. 2018.

257 KLEE, Antonia Espíndola Longoni. *Comércio eletrônico*. São Paulo: Editora Revista dos Tribunais, 2014, p. 143-144.

258 Canut observa a relevância da informação na era digital diante da desmaterialização dos produtos e serviços que são escolhidos pelo consumidor com base em informações divulgadas pelos fornecedores: CANUT, Letícia. *Proteção do consumidor no comércio eletrônico*. Curitiba: Juruá, 2007.

Na contratação eletrônica, é difícil constatar a presença do consentimento de alguém e o fornecedor utiliza artifícios que dificultam o acesso do consumidor a informações. Os contratos da sociedade de consumo são cada vez mais complexos, internacionais e atemporais e exigem de seus intérpretes um esforço hermenêutico para a tutela da confiança do consumidor. As expectativas legítimas de quem consome na internet devem ser resguardadas principalmente por meio da divulgação de informações.[259]

A massa dos usuários de internet simplesmente confia no sistema sem conhecimento técnico de seu funcionamento. Em virtude dessa confiança é que interagem na internet e, assim, viabiliza-se o funcionamento do sistema. Deve existir transparência entre as partes até mesmo para que continue sendo possibilitada a oferta de serviços prestados exclusivamente pela internet como muitos contratos[260] de hospedagem, de manutenção de página *web* e de locação de espaço na internet, por exemplo.[261]

Sobre a questão da confiança, Lorenzetti destaca o aspecto sociológico dos sistemas especializados considerados sistemas de ganhos técnicos e de experiência profissional que organizam áreas do meio material e social em que vivemos. Ao embarcar em um avião, não inspecionamos a aeronave ou perguntamos sobre a capacidade do piloto, exemplifica.

O mesmo raciocínio vale para a contratação pela internet: o consumidor não investiga a solvência do ofertante ou o funcionamento do sistema de segurança das transações, por exemplo. Supõe que alguém cuidou para que tudo funcione. Esse alguém não é um sujeito conhecido; é um sistema de alta complexidade técnica e é anônimo, mas gera confiabilidade em virtude de seu funcionamento reiterado, suas marcas, o apoio do estado e outros símbolos. Se fosse necessário verificar razoavelmente cada ato do fornecedor na internet seria impossível viver e os custos de

---

259 CANTO, Rodrigo Eidelven do. *A vulnerabilidade dos consumidores no comércio eletrônico*: a reconstrução da confiança na atualização do código de defesa do consumidor. São Paulo: Editora Revista dos Tribunais, 2015, p. 79-85.

260 Blum traz outros exemplos como contratos de leilão virtual e comércio de músicas: BLUM, Rita Peixoto Ferreira. *Direito do consumidor na internet*. São Paulo: Quartier Latin, 2002.

261 SCHERKERKEWITZ, Iso Chaitz. *Direito e internet*. São Paulo: Editora Revista dos Tribunais, 2014, p. 38-39.

transação seriam elevadíssimos. Nas palavras de Lorenzetti, "teríamos que embarcar num avião acompanhados de um engenheiro, um piloto e um advogado".[262]

No mesmo sentido, é o entendimento de Martins que reforça a ideia de que a confiança viabiliza o funcionamento do sistema e integra parte do conteúdo substancial da boa-fé na contratação eletrônica via internet.[263] Deve, portanto, ser tutelada principalmente em face da especificidade do meio eletrônico.[264]

O princípio da confiança incide sobre cada uma das fases dos contratos eletrônicos de consumo, desde o momento pré-contratual até a etapa pós-contratual. Na primeira fase, o perigo é a criação de situações de pressão. O consumidor gostaria apenas de visitar o site ou a loja virtual sem ser vítima de uma prática comercial abusiva, qual seja a exigência do fornecimento de dados ou sua obtenção por meio de *cookies*.

Nessa primeira etapa, descumpre os deveres de informação o fornecedor que retira subitamente certa oferta on-line do ar ou se vale de publicidade abusiva que induz o consumidor a se comportar de forma prejudicial. Na segunda fase da contratação pela internet, a confiança deve ser reconstruída por meio da forma. O contato pessoal que é inexistente deve ser substituído por condutas de boa-fé. O fornecedor não pode se aproveitar, por exemplo, do *click* no lugar errado, não pode manipular a declaração de vontade com informação dúbia ou pouco clara. Ao consumidor deve ser permitido arquivar as provas de seu consenso, como o número de seu pedido, a resposta automática que comprova a contratação e também os erros acontecidos na compra, como informações de que a operação não foi concluída, entre outros.[265]

---

262 LORENZETTI, Ricardo Luis. Informática, cyberlaw, e-commerce. In: LUCCA, Newton De; SIMÃO FILHO, Adalberto (coord.). *Direito e internet: aspectos jurídicos relevantes*. Bauru, SP: EDIPRO, 2001.

263 No mesmo sentido: SANTOLIM, Cesar Viterbo Matos. *Formação e eficácia dos contratos por computador.* São Paulo: Saraiva, 1995, p. 37-38.

264 MARTINS, Guilherme Magalhães. *Responsabilidade civil por acidente de consumo na internet.* 2. ed. São Paulo: Editora Revista dos Tribunais, 2014, p. 108-110.

265 MARQUES, Claudia Lima. *Contratos no Código de Defesa do Consumidor:* o novo regime das relações contratuais.7. ed. São Paulo: Editora Revista dos Tribunais, 2014, p. 143.

A terceira fase corresponde à execução do negócio e normalmente é imediata à contratação. É, portanto, difícil que o consumidor perceba eventual erro ao preencher a encomenda. Poderão surgir litígios em virtude do atraso na entrega ou decepção do consumidor, caso em que poderá exercer o direito de arrependimento nos termos do artigo 49 do CDC.[266] O consumidor também deve ser informado nos casos de débitos não autorizados ou outros problemas como cartão de crédito, para que sejam evitados abusos ou cobranças indevidas.[267]

Na fase pós-contratual, também incide a confiança. O fornecedor deve abster-se de transferir informações do consumidor a outros contratantes,

---

266 Sobre o direito de arrependimento: Consumidor. Recurso Especial. (...). Em ação de busca e apreensão, é possível discutir a resolução do contrato de financiamento, garantido por alienação fiduciária, quando incide a cláusula tácita do direito de arrependimento, prevista no art. 49 do CDC, porque esta objetiva restabelecer os contraentes ao estado anterior à celebração do contrato.

– É facultado ao consumidor desistir do contrato de financiamento, no prazo de 7 (sete) dias, a contar da sua assinatura, quando a contratação ocorrer fora do estabelecimento comercial, nos termos do art. 49 do CDC. – Após a notificação da instituição financeira, a cláusula de arrependimento, implícita no contrato de financiamento, deve ser interpretada como causa de resolução tácita do contrato, com a consequência de restabelecer as partes ao estado anterior. – O pedido da ação de busca e apreensão deve ser julgado improcedente, quando se basear em contrato de financiamento resolvido por cláusula de arrependimento. Recurso especial conhecido e provido. (STJ, REsp 930351/SP, Rel. Ministra NANCY ANDRIGHI, TERCEIRA TURMA, julgado em 27/10/2009, DJe 16/11/2009);

PROMESSA DE COMPRA E VENDA. ARREPENDIMENTO. MODIFICAÇÃO SUPERVENIENTE DAS CONDIÇÕES DO NEGOCIO. DEVOLUÇÃO DAS QUANTIAS JA PAGAS. CODIGO DE DEFESA DO CONSUMIDOR. DIREITO DE ARREPENDIMENTO. 1. O DIREITO DE ARREPENDIMENTO PREVISTO NO ARTIGO 49 DO CODIGO DE DEFESA DO CONSUMIDOR SE ESGOTA DECORRIDOS SETE DIAS DA CELEBRAÇÃO DO NEGOCIO, AINDA QUE A ENTREGA DO BEM DEPENDA DA CONCLUSÃO DO PRÉDIO. EXTENSÃO INDEVIDA A REGRA DESTINADA A PROTEGER O CONSUMIDOR DE UMA PRATICA COMERCIAL NA QUAL ELE NÃO DESFRUTA DAS MELHORES CONDIÇÕES PARA DECIDIR SOBRE A CONVENIENCIA DO NEGOCIO, CIRCUNSTANCIAS ESSAS QUE NÃO PERSISTEM DEPOIS DE PROLONGADA EXECUÇÃO DO CONTRATO. (...) RECURSO NÃO CONHECIDO. (STJ, REsp 57789/SP, Rel. Ministro RUY ROSADO DE AGUIAR, QUARTA TURMA, julgado em 25/04/1995, DJ 12/06/1995, p. 17631)

267 MARTINS, Guilherme Magalhães. *Responsabilidade civil por acidente de consumo na internet.* 2. ed. São Paulo: Editora Revista dos Tribunais, 2014, p. 111.

seja a título gratuito ou oneroso. As páginas visitadas devem sempre informar que tipos de dados estão sendo registrados.[268]

A celebração de contratos pela internet traz alguns inconvenientes como o fato de os consumidores estarem sujeitos a técnicas agressivas de contratação (que muitas vezes resultam na violação de sua vida privada), a manifestação de vontade do adquirente baseada em simples imagens ou descrições e a dificuldade em fazer valer seus direitos. O consumidor não sabe exatamente com quem está contratando, pois tem apenas a indicação de um endereço eletrônico que não dá garantia de idoneidade ou da real existência de um verdadeiro fornecedor. Normalmente tem de fazer o pagamento antecipado e colocar o número de seu cartão de crédito sem ter todas as informações necessárias sobre o que deseja comprar.

Martins destaca também a pertinência do inciso V do artigo 51 do CDC que acabou vedado pelo então presidente da República que previa a nulidade de cláusula contratual a qual segundo as circunstâncias e em particular segundo a aparência geral do contrato venha, após sua concessão, a surpreender o consumidor.[269]A cláusula-surpresa continua proibida, pois contrária à boa-fé e ao dever de informação e o fundamento do veto foi justamente a previsão da cláusula geral de boa-fé no Código do Consumidor. Para que se configure a cláusula-surpresa não basta que o conteúdo do contrato seja complexo ou complicado, é preciso que haja falta de esclarecimento adequado sobre o conteúdo ou as circunstâncias do contrato.

O autor continua explicando que os deveres de informação imputáveis aos fornecedores na internet são especializados pelo meio e devem incluir informações acerca das características fundamentais do funcionamento do serviço e os aspectos técnicos de sua prestação além das limitações e riscos a que o consumidor pode ficar sujeito.[270] Os cuidados e as cautelas

---

268 Guerra ressalta que o armazenamento das informações do consumidor é ponto central na sociedade contemporânea e representa uma ameaça para o consumidor, que não sabe o destino de seus dados: GUERRA, Sidney. *O direito à privacidade na internet:* uma discussão da esfera privada no mundo globalizado. Rio de Janeiro: América Jurídica, 2004, p. 81.

269 MARTINS, Guilherme Magalhães. *Responsabilidade civil por acidente de consumo na internet.* 2. ed. São Paulo: Editora Revista dos Tribunais, 2014, p. 304-306.

270 Veja sobre qualidade da informação nos serviços de home banking, por telefone e pela internet: *MARQUES, Claudia Lima.* Sociedade de informação e serviços bancários: primeiras observações In: MARQUES, Claudia Lima; MIRAGEM, Bruno

que devem ser tomadas pelos usuários também devem ser bem esclarecidos. A informação não se limita ao momento da contratação, mas se estende a toda continuidade da relação contratual, como, por exemplo, nos contratos cativos de longa duração de plano de saúde, ressalta.[271]

Sobre o dever de informar no mundo digital, é esclarecedora a explanação de Bruno Miragem, que afirma ser a informação um dos importantes deveres da sociedade de informação. O autor ressalta que ele decorre da positivação de um direito básico de informar e tem desdobramentos específicos.[272]

Nas relações estabelecidas pela internet, a vulnerabilidade técnica do consumidor em relação ao meio é logo percebida. Todos são vulneráveis pois não têm informações sobre os aspectos técnicos-informáticos, como o armazenamento de informações, segurança de dados pessoais e também outros aspectos relacionados à contratação a distância, como a defesa e a efetividade dos direitos do consumidor, principalmente considerando-se os fornecedores de países estrangeiros.

A informação no âmbito dos contratos celebrados pela internet tem a função de aproximar os parceiros contratuais num pacto que tem um significativo traço de despersonalização. O cumprimento do dever de informar acaba por diminuir a desigualdade informacional mesmo tendo em vista as características do ambiente virtual.

Muito importantes são as informações que auxiliam a conexão dos sujeitos em um ambiente real, não virtual, ou seja, onde e como podem estabelecer contato em caso de desacertos ou dificuldades Vale ressaltar que no âmbito do comércio eletrônico não há contato pessoal entre fornecedor e consumidor, que tem dificuldade em averiguar a honestidade do vendedor e tem incerteza quanto ao cumprimento da prestação.[273]

(Org.). *Doutrinas essenciais. Direito do Consumidor* – v. 4. São Paulo: Editora Revista dos Tribunais, 2001, p. 735-764.

271 MARTINS, Guilherme Magalhães. *Responsabilidade civil por acidente de consumo na internet.* 2. ed. São Paulo: Editora Revista dos Tribunais, 2014, p. 311.

272 MIRAGEM, Bruno. Responsabilidade por danos na sociedade de informação e proteção do consumidor: desafios atuais da regulação jurídica da internet. *Revista de Direito do Consumidor*, São Paulo, v. 70, p. 41-92, abr. /jun., 2009.

273 MIRAGEM, Bruno. Responsabilidade por danos na sociedade de informação e proteção do consumidor: desafios atuais da regulação jurídica da internet. *Revista de Direito do Consumidor*, São Paulo, v. 740, p. 41-92, abr. /jun., 2009.

No direito europeu,[274] o dever de informar sobre o nome do prestador, seu endereço geográfico, seu endereço eletrônico e o número de sua inscrição em registro público ou comercial está previsto no artigo 5º da Diretiva 2000/31/CE.[275]

---

274 A *proposta de Diretiva da Comunidade Europeia 2015/0287 traz* aspectos relativos aos contratos de fornecimento de conteúdos digitais. É composta por vinte artigos e tem o objetivo de harmonizar o conjunto de regras fundamentais relativas a esse tipo de contrato. Em seu artigo 6º há a disposição sobre a conformidade dos conteúdos, que devem ser da quantidade, qualidade, duração e outras características, conforme as exigências contratuais e devem estar de acordo com quaisquer informações pré-contratuais que integrem o pacto. Os conteúdos disponibilizados também devem ser adequados à finalidade específica e fornecidos juntamente com as instruções e apoio ao cliente. Trata-se de proposta que ressalta e ratifica a necessidade do cumprimento do dever e informar.

A *proposta 2015/0288* é relativa a certos aspectos dos contratos de venda em linha de bens e outras vendas à distância. O artigo 4º dessa proposta dispõe sobre a necessidade de o vendedor apresentar as qualidades e capacidade de desempenho indicada em qualquer declaração pré-contratual que seja parte integrante do contrato. O artigo 5º traz os requisitos de conformidade dos bens, que devem ser entregues juntamente com os acessórios, incluindo a embalagem, instruções de instalação e outras instruções que o consumidor possa esperar receber.

275 Artigo 5º da referida Diretiva: Informações gerais a prestar 1. Além de outros requisitos de informação constantes do direito comunitário, os Estados-Membros assegurarão que o prestador do serviço faculte aos destinatários do seu serviço e às autoridades competentes um acesso fácil, directo e permanente, pelo menos, às seguintes informações: a) Nome do prestador;

b) Endereço geográfico em que o prestador se encontra estabelecido; c) Elementos de informação relativos ao prestador de serviços, incluindo o seu endereço electrónico, que permitam contactá-lo rapidamente e comunicar directa e efectivamente com ele; d) Caso o prestador de serviços esteja inscrito numa conservatória de registo comercial ou num registo público equivalente, a identificação dessa conservatória e o número de registo do prestador de serviços, ou meios equivalentes de o identificar nesse registo; e) Caso determinada actividade esteja sujeita a um regime de autorização, os elementos de informação relativos à autoridade de controlo competente; f) No que respeita às profissões regulamentadas: – organização profissional ou associações semelhantes em que o prestador esteja inscrito, – título profissional e Estado-Membro em que foi concedido, – a citação das regras profissionais aplicáveis no Estado-Membro de estabelecimento e dos meios de aceder a essas profissões; Disponível em: <http://eur-lex.europa.eu/legal content/PT/TXT/HTML/?uri=CELEX:32000L0031&from=PT> Acesso em: 2 Jun. 2017.

Consoante a lição de Marques, nas relações de consumo celebradas à distância, a exigência de transparência e fornecimento de informações qualificadas é ainda maior e é reconhecida pela jurisprudência. A ideia central da transparência, como ensina a estimada autora, é a possibilidade de aproximação entre as partes e o estabelecimento de uma relação contratual mais sincera. "Transparência significa informação clara e correta sobre o produto a ser vendido, sobre o contrato a ser firmado, significa lealdade e respeito nas relações entre fornecedores e consumidores".[276]

A atuação com transparência serve para proteger a confiança do consumidor. Trata-se de um mandamento cogente que atua na fase de aproximação e formação entre web-consumidor e web-fornecedor. Caminha ao lado da boa-fé e acompanha todo o vínculo no que se denomina *disclosure* ou abertura leal do negócio.

O alcance dessa transparência é um dos ideais do novo mercado eletrônico de consumo, a internet. E ela deve ser mais qualificada na relação com o consumidor ou futuro web-visitante e o fornecedor. A informação sobre o produto ou o serviço, sobre o contrato, sobre o direito de arrependimento, sobre o caráter comercial da oferta, sobre o nome e a localização do fornecedor são alguns dos elementos necessários para a efetivação do direito à informação do consumidor.[277]

Um dos aspectos levados em consideração no dever de informar na internet é o fato do consumidor ter de fornecer dados sensíveis para abrir ou ver a oferta ou o serviço. Nesses casos, muitas vezes a falta de informação é sancionada como publicidade enganosa, pois faz o consumidor incidir em erro.[278]

---

276 MARQUES, Claudia Lima. *Confiança no comércio eletrônico e a proteção do consumidor:* um estudo dos negócios jurídicos de consumo no comércio eletrônico. São Paulo: Editora Revista dos Tribunais, 2004, p. 245.

277 MARQUES, Claudia Lima. *Confiança no comércio eletrônico e a proteção do consumidor:* um estudo dos negócios jurídicos de consumo no comércio eletrônico. São Paulo: Editora Revista dos Tribunais, 2004, p. 248.

278 APELAÇÃO CÍVEL. DIREITO PRIVADO NÃO ESPECIFICADO. (...) O Código de Defesa do Consumidor assegura ao consumidor o direito à informação, clara e precisa, acerca do produto e do seu preço. Portanto, na forma como posta a publicidade do curso ministrado pela ré resta latente o defeito de informação contratual, pois é dúbia a propaganda apresentada pela requerida, fazendo parecer que o aluno estava efetivamente realizando o curso supletivo de ensino médio e não um mero curso preparatório para futuro ingresso no supletivo. O

A informação prévia, clara[279] e leal no comércio eletrônico é uma ne-

dano dessa natureza decorre do próprio ato ilícito, dispensando-se a prova do prejuízo experimentado, pois evidente que frustrada restou a expectativa do autor em concluir o ensino médio depois de ter assistido às aulas e ser submetido a diversas avaliações, como comprovam os documentos que instruem a inicial. Ademais, a informação de que se cuidava apenas de um curso preparatório apenas foi prestada com clareza pela parte demandada ao final do curso. RECURSO DE APELAÇÃO PROVIDO. (Apelação Cível Nº 70071016356, Décima Quinta Câmara Cível, Tribunal de Justiça do RS, Relator: Adriana da Silva Ribeiro, Julgado em 14/12/2016)

279 Decisão na qual foi considerada suficiente a informação em letras pequenas em anúncio na internet: APELAÇÃO CÍVEL. AÇÃO COLETIVA DE CONSUMO. SERVIÇOS DE TELECOMUNICAÇÃO VIA INTERNET. PUBLICIDADE ENGANOSA. (...) decisão que inocuamente inverteu o ônus da prova, uma vez que invertido já estava por obra da lei. 2. PUBLICIDADE ENGANOSA Não se reconhece potencial de enganosidade em anúncios publicitários de fornecedora de serviços de tele-comunicação, via internet, nos quais consta que a velocidade é de até 300Kbps, de até 600Kbps e de até 1Mbps, ainda mais constando um asterisco ao lado de cada indicação, que remete a campo específico no qual consta esclarecimento, mesmo que em letras menores, que a velocidade "está sujeita a fatores externos que podem interferir na prestação do serviço, dependendo do pacote contratado e do equipamento utilizado". 3. CLÁUSULA ABUSIVA Ostenta-se abusiva a cláusula que concede ao consumidor apenas três dias de experiência, impondo-lhe multa caso houver desistência, pois, tratando-se de serviço público de uso facultativo, a desistência pode ocorrer em qualquer tempo, mediante simples comunicação e sem ônus algum. 4. CÓPIA DO CONTRATO O consumidor que aderir ao serviço, faz jus a receber uma cópia do contrato, mesmo quando celebrado por telefone ou via internet, nestes casos até dez dias antes do vencimento da primeira fatura. (...) (Apelação Cível Nº 70052832722, Primeira Câmara Cível, Tribunal de Justiça do RS, Relator: Irineu Mariani, Julgado em 09/07/2014)

Também considerado cumprido o dever de informar e não configurada publicidade enganosa: APELAÇÃO CÍVEL. RESPONSABILIDADE CIVIL. AÇÃO DECLARATÓRIA DE INEXISTÊNCIA DE DÉBITO C/C INDENIZAÇÃO POR DANOS MORAIS. TELEFONIA. COBRANÇA EXCESSIVA. MERO DISSABOR. (...) PUBLICIDADEENGANOSA. AUSÊNCIA DE CONFIGURAÇÃO. Hipótese em que não restou comprovada a configuração de propaganda enganosa ou indução do consumidor em erro em razão da prestação de informações insuficientes ou inverídicas no momento da contratação. Folder publicitário que traz informações suficientes acerca da tarifação e velocidade da internet móvel do plano ofertado ao autor, tendo a requerida cumprido com o dever de informar que lhe é imposto pelo art. 6º, III, do CDC. APELAÇÃO DESPROVIDA. (Apelação Cível Nº 70053131710, Décima

cessidade para a criação da confiança no mundo eletrônico, no qual percebe-se nítida divisão entre os que têm e os que não têm informação. Nesse contexto, como salienta Marques, é importante a diferenciação entre dados e informações.

São duas coisas diferentes. O direito básico à informação e o direito à proteção de dados. Essa última se relaciona com o dever geral de não lesar e encontra proteção nas regras dos artigos 43 e 44 do Código do Consumidor. O dever à transmissão de informações é oriundo da necessidade de agir com transparência e boa-fé e alertar em caso de perigo.[280]

Carvalho afirma que não é o veículo internet que conduzirá a um diferente tratamento jurídico da informação, mas os diferentes tipos de informações e dados que são transmitidos que levarão à aplicabilidade de diferentes regimes. Ao consumidor leigo que navega na internet interessa o conteúdo e a maneira ou ordem em que é transmitida a informação. É importante também a rapidez e a maneira de perenizar essa informação.[281]

O web-consumidor tem direito a informações sobre o fornecedor à distância, sobre o produto e o serviço e seus riscos, o preço,[282] orçamento, condições de pagamento. É um amplo direito à informação que visa a compensar a vulnerabilidade especial do consumidor, causado pela distância física, pelo desconhecimento do fabricante ou comerciante, da impossibilidade de experimentar o bem e também pela insegurança em relação à entrega adequada do produto ou do serviço.[283]

Câmara Cível, Tribunal de Justiça do RS, Relator: Paulo Roberto Lessa Franz, Julgado em 25/04/2013)

280 MARQUES, Claudia Lima. *Confiança no comércio eletrônico e a proteção do consumidor:* um estudo dos negócios jurídicos de consumo no comércio eletrônico. São Paulo: Editora Revista dos Tribunais, 2004, p. 250.

281 CARVALHO, Luis Gustavo Grandinetti Castanho de. *Direito de informação e liberdade de expressão.* Rio de Janeiro: Renovar, 1999.

282 Em 20 de dezembro de 2017 entrou a vigor a lei 13.456 que adicionou o inciso III ao artigo 2º da Lei 10.962 que versa sobre a afixação de preços de produtos e serviços ao consumidor. O referido inciso prevê a divulgação ostensiva do preço à vista no comércio eletrônico, junto à imagem do produto ou descrição do serviço, em caracteres facilmente legíveis com tamanho de fonte não inferior a doze.

283 MARQUES, Claudia Lima. *Confiança no comércio eletrônico e a proteção do consumidor:* um estudo dos negócios jurídicos de consumo no comércio eletrônico. São Paulo: Editora Revista dos Tribunais, 2004, p. 250.

O descumprimento dos deveres de informação é considerado inadimplemento contratual, podendo assegurar ao consumidor os direitos de opção entre redimir, a ação *quanti minoris*, a reexecução do serviço e também perdas e danos.

Deve ser dada atenção especial não somente ao direito de informação do *web-consumidor,* mas também aos deveres de informação dos fornecedores em geral. Muitas informações na web são gratuitas e pode haver dúvidas se elas estão ou não incluídas em uma relação de consumo. É o caso dos provedores gratuitos[284] e seus regimes de responsabilidade.[285]

---

[284] CIVIL E CONSUMIDOR. INTERNET. RELAÇÃO DE CONSUMO. INCIDÊNCIA DO CDC. GRATUIDADE DO SERVIÇO. INDIFERENÇA. PROVEDOR DE CONTEÚDO. FISCALIZAÇÃO PRÉVIA DO TEOR DAS INFORMAÇÕES POSTADAS NO SITE PELOS USUÁRIOS.DESNECESSIDADE. MENSAGEM DE CONTEÚDO OFENSIVO. DANO MORAL. RISCO INERENTE AO NEGÓCIO. INEXISTÊNCIA. CIÊNCIA DA EXISTÊNCIA DE CONTEÚDO ILÍCITO. RETIRADA IMEDIATA DO AR. DEVER.DISPONIBILIZAÇÃO DE MEIOS PARA IDENTIFICAÇÃO DE CADA USUÁRIO.DEVER. REGISTRO DO NÚMERO DE IP. SUFICIÊNCIA.1. A exploração comercial da internet sujeita as relações de consumo daí advindas à Lei nº 8.078/90.2. O fato de o serviço prestado pelo provedor de serviço de internet ser gratuito não desvirtua a relação de consumo, pois o termo "mediante remuneração", contido no art. 3º, § 2º, do CDC, deve ser interpretado de forma ampla, de modo a incluir o ganho indireto do fornecedor. 3. A fiscalização prévia, pelo provedor de conteúdo, do teor das informações postadas na web por cada usuário não é atividade intrínseca ao serviço prestado, de modo que não se pode reputar defeituoso, nos termos do art. 14 do CDC, o site que não examina e filtra os dados e imagens nele inseridos.4. O dano moral decorrente de mensagens com conteúdo ofensivo inseridas no site pelo usuário não constitui risco inerente à atividade dos provedores de conteúdo, de modo que não se lhes aplica a responsabilidade objetiva prevista no art. 927, parágrafo único, do CC/02.5. Ao ser comunicado de que determinado texto ou imagem possui conteúdo ilícito, deve o provedor agir de forma enérgica, retirando o material do ar imediatamente, sob pena de responder solidariamente com o autor direto do dano, em virtude da omissão praticada. 6. Ao oferecer um serviço por meio do qual se possibilita que os usuários externem livremente sua opinião, deve o provedor de conteúdo ter o cuidado de propiciar meios para que se possa identificar cada um desses usuários, coibindo o anonimato e atribuindo a cada manifestação uma autoria certa e determinada. Sob a ótica da diligência média que se espera do provedor, deve este adotar as providências que, conforme as circunstâncias específicas de cada caso, estiverem ao seu alcance para a individualização dos usuários do site, sob pena de responsabilização subjetiva por culpa in omittendo.7. Ainda que não exija os dados pessoais dos seus usuários, o provedor de conteúdo que registra o número de protocolo (IP) na internet dos computadores utilizados para o cadastramento de cada conta mantém um meio razoavelmente eficiente de rastreamento dos seus usuários, medida de segurança que corresponde à diligência média esperada dessa modalidade de provedor de serviço de internet.8. Recurso especial provido. (STJ, REsp 1186616/MG, Rel. Ministra NANCY ANDRIGHI, TERCEIRA TURMA, julgado em 23/08/2011, DJe 31/08/2011) No mesmo sentido: REsp 1300161/RS, Rel. Ministra NANCY ANDRIGHI, TERCEIRA TURMA, julgado em 19/06/2012, DJe 26/06/2012; REsp 1192208/MG, Rel. Ministra NANCY ANDRIGHI, TERCEIRA TURMA, julgado em 12/06/2012, DJe 02/08/2012.

[285] PROCESSUAL CIVIL. AGRAVO REGIMENTAL NO AGRAVO EM RECURSO ESPECIAL. REEXAME DO CONJUNTO FÁTICO-PROBATÓRIO DOS AUTOS. INADMISSIBILIDADE.

Há necessidade de remuneração do serviço para incidência das regras do CDC, mas a gratuidade no mercado de consumo é muitas vezes ilusória, pois há a remuneração indireta. Na França, por exemplo, entende-se que o fato de os consumidores pagarem o serviço de conexão de linha telefônica ou cabo para poderem usar os provedores gratuitos é um serviço adicional de consumo sobre o qual incide as regras do *Code de la Consommation*. Na Alemanha, também se entende pela cumulação entre as leis especiais sobre responsabilidade dos meios de comunicação e as normas gerais do Código Civil alemão e também as regras do direito de concorrência.[286]

Os fornecedores na internet têm os deveres de informação normais oriundos do dever de transparência, mas que ficam especializados em virtude do meio eletrônico. Eles precisam dar forma ao texto contratual e demais elementos relevantes do pacto.

Rubem e Gabriel Stiglitz ensinam que no direito argentino o tema da informação também é um dos mais importantes em matéria de defesa do consumidor. Ressaltam que nos anos sessenta quando se começava a falar de direito do consumidor no país os autores tradicionais resumiam a defesa do consumidor como sinônimo de direito de informação.

Em matéria de contratação pela internet e comércio eletrônico, a informação não é recebida através da publicidade comercial ou de etiquetas, invólucros, folhetos ou prospectos. O sistema de perfectibilização do contrato deve, então, trazer todas as informações pertinentes. Os deveres informativos, dessa forma, tornam-se especialmente relevantes diante da ausência de intermediação entre as partes e com o intuito de proteger o consumidor de questões específicas como publicidade enganosa e utilização de técnicas agressivas de contratação.[287]

INCIDÊNCIA DA SÚMULA N. 7/STJ. DECISÃO MANTIDA. 1. O provedor de conteúdo da internet não tem como atividade intrínseca a fiscalização prévia do conteúdo inserido pelos usuários, de modo que não se considera defeituoso o serviço, nos termos do art. 14 do CDC, quando o site não examina nem filtra os dados e as imagens nele inseridos. Precedentes. 2. Agravo regimental a que se nega provimento. (STJ, AgRg no AREsp 397.800/SP, Rel. Ministro ANTONIO CARLOS FERREIRA, QUARTA TURMA, julgado em 27/03/2014, DJe 04/04/2014)

286 MARQUES, Claudia Lima. *Confiança no comércio eletrônico e a proteção do consumidor:* um estudo dos negócios jurídicos de consumo no comércio eletrônico. São Paulo: Editora Revista dos Tribunais, 2004, p. 253-254.

287 STIGLITZ, Gabriel; STIGLITZ, Rubem. La protección em la contratación por internet. *Cadernos do Programa de Pós-Graduação em Direito da Universidade Federal do Rio Grande do Sul.* v. 1, n.2, Porto Alegre: PPGDir/UFRGS, 2003.

O comunicado/informado é uma forma de responsabilidade e a informação leva à imputação de um agente da sociedade e ele deve assegurar e proteger as legítimas expectativas que despertou no mercado de consumo.[288] O fornecedor é responsável pelos danos suportados pelo consumidor caso haja um vício ou um defeito de informação do produto ou do serviço.

---

[288] MARQUES, Claudia Lima. Novos temas na teoria dos contratos: confiança e o conjunto contratual. *Revista da Ajuris,* v. 32, n. 100, Porto Alegre: AJURIS, dez. /2005.

PARTE 2

2. EFICÁCIA JURÍDICA DO DEVER DE INFORMAR

A eficácia jurídica do dever de informar é ampla e abrangente, considerando-se as diversas fases da relação em que a informação deve ser divulgada e a relevância de sua ocorrência para a interpretação dos negócios. Na segunda parte da obra, é estudado o direito à informação no contexto do orçamento, da oferta e da publicidade. Examina-se também a eficácia vinculativa da informação e as repercussões da violação do dever de informar, momento no qual são apurados os conceitos e os elementos distintivos do vício e do defeito de informação.

A revisão bibliográfica sobre o assunto, assim como na primeira parte, foi realizada juntamente com uma pesquisa jurisprudencial com o intuito de identificar exemplos da aplicabilidade das normas acerca do dever de informar e seus temas correlatos nos tribunais brasileiros, em especial no Superior Tribunal de Justiça. Pretende-se, com o estudo, demonstrar as diversas faces desse direito basilar entremeado nas inúmeras relações de consumo e suas inferências, considerando-se a importância de sua origem e sua corriqueira incidência no dia a dia dos tribunais e no cotidiano dos consumidores.

2.1. DEVER DE INFORMAR SOBRE O CONTEÚDO DO CONTRATO

A eficácia do dever de informar decorre de normas específicas previstas no Código de Defesa do Consumidor que se baseiam na necessidade de um agir conforme a boa-fé objetiva. A lei estabelece o dever de informar no âmbito contratual e também prevê sanções em caso de descumprimento dessa obrigação pelo fornecedor.

As informações devem ser bem transmitidas ao contratante vulnerável desde o início da relação. Por meio da análise do cumprimento do dever de informar é que a atividade hermenêutica do contrato poderá ser realizada, uma vez que o conteúdo contratual é aquele que foi informado ao consumidor.

2.1.1. Dever de informar no âmbito da oferta

A oferta e as demais práticas comerciais ligam-se ao contrato de consumo, pois o integram ou oferecem elementos que influenciam em sua interpretação. Elas muitas vezes ajudam na identificação e na estipulação do verdadeiro conteúdo do contrato e também se encontram no âmbito de proteção do dever de informar.

No direito civil, conforme lição de Bruno Miragem, há distinção entre proposta e oferta. Esse último termo é reservado para as situações de oferta ao público, nos termos do artigo 429 do Código Civil. A proposta, por sua vez, está explicitada no artigo 427, o qual refere que ela obriga o proponente, se o contrário não resultar de seus termos, da natureza do negócio ou das circunstâncias do caso.[1]

A obrigatoriedade da oferta é analisada conforme tenha sido feita entre ausentes ou presentes. Deixa de ser obrigatória se feita sem prazo a pessoa presente se não for imediatamente aceita. Também não obriga se, feita sem prazo a pessoa ausente, tiver decorrido tempo suficiente para chegar a resposta ao conhecimento do proponente; se, feita à pessoa ausente, não tiver sido expedida a resposta dentro do prazo dado ou se, antes dela, ou simultaneamente, chegar ao conhecimento da outra parte a retratação do proponente.[2]

A oferta ao público, por outro lado, apenas obriga quando encerra os requisitos essenciais do contrato. Esse requisito, no entanto, não se coaduna com a realidade da contratação em massa do direito do consumidor, tampouco com o fenômeno da publicidade, em que não há muita precisão sobre os elementos contratuais.

O legislador do CDC, então, entendeu por considerar que toda a informação[3] ou publicidade suficientemente precisa,[4] veiculada por qualquer forma ou meio de comunicação com relação a produtos e serviços oferecidos ou apresentados, obriga o fornecedor que a fizer veicular ou

---

1 MIRAGEM, Bruno. *Curso de Direito do Consumidor.* 6. ed. São Paulo: Editora Revista dos Tribunais, 2016, p. 257-262.

2 Artigo 428 do Código Civil.

3 As declarações de vontade constantes de escritos particulares, recibos e pré-contratos relativos às relações de consumo também vinculam o fornecedor, nos termos do artigo 48 do CDC.

4 A expressão *suficientemente precisa* é integrativa da exegese do artigo 36, parágrafo único e do artigo 31 do CDC: PASQUALOTTO, Adalberto. *Os efeitos obrigacionais da publicidade no Código de Defesa do Consumidor.* São Paulo: Editora Revista dos Tribunais, 1997.

dela se utilizar e integra o contrato que vier a ser celebrado,[5] nos termos do artigo 30 do Código.[6]

O fornecedor não só é obrigado a cumprir a oferta como deve fazê-lo nos termos da informação veiculada. Percebe-se, portanto, o dever de contratar – de realizar o contrato – e o dever de contratar conforme o ofertado, não podendo haver dissociação entre o prometido e o efetivamente contratado.[7]

A oferta do CDC é um negócio jurídico unilateral[8] que cria obrigações para o fornecedor.[9] Trata-se de uma acepção autônoma da oferta que permite a completa visualização de seus efeitos no âmbito das relações de consumo. No contexto das relações civis apesar do artigo 427 do CC trazer o termo *obrigar*, não se trata de obrigação de realizar a prestação principal, que somente nascerá depois da aceitação, quando o contrato será formado. Aquele que propõe, portanto, fica obrigado a cumprir a proposta, que é mantida por certo tempo. Nesse caso, deverá se submeter à iniciativa de atuação do outro, que detém direito potestativo de aceitar ou não.

---

5 Nesse sentido: RECURSO INOMINADO. CONSUMIDOR. COMPRA DE MACBOOK APPLE, VIA INTERNET. OBRIGAÇÃO DE DAR. CANCELAMENTO UNILATERAL DO PEDIDO POR PARTE DA EMPRESA. ALEGAÇÃO DE ERRO SISTÊMICO QUANTO AO PREÇO DA OFERTA. FALHA NA PRESTAÇÃO DO SERVIÇO. PEDIDO DE CUMPRIMENTO DA OFERTA. PREÇO QUE NÃO SE MOSTRA IRRISÓRIO A PONTO DE SE CONSTATAR, DE PLANO, O EQUÍVOCO DO VALOR. INTELIGÊNCIA DOS ARTIGOS 30 E 35, AMBOS DO CDC. AFASTAMENTO DA MULTA POR LITIGÂNCIA DE MÁ-FÉ NA ORIGEM. SENTENÇA REFORMADA. RECURSO PROVIDO. (Recurso Cível Nº 71006375877, Primeira Turma Recursal Cível, Turmas Recursais do RS, Relator: Mara Lúcia Coccaro Martins Facchini, Julgado em 25/10/2016)

6 A oferta civil apoia-se na teoria da vontade e a oferta de consumo na teoria da declaração.

7 MIRAGEM, Bruno. *Curso de Direito do Consumidor.* 6. ed. São Paulo: Editora Revista dos Tribunais, 2016, p. 257-262.

8 No direito argentino também a oferta é considerada proposição unilateral que uma pessoa dirige a outra com a finalidade de celebrar um contrato e que se perfectibilizará com a aceitação da outra parte, sem necessidade de uma nova manifestação de quem formulou a primeira proposta, nos termos do artigo 7º da lei argentina 24.240: WAJNTRAUB, Javier. *Protección jurídica del consumidor:* ley 24.240 comentada y anotada. Buenos Aires: Depalma, 2004, p. 69.

9 Nesse sentido: PASQUALOTTO, Adalberto. *Os efeitos obrigacionais da publicidade no Código de Defesa do Consumidor.* São Paulo: Editora Revista dos Tribunais, 1997, p. 52.

Cavalieri Filho explica que a oferta no CDC não difere substancialmente da proposta do Código Civil quanto aos seus requisitos, tendo em vista que ambas devem ser sérias, completas e passíveis de aceitação. A alteração está, salienta, na estrutura da proposta, que no CC é normalmente considerada mero convite à oferta, sem força vinculativa.[10]

Judith Martins-Costa refere a relevância fundamental da atividade de informação, seja nos casos de contrato de longa duração ou naqueles de formação instantânea porque quem faz a oferta já valorizou a idoneidade do outro, enquanto que o destinatário da proposta ainda vai analisar a conveniência do negócio por meio do exame das informações recebidas.[11]

Tradicionalmente, explica, o âmbito do dever de informar limitava-se às informações sobre vícios ou possíveis causas de nulidade ou anulabilidade do negócio, pois baseava-se na ideia da *culpa in contrahendo*.

Na atual sociedade de consumo, porém, a noção de dever de informação se tornou mais extensa e objetiva, já que a proteção da confiança ganhou grande destaque.[12] A tutela da confiança e da justa expectativa justifica a dicção do artigo 30 do CDC, segundo o qual o dever de informar não se restringe apenas ao alerta sobre eventuais causas de anulamento do negócio. A informação passa a integrar o contrato de modo a possibilitar o cumprimento forçado da obrigação.

---

10 CAVALIERI FILHO, Sérgio. *Programa de Direito do Consumidor*. 4. ed. São Paulo: Atlas, 2014, p. 157.

11 MARTINS COSTA, Judith H. A incidência do princípio da boa fé no período pré-negocial: reflexões em torno de uma notícia jornalística. *Revista de Direito do Consumidor*, v. 4, São Paulo, out. / dez., p. 140-172, 1992.

12 APELAÇÃO CÍVEL. TELEFONIA FIXA. PLANO `INTERNET TODA HORA. FALHA NO DEVER DE INFORMAÇÃO. DECLARATÓRIA DE INEXISTÊNCIA DE DÍVIDA. DANO MORAL. É dever da operadora informar adequadamente o consumidor sobre as peculiaridades de plano promocional, que oferece livre acesso à Internet, por custo fixo, livre de pulsos excedentes, mas que limitava a conexão a determinados provedores e exigia conhecimentos técnicos para baixa e instalação do discador de acesso. Situação em que o consumidor não foi suficientemente esclarecido sobre o uso do serviço que, se não executado rigorosamente, implicaria cobrança de pulsos excedentes. Inexigibilidade da dívida. Devolução em dobro do indébito. (...) APELAÇÃO PROVIDA EM PARTE. (Apelação Cível Nº 70028568236, Quinta Câmara Cível, Tribunal de Justiça do RS, Relator: Leo Lima, Julgado em 27/05/2009)

Observa-se, com efeito, que pouca importância tem o elemento subjetivo do comportamento do fornecedor já que o ordenamento requer que se obedeça a um padrão de conduta correta. Acentua-se a objetividade da conduta, ou seja, o conjunto de circunstâncias em que a oferta foi procedida, considerando-se as expectativas geradas.[13]

Além de dispor sobre a força vinculativa da oferta e da publicidade em seu artigo 30, no artigo 31 o CDC traz uma série de elementos que sãos os próprios efeitos da oferta, como explica Miragem.[14] Afirma Fabian que são especificações do direito básico à informação no âmbito da oferta.[15]

Como se lê em Claudia Lima Marques, o dever de informar disposto no art. 31 do CDC é reflexo do princípio da transparência e concentra-se inicialmente nas informações sobre as características do produto ou do serviço. Enquanto tratado como simples dever secundário pela doutrina contratual, o dever de indicação e esclarecimento tinha origem apenas no princípio da boa-fé. Sempre foi considerado pela jurisprudência como um dever restrito pelos interesses de cada parte. No sistema do Código do Consumidor esse dever assume proporções de dever básico.[16]

---

13 MARTINS COSTA, Judith H. A incidência do princípio da boa fé no período pré-negocial: reflexões em torno de uma notícia jornalística. *Revista de Direito do Consumidor*, v. 4, São Paulo, out. / dez., p. 140-172, 1992.

14 MIRAGEM, Bruno. *Curso de Direito do Consumidor.* 6. ed. São Paulo: Editora Revista dos Tribunais, 2016, p. 262.

15 FABIAN, Christoph. *O dever de informar no direito civil.* São Paulo: Editora Revista dos Tribunais, 2002, p. 83.

16 PROCESSUAL CIVIL E ADMINISTRATIVO. CERCEAMENTO DE DEFESA. NECESSIDADE DE PRODUÇÃO DE PROVAS. DEVER DE INFORMAR. MULTA APLICADA PELO PROCON. VIOLAÇÃO DO ART. 31 DO CDC. MULTA. ART. 57 DO CDC. REVISÃO. IMPOSSIBILIDADE. SÚMULA 7/STJ.1. O Superior Tribunal de Justiça tem entendimento firmado no sentido de que não há cerceamento de defesa quando o julgador considera dispensável a produção de prova, mediante a existência nos autos de elementos suficientes para a formação de seu convencimento. 2. O consumidor tem, como direito básico, o de informação expressa e adequada sobre o produto ou o serviço que deseja adquirir ou contratar, sendo proibida a publicidade enganosa, capaz de induzir em erro o consumidor (arts. 31 e 37 do CDC). Precedentes do STJ.3. Revisão da multa aplicada pelo PROCON com base no art. 57 do CDC demandaria reexame do acervo fático-probatório dos autos, inviável em sede de recurso especial, sob pena de violação da Súmula 7 do STJ. Agravo interno improvido. (STJ, AgInt no AREsp 838.346/SP, Rel. Ministro HUMBERTO MARTINS, SEGUNDA TURMA, julgado em 12/04/2016, DJe 19/04/2016)

O rol de características do artigo 31 do CDC é meramente exemplificativo[17] e preocupa-se com as características[18] físicas do produto, sua repercussão econômica e com a saúde e segurança do consumidor.[19] São dados relacionados ao próprio bem de consumo, tendo em vista estarmos diante do dever de informar pré-contratual. Trata-se do fornecimento de informações no momento em que o consumidor vai tomar a decisão de contratar.[20]

---

17 Trata-se de norma que elenca os dados que devem obrigatoriamente ser comunicados sobre um produto ou um serviço, nada impede, porém que outros sejam também exigidos. O rol enunciativo do artigo 31 pode, assim, ser estendido, porém jamais reduzido: FONSECA, Patrícia Galindo da. *Direito do consumidor:* estudo comparado Brasil-Quebec. Niterói: Editora da Universidade Federal Fluminense, 2017, p. 69.

18 APELAÇÃO – AÇÃO ANULATÓRIA – AUTO DE INFRAÇÃO E IMPOSIÇÃO DE MULTA – VIOLAÇÃO AO CÓDIGO DE DEFESA DO CONSUMIDOR – OFERTA (ART. 31, DO CDC) – DEVER DE INFORMAÇÃO ADEQUADA – Pretensão inicial da autora voltada ao reconhecimento de suposta invalidade do AIIM nº 5994, lavrado pelo PROCON-SP em decorrência de violação ao dever de informação adequada – inadmissibilidade – inteligência do art. 31, do CDC – oferta de veículos pela empresa-montadora em manifesto desrespeito ao dever de informação adequada (correta, clara, precisa e ostensiva) – diferenciação dos conceitos de oferta (arts. 30 a 35, do CDC) e publicidade (arts. 36 a 38, do CDC) – em que pese a autora discorrer sobre a suposta inexistência de publicidade enganosa (por omissão), não infirmou, em qualquer medida, a conclusão da autoridade administrativa a respeito dos vícios inerentes à oferta por ela realizada – a veiculação de informações a respeito do preço do produto, em qualquer modalidade de pagamento oferecida ao consumidor, deve assegurar uma compreensão clara de seu integral conteúdo e não se apresentar de forma dissociada entre o anúncio principal e notas de rodapé, sob o risco de malferir a boa-fé objetiva (art. 6º, inciso III, do CDC) – precedentes invocados pela apelante que não possuem pertinência temática com o caso concreto, já que tratam da possibilidade de se informar o valor do frete por meio de nota de rodapé, e não o valor do próprio produto (...) (TJSP, Relator(a): Paulo Barcellos Gatti; Comarca: São Paulo; Órgão julgador: 4ª Câmara de Direito Público; Data do julgamento: 10/10/2016; Data de registro: 13/10/2016)

19 MARQUES, Claudia Lima. *Contratos no Código de Defesa do Consumidor:* o novo regime das relações contratuais.7. ed. São Paulo: Editora Revista dos Tribunais, 2014.

20 BENJAMIN, Antonio Herman de Vasconcellos e. [arts 29 a 45]. In: GRINOVER, Ada Pellegrini, *et.al., Código brasileiro de Defesa do Consumidor:* comentado pelos autores do anteprojeto. 8. ed. Rio de Janeiro: Forense Universitária, 2004, p. 271-273.

O princípio da informação, como referido por Cavalieri Filho, do qual a transparência é a principal consequência, atua com grande intensidade na oferta porquanto a aceitação do consumidor funda-se no princípio da confiança.[21]

Benjamin também refere a origem do dever informar no princípio da transparência e na boa-fé. Ressalta que o dever que o direito civil impõe ao comprador de se informar-se é irreal no âmbito das relações de consumo. O autor destaca a aplicabilidade do artigo 31 do CDC às ofertas não publicitárias.[22]

A comunicação pré-contratual, ressalta, dá ênfase ao caráter preventivo da proteção do consumidor. Não é qualquer informação, porém, que serve para atender aos ditames do Código de Defesa do Consumidor. A informação deve ser verdadeira, clara, de fácil entendimento, precisa, ostensiva e em língua portuguesa. Somente com essas informações o consumidor estará hábil a tomar seu lugar na sociedade de consumo.

Os dados integrantes do dever de informar são os mais variados, pois dependem do produto ou do serviço oferecido. Alguns elementos relacionam-se mais aos produtos, como a composição, a quantidade e a origem. Já as características, as qualidades, o preço,[23] a garantia, o prazo

---

21 CAVALIERI FILHO, Sérgio. *Programa de Direito do Consumidor*. 4. ed. São Paulo: Atlas, 2014, p. 157-158.

22 As informações em outras línguas não são proibidas, desde que conjugadas ao português. Com isso, atende-se às preocupações daqueles fornecedores que, além de servirem o mercado interno, exportam os bens de consumo. É possível a confecção de um mesmo rótulo ou manual com a explicação em vários idiomas. O dever de informar vale também para os produtos importados já que as normas objetivam a informação e a segurança do consumidor, independente da origem do bem. A regra também vale para os serviços: BENJAMIN, Antonio Herman de Vasconcellos e. [arts 29 a 45]. In: GRINOVER, Ada Pellegrini, *et.al.*, *Código brasileiro de Defesa do Consumidor:* comentado pelos autores do anteprojeto. 8. ed. Rio de Janeiro: Forense Universitária, 2004, p. 274-275.

23 A lei n. º 10.962 de 2004 estabelece a possibilidade de fixação do preço dos produtos em códigos de barras, desde que equipamentos óticos de leitura sejam localizados perto do local onde se encontram os produtos. Sobre o tema, veja-se: PROCESSUAL CIVIL E ADMINISTRATIVO. EMBARGOS DE DECLARAÇÃO PODER DE POLÍCIA. INFORMAÇÃO DE PREÇO DE MERCADORIAS NAS VENDAS A VAREJO. SUPERMERCADO. AFIXAÇÃO NAS EMBALAGENS OU CÓDIGO DE BARRAS. LEI N. 10.962/04. EFEITOS INFRINGENTES. 1. Pacífico o entendimento desta Corte Superior no sentido de que, em casos como o presente e até a entrada em vigor

de validade e os riscos[24] normalmente valem para produtos e para serviços

---

da Lei n. 10.962/04, era exigível a informação acerca dos preços de mercadorias mediante fixação dos mesmos nas embalagens. E, somente após a vigência plena do referido diploma normativo, tornou-se possível, nas vendas a varejo, a informação alternativa via afixação do preço ou de código referencial ou de código de barras. 2. Na situação exame, tendo os fatos ocorridos em 1998, é caso de rejeitar a argumentação da parte recorrente, ora embargada. 3. Embargos de declaração acolhidos, com efeitos infringentes, para conhecer parcialmente do recurso especial e, nesta parte, negar-lhe provimento. (EDcl no REsp 1188219/RJ, Rel. Ministro MAURO CAMPBELL MARQUES, SEGUNDA TURMA, julgado em 15/03/2011, DJe 22/03/2011); CONSTITUCIONAL. PROCESSUAL CIVIL. DIREITO DO CONSUMIDOR. AFIXAÇÃO DE PREÇO EM PRODUTO POR MEIO DE CÓDIGO DE BARRAS. LEGALIDADE, SE TAMBÉM SE EXPÕE, JUNTO AOS PRODUTOS, INFORMAÇÃO RELATIVA AO PREÇO. VIGÊNCIA DA LEI 10.962/2004. DIREITO SUPERVENIENTE. APLICAÇÃO DO ART. 462 DO CPC. INTERPRETAÇÃO AO ART. 31 DO CDC. 1. A jurisprudência do STJ e do TRF 1ª Região entendia obrigatória a colocação de etiquetas em todos os produtos, mesmo quando utilizado o código de barras com os esclarecimentos nas gôndolas correspondentes. 2. "Após a vigência da Lei Federal 10.962/2004, permite-se aos estabelecimentos comerciais a afixação de preço do produto por meio de código de barras, sendo desnecessária a utilização de etiqueta com preço individual de cada mercadoria (...) Apelação Cível nº 1998.33.00.016698-4, Sexta Turma, Tribunal Regional Federal da 1ª Região, Relator: Maria Isabel Gallotti Rodrigues, Julgado em: 11/12/2009)

24 No já citado REsp 586.316, o Ministro Benjamin destaca não só a necessidade de informação sobre a presença de glúten em embalagens, como a necessária advertência sobre seus malefícios. Nesse mesmo sentido, os acórdãos: ADMINISTRATIVO E CONSUMIDOR. DEVER DE ADVERTÊNCIA. ALIMENTO QUE CONTÉM GLÚTEN. DOENÇA CELÍACA. PRECEDENTE.

1. Em respeito à legislação de regência, a simples expressão "contém glúten" mostra-se insuficiente a informar os consumidores acerca do prejuízo que causa o produto ao bem-estar dos portadores da doença celíaca, daí porque se faz necessária a advertência quanto aos eventuais malefícios do alimento. Precedente desta Turma: REsp 586.316/MG, Rel. Min. Herman Benjamin, DJe 19.3.2009. 2. Recurso especial provido. (REsp 722.940/MG, Rel. Ministro CASTRO MEIRA, SEGUNDA TURMA, julgado em 24/11/2009, DJe 23/04/2010); RECURSO ESPECIAL. DIREITO DO CONSUMIDOR. AÇÃO COLETIVA. ASSOCIAÇÃO DE DEFESA DO CONSUMIDOR. LEGITIMIDADE ATIVA. EXPRESSA INCIDÊNCIA DO ART. 82, IV, DO CDC. REQUISITO TEMPORAL. DISPENSA. POSSIBILIDADE. DIREITO INDIVIDUAIS HOMOGÊNEOS. DIREITO DE INFORMAÇÃO. PRODUTO. GLÚTEN. DOENÇA CELÍACA. DIREITO À VIDA. 1. Cuida-se de ação coletiva com a finalidade de obrigar empresa a veicular no rótulo dos alimentos industrializados que produz

disponibilizados no mercado.

---

a informação acerca da presença ou não da proteína denominada glúten. 2. É dispensável o requisito temporal da associação (pré-constituição há mais de um ano) quando presente o interesse social evidenciado pela dimensão do dano e pela relevância do bem jurídico tutelado. 3. É fundamental assegurar os direitos de informação e segurança ao consumidor celíaco, que está adstrito à dieta isenta de glúten, sob pena de graves riscos à saúde, o que, em última análise, tangencia a garantia a uma vida digna. 4. Recurso especial provido. (STJ, REsp 1479616/GO, Rel. Ministro RICARDO VILLAS BÔAS CUEVA, TERCEIRA TURMA, julgado em 03/03/2015, DJe 16/04/2015);

APELAÇÃO CÍVEL DA REQUERIDA – AÇÃO COLETIVA – RELAÇÃO DE CONSUMO – DEVER DO FORNECEDOR DE INFORMAR CLARA E ADEQUADAMENTE A RESPEITO DA PREJUDICIALIDADE DO GLÚTEN AOS CELÍACOS – ADVERTÊNCIA – LEI 10.674/2003 E NORMAS DO CDC – RECURSO IMPROVIDO. Em que pese a Lei nº 10.674/2003, dispor sobre a necessidade de que os produtos alimentícios postos à comercialização conste apenas a advertência "CONTÉM GLÚTEN" ou "NÃO CONTÉM GLÚTEN", tenho que tal informação é insuficiente para alertar de forma adequada e clara a respeito da nocividade do produto para as pessoas hipossuficientes portadoras de doença celíaca, em observância à necessária conjugação da "Lei do Glúten" e as normas consumeristas. APELAÇÃO CÍVEL DA REQUERENTE – AÇÃO COLETIVA – PRELIMINARES – DESERÇÃO E INOVAÇÃO NA LIDE – AFASTADAS – RELAÇÃO DE CONSUMO – DEVER DO FORNECEDOR DE INFORMAR CLARA E ADEQUADAMENTE A RESPEITO DA PREJUDICIALIDADE DO GLÚTEN AOS CELÍACO – ADVERTÊNCIA – LEI 10.674/2003 E NORMAS DO CDC. DANO EXTRAPATRIMONIAL COLETIVO – NÃO CONFIGURADO – COMPENSAÇÃO DE HONORÁRIOS ADVOCATÍCIOS – POSSIBILIDADE – RECURSO PARCIALMENTE PROVIDO. O art. 87, do CDC, prevê a isenção do recolhimento de custas processuais para as ações coletivas ajuizadas por associações, salvo comprovada má-fé. Inexiste inovação na lide quando o pedido devolvido na apelação foi devidamente formulado na inicial. Em que pese a Lei nº 10.674/2003, dispor sobre a necessidade de que os produtos alimentícios postos à comercialização conste apenas a advertência "CONTÉM GLÚTEN" ou "NÃO CONTÉM GLÚTEN", tenho que tal informação é insuficiente para alertar de forma adequada e clara a respeito da nocividade do produto para as pessoas hipossuficientes portadoras de doença celíaca, em observância à necessária conjugação da "Lei do Glúten" e as normas consumeristas. A omissão quanto a informação necessária acerca da presença de glúten em produto comercializado pela requerida não acarretou consequência lesiva a qualquer pessoa portadora de doença celíaca, razão pela qual improcede o pedido de reparação por danos extrapatrimoniais coletivos, notadamente a falta de grave ofensa à moralidade pública. Conforme a Súmula 306/STJ, quando as partes são reciprocamente sucumbentes, é cabível a compensação de honorários.

Esse dever de informar no contexto da oferta não se dirige somente ao fabricante ou produtor do bem. Como política geral, entende-se que todos[25] os que ofereçam ou apresentem produtos ou serviços têm a obrigação legal e intransferível de bem informar o consumidor.[26]

(Apelação Cível nº 0026896-87.2011.8.12.0000, Quarta Câmara Cível, Tribunal de Justiça do MS, Relator: Odemilson Roberto Castro Fassa, Julgado em 23/09/2015). *No sentido de que somente a informação sobre a existência de glúten é suficiente, dispensada a informação quanto a seus malefícios*: RECURSO ESPECIAL. DIREITO DO CONSUMIDOR. AÇÃO COLETIVA. ASSOCIAÇÃO DE DEFESA DO CONSUMIDOR. DIREITO INDIVIDUAIS HOMOGÊNEOS. DIREITO DE INFORMAÇÃO. PRODUTO. GLÚTEN. DOENÇA CELÍACA. ADVERTÊNCIA. PROTEÇÃO SUFICIENTEMENTE ADEQUADA. INFORMAÇÕES COMPLEMENTARES. DESNECESSIDADE. ÔNUS DE SUCUMBÊNCIA. COMPENSAÇÃO. MÁ-FÉ. AUSÊNCIA. IMPOSSIBILIDADE. (…). É fundamental assegurar os direitos de informação e segurança ao consumidor celíaco, que está adstrito à dieta isenta de glúten, sob pena de graves riscos à saúde, o que, em última análise, tangencia a garantia a uma vida digna. – A expressão "contém glúten" ou "não contém glúten" constitui uma clara advertência aos consumidores, sendo uma proteção suficientemente adequada àqueles que são adversamente afetados pela mencionada substância. É desnecessária a inserção de informações adicionais nos rótulos e embalagens (…). (STJ, REsp 1.515.895/SE, Rel. Ministra NANCY ANDRIGHI, TERCEIRA TURMA, julgado em 06/12/2016, DJe 14/12/2016)

25 Reconhecimento de responsabilidade da concessionária de veículos por falha no dever de informar: APELAÇÃO CÍVEL – DANOS MORAIS – FALHA NO ACIONAMENTO DO AIR BAG – INSTALAÇÃO DE PÁRA-CHOQUE DE IMPULSÃO – INFORMAÇÕES NO MANUAL DO AUTOMÓVEL A RESPEITO DA POSSIBILIDADE DE INTERFERÊNCIA NO FUNCIONAMENTO DO ITEM DE SEGURANÇA – EQUIPAMENTO INSTALADO PELA PRÓPRIA CONCESSIONÁRIA COM AUTORIZAÇÃO DA FÁBRICA – RISCO AO CONSUMIDOR – QUANTUM INDENIZATÓRIO – MANTIDA A INDENIZAÇÃO – RECURSOS IMPROVIDOS. <u>Se a concessionária de automóvel instala, com autorização da fábrica, o pára-choque de impulsão, que sabe ser incompatível com o bom funcionamento do airbag, oferecendo risco ao consumidor, devem indenizá-lo por ofensa à sua moral.</u> (…) (Apelação Cível nº 0066813-55.2007.8.12.0001, Quarta Câmara Cível, Tribunal de Justiça do MS, Relator: Claudionor Miguel Abss Duarte, Julgado em: 12/03/2013)

26 BENJAMIN, Antonio Herman de Vasconcellos e. [arts 29 a 45]. In: GRINOVER, Ada Pellegrini, *et.al., Código brasileiro de Defesa do Consumidor*: comentado pelos autores do anteprojeto. 8. ed. Rio de Janeiro: Forense Universitária, 2004, p. 274-275.

Quanto aos produtos industriais, o artigo 8º, § 1º do CDC[27] determina que o fabricante deve prestar as informações necessárias, através de impressos apropriados que devem acompanhar o produto.[28] É uma exceção à regra geral e serve para determinar que o produto já esteja acompanhado de informações desde a origem. Quando o comerciante rompe a embalagem de um produto industrial para o vender a granel, por exemplo, passa a ter a responsabilidade de informar o consumidor tendo em vista não mais existir o obstáculo da embalagem, o que justificava a necessidade de divulgação de informação pelo fabricante

Se o fabricante do produto não for nacional, o responsável pela informação é o importador, nos termos do artigo 10, § 1º do Código. O § 3º prevê também a responsabilidade da União, dos Estados, do Distrito

---

27 O antes parágrafo único do art. 8º do CDC tornou-se § 1ª a partir da entrada em vigor da lei 13.486, em 4 de outubro de 2017, que adicionou ao artigo 8º mais um parágrafo, nesse texto já mencionado: § 2º O fornecedor deverá higienizar os equipamentos e utensílios utilizados no fornecimento de produtos ou serviços, ou colocados à disposição do consumidor, e informar, de maneira ostensiva e adequada, quando for o caso, sobre o risco de contaminação".

28 APELAÇÃO CÍVEL. AÇÃO RESCISÃO DE CONTRATO DE COMPRA E VENDA CUMULADA COM PEDIDO DE INDENIZAÇÃO POR DANOS MATERIAIS E MORAIS. COMPRA E VENDA DE VEÍCULO. <u>DEVER DO FORNECEDOR DE PRESTAR INFORMAÇÕES ADEQUADAS A RESPEITO DAS CONDIÇÕES DO PRODUTO. ARTIGO 6º, INCISO III, DO CDC. VEÍCULO QUE NÃO POSSUÍA ITEM IMPORTANTE DE SEGURANÇA (TRAVA DE SEGURANÇA DO CAPÔ). FORNECEDOR QUE NÃO PODE COLOCAR À VENDA PRODUTO QUE COLOQUE EM RISCO A VIDA DO CONSUMIDOR. ARTIGO 8º DO CDC.</u> APELANTE PESSOA SIMPLES QUE NÃO TINHA EXPERIÊNCIA PARA AVALIAR AS CONDIÇÕES DO VEÍCULO. APELANTE QUE JÁ MODIFICOU OUTROS ITENS DO VEÍCULO. IMPOSSIBILIDADE DE DEVOLUÇÃO DO CARRO. PROCEDÊNCIA DO PEDIDO DE RESTITUIÇÃO DOS VALORES GASTOS COM O CONSERTO.APELANTE E FAMÍLIA QUE PASSARAM POR SITUAÇÃO DE INTENSA ANGÚSTIA QUANDO O CAPÔ DO CARRO ABRIU E ESTILHAÇOU O PARA-BRISA. DANOS MORAIS CONFIGURADOS. REFORMA DA SENTENÇA. PEDIDOS JULGADOS PARCIALMENTE PROCEDENTES.REDISTRIBUIÇÃO DOS ÔNUS DA SUCUMBÊNCIA. (TJPR, 11ª Câmara Cível, AC 1280954-2, Rel.: Sigurd Roberto Bengtsson, julgado em 02.03.2016)

Federal e dos Municípios que tiverem conhecimento da periculosidade[29] à saúde ou à segurança de produtos ou serviços colocados à disposição.[30]

No direito argentino, a oferta está regulada nos artigos 7º a 10 da lei 24.240. O artigo 7º dispõe sobre a obrigatoriedade da oferta e da publicidade. O artigo 10 elenca, em rol exemplificativo, as informações que devem constar do documento referente a vendas de coisas móveis. Trata-se de uma incrementação do dever de informar tendo em vista a necessidade de o consumidor ter por escrito os dados da transação para que não se configure uma decisão arbitrária do fornecedor.[31]

2.1.2. Informação pré-contratual e orçamento

As regras sobre o dever de informar não estão somente no contexto da oferta, mas também no âmbito de outras práticas comerciais. Em seu artigo 39, o Código do Consumidor traz a determinação de proibição de certas práticas, consideradas abusivas. São comportamentos contratuais ou não que abusam da boa-fé do consumidor. São conhecidos no direito norte-americano como *unfair practices* e como práticas desleais no direito europeu.[32]

---

29 ADMINISTRATIVO E CONSUMIDOR MULTA ADMINISTRATIVA INFRAÇÃO CONSUMERISTA PORTARIA 26 DO PROCON LEGALIDADE – DESPROPORCIONALIDADE INOCORRÊNCIA. 1. A lei é o standard da conduta exigida do fornecedor, que pode, a seu critério, adotar formas complementares de divulgação para os consumidores. Mas sem eximi-lo das medidas legais consideradas mínimas. Informe publicitário que, sozinho, não é suficiente. Necessidade de informativo por rádio e televisão (art. 10, § 2º, CDC). Descumprimento. Multa. Admissibilidade. 2. Legalidade da Portaria nº 26/06 do Procon já reconhecida por esta Corte. Utilização da renda bruta do infrator como critério de aferição da sua condição econômica. Precedentes. 3. Cálculo da sanção que considera o faturamento bruto da infratora. Critério necessário para conferir caráter punitivo à reprimenda. Pedido improcedente. Sentença mantida. Recurso desprovido. (Apelação Cível nº 0263070-95.2009.8.26.0000, Nona Câmara de Direito Público, Tribunal de Justiça do Estado de São Paulo, Relator: Décio Notarangeli, Julgado em 29/01/2014).

30 BENJAMIN, Antonio Herman de Vasconcellos e. [arts 29 a 45]. In: GRINOVER, Ada Pellegrini, *et.al., Código brasileiro de Defesa do Consumidor:* comentado pelos autores do anteprojeto. 8. ed. Rio de Janeiro: Forense Universitária, 2004, p. 271-273.

31 WAJNTRAUB, Javier. *Protección jurídica del consumidor:* ley 24.240 comentada y anotada. Buenos Aires: Depalma, 2004, p. 87.

32 MIRAGEM, Bruno. *Curso de Direito do Consumidor.* 6. ed. São Paulo: Editora Revista dos Tribunais, 2016, p. 306.

O rol do referido artigo 39 é exemplificativo e seus incisos buscam preservar determinadas situações ou qualidades que representem vantagem para o consumidor. Como é sabido, nas relações de consumo há noção de prevalência da posição dominante e o que se busca é a proibição do exercício opressivo dessa posição pelo fornecedor.

As práticas enumeradas no Código são consideradas ilícitas e representam limitações da autonomia privada do fornecedor. No direito europeu, a Diretiva 2005/CE/CE sistematizou as práticas desleais proibidas e as distinguiu em enganosas e agressivas.[33]

No direito brasileiro, não há sanção específica para as práticas abusivas, a não ser para o envio não solicitado de produtos ou serviço, que são considerados amostra grátis, nos termos do parágrafo único do artigo 39 do CDC.[34] Diante da ausência de previsão de sanção específica, há dois entendimentos. O primeiro sugere a impossibilidade de cominação de sanções. O segundo é no sentido de que a ausência de previsão expressa sobre sanções específicas não impede sua imposição.[35]

O inciso IV do artigo 39 prevê a abusividade da execução de serviço sem orçamento prévio que discrimine o valor da mão-de-obra, dos materiais e dos equipamentos a serem empregados, as condições de pagamento, bem como das datas de início e término dos serviços.

Trata-se de proibição que protege o direito à informação do consumidor.[36] A sanção para essa prática é a não obrigatoriedade do consumidor

---

33 MIRAGEM, Bruno. *Curso de Direito do Consumidor.* 6. ed. São Paulo: Editora Revista dos Tribunais, 2016, p. 310.

34 Prestação de serviços de telefonia. Repetição de indébito cumulada com pedido indenizatório por danos extrapatrimoniais. Solicitação dos serviços não demonstrada pela fornecedora. Incidência da norma contida no artigo 39, III, e parágrafo único do CDC, considerando os serviços não contratados como amostra grátis sem obrigação de pagamento. Devolução mantida. Apelo improvido. (Apelação Cível nº 1005569-45.2015.8.26.0161, 34ª Câmara de Direito Privado, Tribunal de Justiça de SP, Relator: Soares Levada, Data do julgamento: 01/02/2017; Data de registro: 08/02/2017)

35 MIRAGEM, Bruno. *Curso de Direito do Consumidor.* 6. ed. São Paulo: Editora Revista dos Tribunais, 2016, p. 310.

36 RECURSO INOMINADO. AÇÃO DE REPARAÇÃO DE DANOS MATERIAIS E MORAIS. CONSUMIDOR IDOSO. SITUAÇÃO DE EMERGÊNCIA. PRESTAÇÃO DE SERVIÇO. DESENTUPIMENTO DE ENCANAMENTO RESIDENCIAL. SOLICITAÇÃO DO SERVIÇO. ORÇAMENTO PRÉVIO NÃO REALIZADO. ABUSIVIDADE. ART. 39,

ao pagamento do preço, uma vez que o orçamento somente obriga as partes se por elas aprovado[37], nos termos do § 2º do artigo 40 do CDC.

O consumidor não é obrigado ao pagamento daquilo que não foi informado, sob pena de ocorrência de violação ao dever de informar do fornecedor.[38] A necessidade de entrega de orçamento discriminado, portanto,

---

IV E VI DO CDC. EXECUÇÃO REALIZADA. VEROSSIMILHANÇA. COAÇÃO AO PAGAMENTO. PROVA. DANO MATERIAL DEVIDO. DANO MORAL OCORRENTE. O fato de haver imprecisão da totalidade do serviço de desentupimento não desonera o fornecedor do serviço de dar orçamento prévio, ainda que em estimativa, colhendo a concordância expressa do consumidor. É o fornecedor quem tem a informação do serviço específico que presta e é ele, portanto, quem pode informar ao consumidor em quanto importará o serviço. Caso concreto em que a consumidora idosa e em situação de emergência se encontrava em desvantagem e vulnerável. O fato de o funcionário da ré aguardar o pagamento do preço (R$ 13.500,00) e informar que no dia subsequente o serviço seria acrescido de mais R$ 1.000,00, acompanhando a idosa até o banco para receber o pagamento é hábil a gerar constrangimento e desconforto. A situação comporta indenização por dano moral. Em relação ao valor do serviço, diante da abusividade constatada pela inexistência de informação adequada e orçamento prévio, com base no princípio da equidade, tal deve ser reduzido em 50%, fazendo a autora jus à devolução de R$ 6.750,00. Art. 6º da Lei 9.099/95. RECURSO PARCIALMENTE PROVIDO. (Recurso Cível Nº 71006515118, Segunda Turma Recursal Cível, Turmas Recursais do RS, Relator: Ana Claudia Cachapuz Silva Raabe, Julgado em 08/03/2017)

37 AÇÃO DE COBRANÇA. PRESTAÇÃO DE SERVIÇOS. CONSERTO DE TELHADO. PRELIMINAR DE ILEGITIMIDADE ATIVA REJEITADA. EMPRESA OPTANTE PELO SIMPLES NACIONAL. MÉRITO. DIFERENÇA DE VALORES DEVIDA, COMPROVADA ATRAVÉS DO ORÇAMENTO PRÉVIO APROVADO, CONFORME TROCA DE CORRESPONDÊNCIAS ELETRÔNICAS. SENTENÇA MANTIDA. RECURSO IMPROVIDO. (Recurso Cível Nº 71006348858, Segunda Turma Recursal Cível, Turmas Recursais do RS, Relator: Vivian Cristina Angonese Spengler, Julgado em 22/03/2017)

38 RECURSO INOMINADO. CONSUMIDOR. VEÍCULO ENVIADO À OFICINA MECÂNICA PARA GEOMETRIA E BALANCEAMENTO. REALIZAÇÃO DE OUTROS SERVIÇOS SEM AUTORIZAÇÃO DO CONSUMIDOR. AUSÊNCIA DE ORÇAMENTO PRÉVIO, APROVADO PELO CONSUMIDOR, ANTES DOS REPAROS. DANOS MATERIAIS CARACTERIZADOS. RESSARCIMENTO DOS VALORES PAGOS REFERENTE AOS SERVIÇOS NÃO AUTORIZADOS. DANOS MORAIS NÃO COMPROVADOS. SENTENÇA REFORMADA EM PARTE. RECURSO PARCIALMENTE PROVIDO. (Recurso Cível Nº 71004917308, Quarta Turma Recursal Cível, Turmas Recursais do RS, Relator: Roberto José Ludwig, Julgado em 11/07/2014)

é corolário do direito à informação que gera o dever geral de informar do fornecedor. Há, todavia, exceção ao dever de entrega de orçamento em casos de urgências hospitalares, como reconhece a jurisprudência do Superior Tribunal de Justiça e também de tribunais estaduais.[39]

No caso de serviços como construções, pinturas, tratamentos estéticos, entre outros, não é tão difícil a elaboração de orçamento prévio. No caso de reparos e consertos de máquinas e objetos, todavia, pode haver certa dúvida sobre a possibilidade de sua elaboração de forma gratuita já que muitas vezes é necessário o transporte, abertura ou avaliação do bem e estes pré-serviços costumam ser onerosos para o fornecedor.

---

39 Por exemplo: CONSUMIDOR E PROCESSUAL CIVIL. RECURSO ESPECIAL. ATENDIMENTO MÉDICO EMERGENCIAL. RELAÇÃO DE CONSUMO. NECESSIDADE DE HARMONIZAÇÃO DOS INTERESSES RESGUARDANDO O EQUILÍBRIO E A BOA-FÉ. INVERSÃO DO ÔNUS DA PROVA. INCOMPATIBILIDADE COM O ENRIQUECIMENTO SEM CAUSA. PRINCÍPIOS CONTRATUAIS QUE SE EXTRAEM DO CDC. INSTRUMENTÁRIO HÁBIL A SOLUCIONAR A LIDE. (…) 3. Não há dúvida de que houve a prestação de serviço médico-hospitalar e que o caso guarda peculiaridades importantes, suficientes ao afastamento, para o próprio interesse do consumidor, da necessidade de prévia elaboração de instrumento contratual e apresentação de orçamento pelo fornecedor de serviço, prevista no artigo 40 do CDC, dado ser incompatível com a situação médica emergencial experimentada pela filha do réu. 4. Os princípios da função social do contrato, boa-fé objetiva, equivalência material e moderação impõem, por um lado, seja reconhecido o direito à retribuição pecuniária pelos serviços prestados e, por outro lado, constituem instrumentário que proporcionará ao julgador o adequado arbitramento do valor a que faz jus o recorrente. 5. Recurso especial parcialmente provido. (REsp 1256703/SP, Rel. Ministro LUIS FELIPE SALOMÃO, QUARTA TURMA, julgado em 06/09/2011, DJe 27/09/2011); DIREITO CIVIL. CONSUMIDOR. CONTRATO DE PRESTAÇÃO DE SERVIÇOS HOSPITALARES. CERCEAMENTO DE DEFESA. INEXISTÊNCIA. TRATAMENTO MÉDICO DE EMERGÊNCIA. DESPESAS NÃO ACOBERTADAS PELO PLANO DE SAÚDE. INEXIGIBILIDADE DE ORÇAMENTO PRÉVIO. SENTENÇA REFORMADA. (…) 4. A instituição hospitalar não está obrigada a fornecer orçamento prévio em caso de atendimento de emergência, tendo em vista ser incompatível com a situação médica emergencial, pois não há como aferir previamente o quanto se irá gastar até que o paciente se restabeleça. 5. Recursos conhecidos. Deu-se provimento ao apelo do réu e julgou-se prejudicado o recurso da autora. (Apelação Cível nº 20120710285302, Terceira Turma Cível, Tribunal de Justiça do DF e Territórios, Relator: Ana Cantarino, Julgado em: 17/06/2015)

Nessas hipóteses é a informação prévia e precisa que solucionará a questão. O consumidor deverá ser informado sobre os custos do orçamento a fim de que seja cumprida a exigência de transparência nas relações de consumo.[40] Entende-se, portanto, que é possível a cobrança de orçamento em determinados casos desde que cumprido o dever de informar,[41]para que o consumidor possa escolher se deseja ou não pagar pelo serviço.

2.1.3. Relevância da informação na hermenêutica contratual

O contrato de consumo se distingue do civil e do comercial em razão da inexistência de paridade contratual. O consumidor é sujeito vulnerável que não tem condições de contratar em situação de igualdade, que não pode negociar ou impor sua vontade e que não conhece todos os detalhes do bem de consumo.

O Código do Consumidor traz disposições específicas sobre a proteção contratual do consumidor, a fim de reequilibrar a relação. Nesse âmbito, a informação ganha extrema relevância já que a análise do cumprimento do dever de informar influencia diretamente a determinação das consequências do contrato e sua execução. O conteúdo do contrato é aquele que é informado ao consumidor.

O descumprimento do dever de informar no âmbito contratual, desse modo, tem como resultado a não obrigatoriedade de seu cumprimento pelo consumidor, nos termos do artigo 46 do CDC. O artigo 47, por sua vez, traz a ideia de que os contratos de consumo devem ser interpretados em benefício da parte mais fraca, justamente em virtude da vulnerabilidade de quem consome, principalmente a informacional.[42]

---

40 MARQUES, Claudia Lima. [arts. 1º a 54]. In: MARQUES, Claudia Lima; BENJAMIN, Antonio Herman V.; MIRAGEM, Bruno. *Comentários ao Código de Defesa do Consumidor*. 4. Ed. São Paulo: Editora Revista dos Tribunais, 2013, p. 922-923.

41 MARQUES, Claudia Lima. *Contratos no Código de Defesa do Consumidor:* o novo regime das relações contratuais.7. ed. São Paulo: Editora Revista dos Tribunais, 2014, p. 1.322.

42 RECURSO INOMINADO. AÇÃO ORDINÁRIA DE COBRANÇA C/C DANOS MORAIS. SEGURO RESIDENCIAL. REPAROS NO IMÓVEL DECORRENTES DE VAZAMENTO DE ÁGUA. NEGATIVA DE COBERTURA. ABUSIVIDADE DA CLÁUSULA DE EXCLUSÃO DE RESPONSABILIDADE. DEVER DE INFORMAR DE FORMA CLARA E PRÉVIA AO CONSUMIDOR ACERCA DAS LIMITAÇÕES DO PRODUTO OFERTADO (ART. 6º, III, DO CDC). INOBSERVÂNCIA. RISCO ASSUMIDO. DEVER DE INDENIZAR OS DANOS. SENTENÇA REFORMADA NO PONTO. INDENIZAÇÃO LIMITADA

Também os artigos 52, *caput*, [43] e 54[44] do CDC estabelecem requisitos mínimos para garantir a efetiva ciência do consumidor acerca das características do produto ou serviço que está contratando. O elemento

---

AO VALOR DOS REPAROS. DANOS MORAIS NÃO EVIDENCIADOS. 1. A parte demandante pretende a condenação da requerida ao pagamento de R$ 3.450,00 referentes ao reparo efetuado em seu imóvel após a constatação de vazamento de água em cano localizado na parede da área de serviço. Alegou ter contratado seguro residencial e que havia cobertura para danos provocados por água. 2. Incontroverso que o contrato de seguro firmado pelas partes prevê expressamente cobertura por danos por água. As cláusulas limitativas da cobertura securitária não foram devidamente esclarecidas à consumidora. Inobservância do princípio previsto no art. 6º, III, do CDC, que inclusive impede o exercício do direito de arrependimento do consumidor. As informações omitidas configuram evidente falha e contaminam o contrato firmado. 3. A negativa da cobertura baseada em cláusula de exclusão do risco da qual a consumidora não teve ciência prévia e inequívoca importa enriquecimento ilícito da seguradora. Interpretação do contrato em favor do consumidor. 4. Dever de ressarcir o valor despendido para reparo dos danos provocados no imóvel residencial segurado. 5. A negativa de cobertura da requerida configura mero descumprimento contratual que, por si só, não gera afronta direitos personalíssimos. Danos morais não comprovados. RECURSO PARCIALMENTE PROVIDO. (Recurso Cível Nº 71005413182, Segunda Turma Recursal Cível, Turmas Recursais do RS, Relator: Ana Claudia Cachapuz Silva Raabe, Julgado em 29/04/2015)

43 Artigo 52 do CDC: "No fornecimento de produtos ou serviços que envolva outorga de crédito ou concessão de financiamento ao consumidor, o fornecedor deverá, entre outros requisitos, informá-lo prévia e adequadamente sobre I – preço do produto ou serviço em moeda corrente nacional; II – montante dos juros de mora e da taxa efetiva anual de juros; III – acréscimos legalmente previstos; IV – número e periodicidade das prestações; V – soma total a pagar, com e sem financiamento. § 1º As multas de mora decorrentes do inadimplemento de obrigação no seu termo não poderão ser superiores a dez por cento do valor da prestação.

44 Artigo 54 do CDC: Contrato de adesão é aquele cujas cláusulas tenham sido aprovadas pela autoridade competente ou estabelecidas unilateralmente pelo fornecedor de produtos ou serviços, sem que o consumidor possa discutir ou modificar substancialmente seu conteúdo.

§ 3º Os contratos de adesão escritos serão redigidos em termos claros e com caracteres ostensivos e legíveis, cujo tamanho da fonte não será inferior ao corpo doze, de modo a facilitar sua compreensão pelo consumidor. § 4º As cláusulas que implicarem limitação de direito do consumidor deverão ser redigidas com destaque, permitindo sua imediata e fácil compreensão.

fundamental, portanto, para a concretização da proteção contratual é o devido fornecimento das informações claras e adequadas.

A concepção tradicional de contrato centraliza-se na ideia de autonomia da vontade como única fonte contratual. De acordo com essa percepção, a liberdade de forma é praticamente plena e somente encontra obstáculos na lei, que na maior parte das vezes serve para protege-la e reafirmar sua relevância.[45]

Os contratos, dessa forma, têm força obrigatória e devem ser cumpridos como foram estabelecidos em virtude da grande importância e proteção atribuída à autonomia da vontade pelo ordenamento jurídico baseado nas ideias tradicionais.

Consoante explanação de Orlando Gomes, contrato é um negócio jurídico bilateral ou plurilateral que sujeita às partes à observância de conduta idônea à satisfação dos interesses pretendidos. É a materialização do poder dos indivíduos de suscitar efeitos conhecidos e tutelados pela ordem jurídica por meio de sua vontade. Quando a atividade jurídica se exerce mediante contrato, a autonomia privada ganha extensão.[46]

Na mesma linha é o ensinamento de Betti, que afirma que o indivíduo regula por si seus interesses e a lei garante e protege a autonomia privada. O negócio jurídico, assim, encontra-se na sociedade a partir de sua forma rudimentar, com a necessidade de troca de mercadorias e de desenvolvimento na vida na comunidade e têm como gênese justamente a vida de relações, materializando-se por meio dos atos que os particulares praticam no exercício da iniciativa privada.[47]

A ordem jurídica ao reconhecer os efeitos do negócio jurídico apenas ratifica sua importante função, já reconhecida pelos indivíduos atuantes no comércio e nas negociações, que exercem suas práticas sob a tutela do costume e da boa-fé que intermeiam as relações antes mesmo de sua solidificação pelo Direito.

Na concepção clássica de contrato, a relação se dava entre dois parceiros em situação de igualdade. No âmbito das relações de consumo, entretanto, os parceiros negociais não estão nessa situação. Como referido,

---

45 MARQUES, Claudia Lima. *Contratos no Código de Defesa do Consumidor*: o novo regime das relações contratuais.7. ed. São Paulo: Editora Revista dos Tribunais, 2014, p. 6.

46 GOMES, Orlando. *Contratos*. 5. ed. Rio de Janeiro: Forense, 1975, p. 19-25.

47 BETTI, Emílio. *Teoria geral do negócio jurídico*. Tradução de Servanda Editora. Campinas, SP: Servanda Editora, 2008, p. 74-79.

a sociedade de consumo tem como características a intensa produção, circulação e distribuição de produtos. A contratação em massa é a regra geral, há extensa cadeia de intermediários entre o produtor do bem e quem consome.

Como bem explica Bruno Miragem, a renovação da teoria contratual dá causa ao surgimento de uma nova teoria no direito contemporâneo. A ideia de contrato como espécie de ato formal cujo conteúdo é precisamente determinado pela vontade humana e deve ser por ela e por terceiros respeitado decorre dos pressupostos teóricos e dogmáticos desenvolvidos pela escola jurídica do Jusracionalismo nos séculos XVII e XVIII.[48]

A grande influência do pensamento jusracionalista nas codificações oitocentistas fez com que a vontade humana fosse considerada o fundamento de toda autoridade legítima entre os homens.[49] Estabelece-se, dessa forma, o princípio do consensualismo e do *pacta sunt servanda*, e o princípio da autonomia da vontade serve como corolário único do sistema de vínculo e responsabilidade contratual. Esse entendimento é consagrado no então artigo 1.197 do Código Civil francês que determina a força de lei para os contratos celebrados.

O advento da I Guerra Mundial e suas consequências extraordinárias revelaram as deficiências da força obrigatória dos contratos. As cortes francesas admitiram, nessa época, a possibilidade de revisão dos contratos, diante de certas desproporções excessivas, o que deu início, por exemplo, ao surgimento da teoria da imprevisão.

A partir do século XX, a sociedade passou a sofrer inúmeras modificações que culminaram no surgimento de novos direitos, advindos principalmente da transformação da realidade no âmbito do desenvolvimento

---

48 MIRAGEM, Bruno. *Curso de Direito do Consumidor.* 6. ed. São Paulo: Editora Revista dos Tribunais, 2016, p. 245-248.

49 O fenômeno da codificação que marca o século XIX coincide com a formação de grandes Estados modernos e conduziu à criação de corpos organizados de lei baseados nos pilares da propriedade, da família e do contrato. O conceito de igualdade do Código Civil francês visualiza o contrato como símbolo ou metáfora da garantia conferida aos indivíduos em sua nova relação com o Estado. A categoria de contrato foi ampliada porque era também expressão política, além de jurídica. Na segunda metade do século XIX a jurisprudência alemã dá iniciou ao que foi conhecido como queda do voluntarismo: MARTINS COSTA, Judith. Crise e modificação da ideia de contrato no direito brasileiro. *Doutrinas Essenciais de Obrigações e Contratos.* v. 3. São Paulo: RT, jun./ 2011. p. 1.121-1.148.

científico e tecnológico. O desenvolvimento dos meios de produção do comércio no segundo pós-guerra causou o fenômeno conhecido como massificação dos contratos.[50] Houve a incorporação de milhões de pessoas ao mercado de consumo e surgiu a necessidade de se estabelecer novas práticas comerciais como a estipulação de contratos padronizados e novas técnicas de persuasão.[51]

Para Almeida, diante da exploração e da progressão de áreas do conhecimento até então desconhecidas ou pouco estudadas, houve a necessidade da intervenção do Estado a fim de regulá-las, tendo em vista a incoerência então existente entre o fato social e o jurídico.[52]

Como ensina Marques, os contratos atualmente são feitos por meio de máquinas, sem pessoas, em um sistema de contratação em silêncio, sem diálogo, como denominado pela doutrina europeia. Diante deste cenário, as empresas – e o próprio Estado – passaram a se organizar de maneira diferente. Em virtude da necessidade de rapidez, praticidade e segurança, e também em virtude da grande quantidade de consumidores e da existência de uma série de contratações relacionadas ao pacto principal, o contrato passou a ser elaborado antecipadamente pelos fornecedores.[53]

O instrumento,[54] então, é oferecido para os consumidores, que aderem ou não às regras nele estabelecidas. Esse sistema de contratação é inerente

---

50 Com a Segunda Grande Guerra foram aprofundadas as transformações, levando o Estado a assumir novas posturas. A preocupação no âmbito do direito dos contratos passou a ser mais com o coletivo deixando de lado a concepção do contrato como instrumento de realização meramente individual. Juntamente com o fenômeno de massificação, ocorreu certa socialização da teoria contratual: NOVAIS, Alinne Arquette Leite. *A teoria contratual e o Código de Defesa do Consumidor.* São Paulo: Editora Revista dos Tribunais, 2001.

51 MIRAGEM, Bruno. *Curso de Direito do Consumidor.* 6. ed. São Paulo: Editora Revista dos Tribunais, 2016, p. 245-248.

52 ALMEIDA, Carlos Ferreira de. *Direito do Consumo.* Coimbra: Almedina, 2005, p. 18.

53 MARQUES, Claudia Lima. *Contratos no Código de Defesa do Consumidor:* o novo regime das relações contratuais. 7. ed. São Paulo: Editora Revista dos Tribunais, 2014, p. 74

54 O traço essencial dos contratos de massa é a predisposição unilateral das cláusulas contratuais em oposição à discussão sobre o conteúdo do negócio. Esse fenômeno originou a expansão empresarial moderna, pois possibilitou a racionalização dos custos e a eficiência da gestão. A proliferação das cláusulas

à sociedade e moderna e revela a diminuta possibilidade de escolha do consumidor. Nessa nova forma de contratação, nem sempre os contratos são feitos por escrito. Podem ser feitos oralmente ou por meio de condutas socialmente aceitas. Não há mais a presença do outro contratante, não se conhece mais quem é o fornecedor.[55]

Essa realidade pode ser descrita e materializada, conforme a referida doutrina de Claudia Lima Marques, nas noções de condições gerais do contrato e de contrato de adesão. Este caracteriza-se por ser entregue por escrito, preparado e impresso com anterioridade pelo fornecedor, restando apenas alguns espaços em brancos a serem preenchidos com os nomes das partes. Os contratos submetidos a condições gerais, por outro turno, têm suas disposições escritas ou não escritas e o comprador aceita, de maneira tácita ou expressa, as cláusulas pré-elaboradas unilateralmente por quem está fornecendo o bem de consumo,[56] que muitas vezes aparecem na parte de trás de algum recibo ou nota fiscal.

As referidas condições, no entanto, somente terão força se forem incluídas no contrato e o integrarão apenas se o consumidor deles tiver conhecimento ou pelo menos tiver tido a possibilidade de tê-lo. Torna-se imprescindível, assim, a existência de pacto de inserção ou inclusão das condições gerais, que faz parte do próprio contrato de consumo.[57]

O contrato de adesão é aquele cujas cláusulas são preestabelecidas unilateralmente pela parte economicamente mais forte sem que a parte mais fraca possa discutir ou modificar seu conteúdo. É oferecido ao público em um modelo uniforme, geralmente impresso e estandardizado e limita-se o consumidor a aceitar em bloco as cláusulas, que muitas vezes nem as

---

contratuais também se constituiu em um mecanismo de prevenção de futuras controvérsias e permitiu a quantificação dos elementos que possam figurar como ativo ou passivo nas empresas: AMARAL JÚNIOR, Alberto do. A boa-fé e o controle das cláusulas contratuais abusivas nas relações de consumo. *Revista de Direito do Consumidor*, v. 6, São Paulo, abr. /jun., p. 27-33, 1993.

55 MARQUES, Claudia Lima. *Contratos no Código de Defesa do Consumidor:* o novo regime das relações contratuais. 7. ed. São Paulo: Editora Revista dos Tribunais, 2014, p. 73.

56 MARQUES, Claudia Lima. *Contratos no Código de Defesa do Consumidor:* o novo regime das relações contratuais. 7. ed. São Paulo: Editora Revista dos Tribunais, 2014, p. 76.

57 MARQUES, Claudia Lima. *Contratos no Código de Defesa do Consumidor:* o novo regime das relações contratuais. 7. ed. São Paulo: Editora Revista dos Tribunais, 2014, p. 76

lê, seja por falta de tempo, interesse, informação ou entendimento sobre o serviço a ser contratado ou o produto a ser adquirido.

Não se trata de uma nova espécie de contrato, mas de uma nova forma de contratação. O elemento essencial do contrato de adesão, desse modo, é justamente a inexistência de uma fase pré-negocial decisiva. O consentimento do consumidor manifesta-se apenas por simples adesão ao conteúdo preestabelecido. Essa forte unilateralidade relaciona-se intensamente com o aumento do déficit informacional do consumidor, que não tem as informações úteis e adequadas à formação de sua vontade e escolha consciente, como se a sua decisão já tivesse sido tomada e estive apenas sendo-lhe comunicada.[58]

Pode-se concluir, assim, que as características mais destacáveis do contrato de adesão são a sua elaboração prévia unilateral, sua oferta uniforme de caráter geral, para um número indeterminado de pessoas e o seu modo de aceitação por meio da adesão de quem consome. Apesar das características dessa modalidade de acordo, reconhece-se seu caráter contratual[59] uma vez que, não obstante, a formação do vínculo se dar por intermédio do ato de aderir, a liberdade contratual nele persiste, ainda que mínima.[60]

Teresa Negreiros considera que o modo específico de formação do contrato de adesão é sua característica mais marcante, pois o consentimento manifesta-se como simples adesão ao conteúdo pré-estabelecido. Assim, a uniformidade, o caráter abstrato das cláusulas, o rompimento com a ideia

---

58 MARQUES, Claudia Lima. *Contratos no Código de Defesa do Consumidor:* o novo regime das relações contratuais. 7. ed. São Paulo: Editora Revista dos Tribunais, 2014, p. 76.

59 Lisboa também entende que o contrato de massa não é mero negócio jurídico unilateral, mas, sim, negócio que encerra um feixe de direitos e obrigações a ambas às partes, inclusive àquele que prévia e unilateralmente determina as cláusulas e o conteúdo uniforme do contrato: LISBOA, Roberto Senise. *Contratos difusos e coletivos:* consumidor, meio ambiente, trabalho, agrário, locação, autor. São Paulo: Editora Revista dos Tribunais, 1997, p. 153.

60 Há casos, todavia, em que a lei pode ditar o conteúdo de determinados contratos de adesão, que passam a ser denominados de "contratos dirigidos" ou "ditados", como acontece com os contratos de consórcio, como ressalta Claudia Lima Marques: MARQUES, Claudia Lima. *Contratos no Código de Defesa do Consumidor:* o novo regime das relações contratuais. 7. ed. São Paulo: Editora Revista dos Tribunais, 2014.

da teoria clássica de que a vontade de ambos os contratantes pudesse constituir e ordenar os termos contratuais e a relação com a massificação social do direito privado são algumas das peculiaridades que a autora ressalta.[61]

Sobre a evolução dos contratos, Alpa refere que ela não diz respeito apenas à criação de novas figuras contratuais referentes à circulação de bens e à oferta de serviços, tampouco apenas à atividade de regulamentação de novas técnicas de contrato negocial. Trata-se, na verdade, de uma evolução interna da concepção de contrato que caminha junto com essa evolução externa.[62]

Observa-se a invenção de novas figuras contratuais, a instauração de novas práticas e a utilização de novas técnicas de relação. O contrato está agora inserido em um contexto de contratação em massa, de visitas domiciliares, de tecnologia, de uniformidade de contratação.

O autor destaca como aspectos mais importantes dessa evolução a relevância do *status* das partes; a relevância de técnicas de controle interno da operação econômica com instrumentos com a causa, o objeto e a forma do negócio; a aplicação de critérios de justiça contratual; a utilização de cláusulas gerais para o controle do comportamento das partes em todas as fases do contrato; a adaptação contratual a situações supervenientes; a codificação social de fórmulas contratuais internacionais e a possibilidade de solução das controvérsias por órgãos extrajudiciais.

Ghersi também salienta uma mudança substancial na área dos contratos: o modelo fordista é essencialmente consumista de bens; é baseado no contrato de compra e venda, numa economia de financiamento prévio ou antecipado. O Estado pós-fordista, pelo contrário, produz a revolução dos serviços e o modelo de contratação prevalente será outro, mais regulador, duradouro ou de trato sucessivo, com intervenção estatal e rígida distribuição dos benefícios econômicos do contrato.[63]

O novo modelo contratual, ressalta, terá como marco um conjunto de normas implícitas e explícitas que devem assegurar a compatibilidade

---

61 NEGREIROS, Teresa. *Teoria do contrato:* novos paradigmas. 2. ed. Rio de Janeiro: Renovar, 2006, p. 367-370.

62 ALPA, Guido. Nuevas fronteras del derecho contractual. *THĒMIS-Revista de Derecho,* v. 38, Lima: Pontifícia Universidade Católica do Peru, p. 31-40, 1998. Disponível em: <http://revistas.pucp.edu.pe/index.php/themis/article/view/10308/10754>. Acesso: 15 jun. 2017.

63 GHERSI, Carlos Alberto. *La posmodernidad jurídica.* Buenos Aires: GOWA Ediciones Profesionales, 1995, p. 56.

de comportamento no mercado do novo regime de acumulação, no qual as empresas produtoras de bens e os consumidores são substituídos por empresas de serviço e beneficiários.

A execução dos contratos firmados atualmente é mais repetitiva, acontece durante as vinte e quatro horas do dia, sem limite de tempo ou de espaço, principalmente nos vínculos estabelecidos pela internet. Estar em um contrato com determinado fornecedor pode ser considerado uma riqueza ou um novo valor econômico.[64]

Inspirado no artigo 1.370 do Código Civil italiano,[65] o artigo 47 do Código de Proteção e Defesa do Consumidor instituiu como princípio geral a interpretação pró-consumidor. O dispositivo recebe influência do artigo 4º, III do mesmo Código, que dispõe sobre o princípio da boa-fé. Essa ideia de proteção do consumidor, sujeito vulnerável da relação, é baseada no mandamento constitucional de proteção, disposto no artigo 5º, XXXII da Constituição da República, já referido neste trabalho. Os artigos 1º e 7º do CDC também inspiraram a determinação da interpretação favorável.[66]

Trata-se, todavia, não de simples interpretação a favor dos interesses do consumidor, mas da imposição de aplicação de normas em diálogo e integração de eventuais lacunas, da lei ou do contrato. Deve ser considerada a primazia da norma favorável. A justiça contratual relaciona-se com a aplicação concreta da norma protetiva do consumidor e interpretação das normas em diálogo.

Desde Roma, conhece-se a interpretação especial conforme o papel do sujeito no contrato. No direito brasileiro, o artigo 112 do Código Civil[67] traz regra que privilegia mais a intenção do que sentido literal da linguagem. É regra geral de conteúdo rígido e pontual que exprime a

---

64 GHERSI, Carlos Alberto. *La posmodernidad jurídica*. Buenos Aires: GOWA Ediciones Profesionales, 1995, p. 57.

65 Artigo 1.370 do Código Civil italiano: "Le clausole inserite nelle condizioni generali di contratto (1341) o in moduli o formulari (1342) predisposti da uno dei contraenti s'interpretano, nel dubbio, a favore dell'altro".

66 MARQUES, Claudia Lima. *Contratos no Código de Defesa do Consumidor*: o novo regime das relações contratuais.7. ed. São Paulo: Editora Revista dos Tribunais, 2014, p. 951.

67 Artigo 112 do CC/02: "Nas declarações de vontade se atenderá mais à intenção nelas consubstanciada do que ao sentido literal da linguagem".

valoração e a escolha do legislador para excluir ou reduzir ao mínimo a necessidade e a possibilidade de valoração discricionária do juiz. Trata-se de regra consubstanciada na intenção da declaração de vontade[68], na qual se percebe ainda a importância do conteúdo volitivo, elemento que não ganha tanta relevância no artigo 423 do Código,[69] que traz regra de interpretação mais favorável ao aderente, em caso de cláusulas ambíguas ou contraditórias em contrato de adesão.[70]

Na Alemanha, como esclarece Marques, a norma de interpretação aplicável aos contratos de consumo amplia a visualização da relação colocando luz nos deveres anexos ao estabelecer que as relações obrigacionais podem instituir que cada uma das partes passe a ter em conta os direitos, o patrimônio e os interesses da outra.[71]

No direito brasileiro, em especial no que tange às relações de consumo, a aplicação do princípio da boa-fé materializa-se, por exemplo, nas disposições sobre as práticas comerciais, que trazem critérios hermenêuticos e dão diretrizes para a identificação do verdadeiro conteúdo vinculante do contrato.[72]

A atividade interpretativa pode ser dividida em dois blocos, segundo a lição de Claudia Lima Marques. No primeiro, estão os esforços visando a interpretação de algumas cláusulas. O intérprete utilizará as técnicas de interpretação dos negócios jurídicos, mas sempre guiado pelo art. 47

---

68 VICENZI, Marcelo. *Interpretação do contrato:* ponderação de interesses e solução de conflitos. São Paulo: Editora Revista dos Tribunais, 2011, p. 97-98.

69 Artigo 423 do CC/02: "Quando houver no contrato de adesão cláusulas ambíguas ou contraditórias, dever-se-á adotar a interpretação mais favorável ao aderente".

70 O contrato de adesão seria uma espécie e não gênero. Na verdade, não há um contrato de adesão, mas contratos celebrados por adesão, conforme se depreende da leitura da Exposição de Motivos complementar ao anteprojeto do Código Civil: FIUZA, Ricardo (coord.). *Novo Código Civil comentado.* São Paulo: Saraiva, 2004, p. 378.

71 MARQUES, Claudia Lima. *Contratos no Código de Defesa do Consumidor:* o novo regime das relações contratuais.7. Ed. São Paulo: Editora Revista dos Tribunais, 2014, p. 961.

72 Como, por exemplo: contrato de cartão de crédito assinado em branco, preenchido pelos bancos; contrato de seguro de vida em grupo preenchido pelo empregador ou terceiro sem realização de exames para averiguar doença prévia.

do CDC. Trata-se de uma antiga regra de sanção pela falta de clareza do profissional ao redigir a cláusula.

No segundo bloco, encontram-se os esforços visando a interpretação do contrato como um todo, de modo a se identificarem as obrigações contratuais essenciais e as implícitas; o sentido e alcance da relação contratual como um todo. Há, para isso, valoração da informação em concreto do consumidor para legitimar sua manifestação de vontade quanto a algumas cláusulas limitadoras de seus direitos.

Os artigos 46, 47 e 54 do CDC devem utilizados em conjunto. A influência das normas imperativas, o cumprimento dos deveres principais e anexos e as normas implícitas devem ser levados em consideração. Esse esforço para a descoberta de obrigações implícitas ou não escritas é um misto de interpretação e subsunção inafastável dos profissionais do direito e pode ocorrer quando o contrato nada menciona ou quando prevê justamente o contrário.

O artigo 47 do Código do Consumidor traz uma nova proteção contratual, pois não distingue entre cláusulas claras e ambíguas. Acompanhou a tendência da jurisprudência: as cláusulas claras são interpretadas conforme as expectativas que o tipo contratual gera. É um verdadeiro exame da razoabilidade da conduta do mais forte e da vantagem para o mais fraco, ideia que está presente nas diretrizes europeias e propõe uma interpretação a favor do vulnerável.

A tendência atual é a materialização conforme a boa-fé e o princípio da confiança, até mesmo da interpretação a ser realizada pelo julgador com base nas ideias de Canaris, para quem a materialização teria duas vertentes: a primeira corresponde à materialização da liberdade contratual (em que a determinação do conteúdo contratual não seria mais subjetiva, mas objetiva) e a segunda diz respeito à materialização do equilíbrio ou justiça contratual (intervenção do conteúdo das obrigações a procura da função social dos contratos).[73]

Como destaca Bruno Miragem, a interpretação dos contratos é um dos temas mais complexos da teoria contratual contemporânea. De acordo com a visão clássica, a intenção dos contratantes deveria ser considerada mais relevante que o conteúdo da declaração. Ou seja, era priorizado o elemento

---

[73] MARQUES, Claudia Lima. *Contratos no Código de Defesa do Consumidor:* o novo regime das relações contratuais.7. Ed. São Paulo: Editora Revista dos Tribunais, 2014, p. 981.

subjetivo. O intérprete analisa a declaração de vontade retirando e identificando seu caráter objetivo. E então atribui um significado para essa relação.[74]

Françoise Dormont-naert salienta duas características da interpretação das condições contratuais em um contrato de consumo: ela é afetada pelas regras de estandardização dos contratos e prevalece a ideia de que as cláusulas litigiosas são sempre interpretadas em favor do consumidor. Como é difícil identificar a intenção das partes em um contrato padrão em que nenhuma negociação ocorreu, a autora propõe a unicidade da interpretação de uma cláusula similar. Ressalta que a interpretação a favor do consumidor ratifica a aplicação do princípio de que o contrato deve ser interpretado contra quem o estipulou.[75]

Agathe Silva afirma que a interpretação mais benéfica ao aderente já vinha sendo feita pela jurisprudência com base no artigo 85 do Código Civil de 1916.[76] Destaca a evolução trazida pelo artigo 47 do Código do Consumidor e por todo o seu sistema protetivo, baseado no princípio da transparência e do que denomina como novo dever de informar por meio da oferta e do contrato.[77]

Claudia Lima Marques ensina que há um novo direito do consumidor à informação. A oferta no CDC é de massa e dirigida a todos os indivíduos. Antes, a oferta era considerada apenas um convite a contratar, passou, então, a ganhar nova importância. A interpretação contextual pró-consumidor, assim, deve procurar o sentido e o alcance da vontade expressa no contrato e também em seu contexto negocial, considerando-se a finalidade normal dos contratos de consumo, nas expectativas normais e esperadas para o contrato em si.

Os atos e informações anteriores à conclusão do negócio devem ser tidos como juridicamente relevante, formando o todo a ser considerado, a ser interpretado. O conteúdo do contrato de consumo não é somente o que

---

74 MIRAGEM, Bruno. *Curso de Direito do Consumidor.* 6. ed. São Paulo: Editora Revista dos Tribunais, 2016, p. 412.

75 DORMONT-NAERT, Françoise. As tendências atuais do direito contratual no domínio da regulamentação das cláusulas abusivas. *Revista de Direito do Consumidor,* São Paulo, v. 12, p. 17-24, out. /dez., 1994.

76 Artigo 85 do Código Civil de 1916: "Nas declarações de vontade se atenderá mais à sua intenção que ao sentido literal da linguagem."

77 SILVA, Agathe E. Schimidt. Cláusula geral de boa-fé nos contratos de consumo. *Revista de Direito do Consumidor,* São Paulo, v. 17, p. 146-161, jan. /mar., 1996.

está escrito, mas também o que foi informado ao consumidor, devendo prevalecer o que o consumidor legitimamente espera considerando-se as informações que tinha acerca do negócio.[78]

2.2. EFICÁCIA VINCULATIVA DA INFORMAÇÃO

A etapa que antecede à formação do vínculo contratual é de extrema importância para o resguardo do direito à informação. Nas fases em que o consumidor é convencido a contratar, as informações devem ser prestadas com precisão e clareza para que a contratação seja para ele justa e benéfica.

Em razão da necessidade de tutela da confiança do consumidor, as informações transmitidas no âmbito da oferta e da publicidade têm caráter vinculativo, obrigando o fornecedor a cumprir aquilo que veiculou e que utilizou para chamar a atenção das pessoas. A eficácia vinculativa da informação tem, portanto, papel fundamental para o alcance pleno do direito básico à informação.

2.2.1. Eficácia vinculativa da oferta

A oferta de consumo, como já referido, configura-se como uma "declaração de vontade lançada no mundo, à qual o direito anexa um efeito jurídico, o da sua vinculabilidade, da sua irrevogabilidade, para proteger a segurança dos negócios".[79] É um negócio jurídico unilateral, que cria obrigações para um indivíduo. O proponente não pode retirar a sua voz por certo espaço de tempo: se ocorrer a aceitação o contrato será formado mesmo que sua vontade de contratar tenha sido alterada.

Segundo Pasqualotto, trata-se de comportamento típico previsto no Código do Consumidor, fato jurídico bastante, por si só, para gerar o mesmo efeito dos atos negociais. É fonte de obrigação autônoma e passível de execução forçada em caso de descumprimento ou recusa.[80]

O caráter vinculativo da oferta não apenas obriga o fornecedor a contratar, mas a fazê-lo nos termos da informação veiculada. Além do dever de

---

78 MARQUES, Claudia Lima. *Contratos no Código de Defesa do Consumidor:* o novo regime das relações contratuais.7. ed. São Paulo: Editora Revista dos Tribunais, 2014, p. 840.

79 MARQUES, Claudia Lima. *Contratos no Código de Defesa do Consumidor:* o novo regime das relações contratuais.7. ed. São Paulo: Editora Revista dos Tribunais, 2014, p. 791-792.

80 PASQUALOTTO, Adalberto. *Os efeitos obrigacionais da publicidade no Código de Defesa do Consumidor.* São Paulo: Editora Revista dos Tribunais, 1997, p. 101.

contratar, há o dever de contratar nos termos do anunciado. Trata-se de solução prática estabelecida pelo legislador para evitar a dissociação entre o prometido e o efetivamente contratado. Observa-se nítido privilégio aos termos da oferta em relação ao que venha a ser posteriormente contratado.[81]

Percebe-se, assim, o intenso poder de vinculação da oferta no Código do Consumidor. O artigo 30 do CDC modificou a noção de oferta e estendeu a vinculação a toda e qualquer informação.[82] E o consumidor tem a possibilidade de exigir o cumprimento da oferta nos termos em que foi veiculada,[83] com base no artigo 35 do CDC. O objetivo dessa norma é a modificação de práticas comerciais no direito brasileiro a fim de que haja maior respeito ao consumidor.[84]

O CDC ampliou o conceito de oferta e qualquer informação ou publicidade será considerada vinculante.[85] As consequências práticas desse

---

81 MIRAGEM, Bruno. *Curso de Direito do Consumidor.* 6. ed. São Paulo: Editora Revista dos Tribunais, 2016, p. 261.

82 Considerando a força vinculativa da oferta e seu cumprimento forçado: APELAÇÃO – AÇÃO DECLARATÓRIA C.C. INDENIZATÓRIA (...)– Art. 6º, VIII do CDC – Empresa de telefonia que não produz qualquer prova apta a demonstrar os termos do contrato celebrado, ou da oferta dirigida ao consumidor – Acolhimento da versão fática relatada pela autora – Vinculação aos termos da oferta – Revisão das faturas questionadas, para que se adequem aos termos do contrato celebrado, e afastamento da penalidade exigida – Indenização por perdas e danos – Descabimento – Alegações genéricas e desprovidas de respaldo probatório, que não permitem o reconhecimento de redução do faturamento mensal da atividade empresária ou ocorrência de danos extrapatrimoniais (...) (Apelação Cível nº 0046892-24.2011.8.26.0602, Vigésima Quinta Câmara de Direito Privado, Tribunal de Justiça de SP, Relator: Hugo Crepaldi, Julgado em: 12/05/2016)

83 CAVALIERI FILHO, Sérgio. *Programa de Direito do Consumidor.* 4. ed. São Paulo: Atlas, 2014, p. 158.

84 MARQUES, Claudia Lima. *Contratos no Código de Defesa do Consumidor:* o novo regime das relações contratuais.7. ed. São Paulo: Editora Revista dos Tribunais, 2014, p. 793-794.

85 Caso em que não foi reconhecida a eficácia vinculativa de slogan: APELAÇÃO INDENIZATÓRIA OFERTA PUBLICIDADE ENGANOSA REPELIDA 'SLOGAN' AUSÊNCIA DE VINCULAÇÃO DA PROPOSTA BOA-FÉ OBJETIVA PROBIDADE NEGOCIAL PRETENSÃO TEMERÁRIA. – Oferta é toda informação ou publicidade, suficientemente precisa, que vincula o proponente (inteligência do artigo 30, do Código de Defesa do Consumidor) nos termos do dispositivo legal, exige-se a precisão da publicidade, para que haja vinculação no ato negocial; – A vinculação do artigo

largo conceito de oferta coadunam-se com a necessidade de proteção do consumidor na sociedade massificada em que o fornecedor não tem condições de calcular quantos consumidores estão recebendo a mensagem.

O Código visa modificar as práticas comerciais no mercado, aumentando o respeito ao consumidor e proibindo a utilização de falsas ofertas apenas para chamar a atenção.[86] Nessa toada, as ofertas gratuitas também vinculam o fornecedor, como o oferecimento de vantagens, prêmios ou brindes já que se trata de prática comercial que objetiva chamar a atenção do consumidor, como destaca Marques.[87]

O artigo 30 do CDC estabelece o efeito vinculativo da oferta de modo independente à vontade manifestada pelo fornecedor, cuja conduta, portanto, não é considerada relevante. Nesse contexto, é analisada a possibilidade de revogação[88] ou retificação da oferta de consumo, tema sobre o qual não há consenso doutrinário.

35, I, do Código de Defesa do Consumidor está amparada na boa-fé objetiva e na probidade negocial (art. 422, do Código Civil) inviável supor conduta do consumidor incompatível a tais valores; – Função reativa da boa-fé objetiva que permite exigência de um núcleo mínimo ético também do consumidor precedentes; – Pretensão contrária à probidade inviável acolher o "requerimento" de taxa de rendimento conforme o bel prazer do consumidor, com fundamento em slogan genérico, insuscetível de vincular o proponente; – Manutenção da decisão por seus próprios e bem lançados fundamentos artigo 252 do Regimento Interno do Tribunal de Justiça de São Paulo; RECURSO NÃO PROVIDO. (Apelação Cível nº 0011232- 97.2009.8.26.0000, Vigésima Câmara de Direito Privado, Tribunal de Justiça de SP, Relatora: Maria Lúcia Pizzotti, Julgado em 28/04/2014)

86 MARQUES, Claudia Lima; BENJAMIN, Antonio Herman V.; MIRAGEM, Bruno. *Comentários ao Código de Defesa do Consumidor*. 4. ed. São Paulo: Editora Revista dos Tribunais, 2013, p. 773.

87 MARQUES, Claudia Lima. *Contratos no Código de Defesa do Consumidor*: o novo regime das relações contratuais.7. ed. São Paulo: Editora Revista dos Tribunais, 2014, p. 795.

88 COMINATÓRIA. OFERTA DE COMPUTADORES PELA INTERNET. CUMPRIMENTO DO CONTRATO. Venda de computadores. Oferta pública pela Internet que equivale a uma proposta e obriga o proponente. Pretensão de revogar a proposta após a aceitação. Impossibilidade. Interpretação dos arts. 427 e 429, CCB, e 35, CDC. Ação procedente. Deram provimento. (Apelação Cível Nº 70038302063, Décima Nona Câmara Cível, Tribunal de Justiça do RS, Relator: Carlos Rafael dos Santos Júnior, Julgado em 12/07/2011)

O fato de ser obrigatória não torna a oferta irrevogável, como ensina Miragem.[89] Seria demasiado gravoso para o fornecedor não admitir a possibilidade de revogação ou retificação. Na prática, há certos limites aos efeitos da revogação, tendo em vista a necessidade de proteção das legítimas expectativas. Há de se observar, assim, que qualquer modificação deve ser feita do mesmo modo da oferta originária.[90]

A oferta de consumo é obrigatória e tem fundamento na teoria da declaração, ao contrário da oferta civil, que se apoia na teoria da vontade. Desse modo, quando despertar a confiança do consumidor, a oferta não perderá sua eficácia vinculativa e o fornecedor pode vir a responder por eventual equívoco a que tenha dado causa.

É a oferta suficientemente precisa[91] que integra o contrato que vier a ser celebrado. Trata-se de obrigação decorrente de lei e a integração contratual é compulsória e não se enquadra totalmente na teoria do negócio jurídico, já que a oferta é tratada pelo CDC com efeitos jurídicos obrigacionais que independem da vontade das partes. Destaca Lôbo, que se a oferta fosse um negócio jurídico unilateral, o erro, por exemplo, poderia ser oponível e o fornecedor poderia estar escusado de celebrar o contrato.[92]

Sobre o tema, esclarecedora é a explicação de Benjamin que refere a aplicação maior ou exclusiva no polo da parte vulnerável da teoria do erro nos negócios jurídicos de consumo. Destaca que o anunciante assume a posição de vendedor e é o profissional da relação. Ainda que admitida a tese do erro, não seria escusável, pois isso significaria um rompimento do dever profissional, de uma obrigação de especialista daqueles que anunciam.

No caso de oferta ou publicidade divulgada com erro, ilustrativa é a analogia do autor com o gol-contra: não se analisa se o jogador quis ou não lançar a bola; o ponto é do adversário. Assim, a publicidade será exigível

---

89 MIRAGEM, Bruno. *Curso de Direito do Consumidor.* 6. ed. São Paulo: Editora Revista dos Tribunais, 2016, p. 259.

90 MIRAGEM, Bruno. *Curso de Direito do Consumidor.* 6. ed. São Paulo: Editora Revista dos Tribunais, 2016, p. 259-260.

91 É da precisão que decorrem a adequada informação para a escolha livre e consciente e a obrigação de cumprimento da oferta: ALMEIDA, João Batista de. *A proteção jurídica do consumidor.* 7. ed. São Paulo: Saraiva, 2009, p. 113-114.

92 LÔBO, Paulo Luiz Netto. A informação como direito fundamental do consumidor. Revista de Direito do Consumidor, São Paulo, v. 37, p. 59-76, jan. /mar., 2001.

ainda que sua inexatidão não se deva à culpa ou dolo do anunciante, pois o sistema protetivo é de responsabilidade objetiva.

Tratando-se de preço,[93] os equívocos para menos dos anúncios são normalmente entendidos pelos consumidores como meras liberalidades dos anunciantes que ganham com a realização de promoções e liquidações. Ressalta Benjamin que o consumidor que acredita em ofertas erradas o faz porque de fato acreditou no conteúdo do que foi veiculado, cabendo ao fornecedor provar que o indivíduo está de má-fé.

A informação insuficiente, deficiente ou não explícita, no entanto, não pode constituir obstáculo à vinculação obrigacional do fornecedor. A informação obriga ainda que não explicitada, não importando se a omissão foi intencional. Essa informação não oferecida que vincula é aquela necessária ao conhecimento e compreensão do consumidor, considerando-se suas características e a natureza do produto e do serviço.

Se assim não fosse, seria admitida uma conduta fundada em *venire contra factum proprium*. "A falta do dever de informar constitui não apenas violação ao direito do consumidor à informação, mas ao direito-dever de concorrência, pois estaria o fornecedor em indevida posição de vantagem, o que é rejeitado pela norma constitucional".[94]

A oferta, portanto, é vinculativa e irretratável, mas não ilimitável, já que o anunciante tem o poder e o direito de limitar sua eficácia temporal, quantitativa e geográfica desde que faça antes de sua veiculação, já que fazer após seria "expulsar pela porta dos fundos o princípio da vinculação da oferta, pedra angular do sistema do CDC".[95]

---

93 Rollo refere o parâmetro de 10% do valor de mercado do bem muitas vezes utilizados para identificar se a oferta é vinculativa por despertar expectativas ou se o preço é tão irreal que incapaz de parecer correto. Afirma também que se o consumidor estiver de má-fé, o fornecedor está desobrigado ao comprimento. ROLLO, Arthur Luis Mendonça. *Responsabilidade civil e práticas abusivas nas relações de consumo:* dano moral e *punitive damages* nas relações de consumo; distinções institucionais entre consumidores. São Paulo: Atlas, 2011, p. 137-138.

94 LÔBO, Paulo Luiz Netto. A informação como direito fundamental do consumidor. Revista de Direito do Consumidor, São Paulo, v. 37, p. 59-76, jan. /mar., 2001.

95 BENJAMIN, Antonio Herman de Vasconcelos e. [arts. 29 a 45]. In: GRINOVER, Ada Pellegrini, *et.al., Código brasileiro de Defesa do Consumidor:* comentado pelos autores do anteprojeto. 8. ed. Rio de Janeiro: Forense Universitária, 2004, p. 296.

O artigo 429, parágrafo único do Código Civil de 2002 que prevê a possibilidade de revogação da oferta pela mesma via de sua divulgação não se aplica às relações de consumo. A diferença ontológica dos regimes da oferta no CC e no CDC, o diferente sistema de distribuição de riscos previstos em cada lei, o paradigma da relação entre iguais não existente no CDC – que prevê a vulnerabilidade do consumidor como princípio basilar – e a impossibilidade de se presumir que todos os consumidores venham a ser atingidos pela revogação da oferta são os motivos explanados por Benjamin para fundamentar a impossibilidade de revogação da oferta no CDC.[96]

No Judiciário, destaca-se o *leading case* do STJ, de relatoria do Ministro Ruy Rosado de Aguiar, julgado em 2002.[97] O caso versa sobre veiculação de publicidade por empresa de refrigerantes que prometeu prêmios em dinheiro para quem encontrasse tampinhas com números idênticos aos de determinada cartela. O número encontrado pelo consumidor foi considerado inadequado e ilegível, portanto impossível de ser averiguado e o prêmio foi negado. Os julgadores entenderam que o fornecedor não poderia se exonerar da responsabilidade por defeito de seu próprio produto, o qual impedia a verificação no número da promoção.

O efeito vinculativo da publicidade é em geral sufragado pela jurisprudência e comumente aparece nas decisões judiciais de casos que envolvem publicidade de empreendimentos imobiliários, de serviços bancários e a oferta de cursos, sendo muitas vezes examinado em conjunto com a

---

96 BENJAMIN, Antonio Herman de Vasconcelos e. [arts. 29 a 45]. In: GRINOVER, Ada Pellegrini, *et.al., Código brasileiro de Defesa do Consumidor:* comentado pelos autores do anteprojeto. 8. ed. Rio de Janeiro: Forense Universitária, 2004, p. 296.

97 PUBLICIDADE. Concurso. Prêmio. Numeração ilegível. Código de Defesa do Consumidor. A fornecedora de refrigerante que lança no mercado campanha publicitária sob forma de concurso com tampinhas premiadas, não se libera de sua obrigação ao fundamento de que a numeração é ilegível. O sistema do CDC, que incide nessa relação de consumo, não permite à fornecedora – que se beneficia com a publicidade – exonerar-se do cumprimento da sua promessa apenas porque a numeração que ela mesma imprimiu é defeituosa. A regra do art. 17 do Dec. 70.951/72 apenas regula a hipótese em que o defeito tiver sido comprovadamente causado pelo consumidor. Recurso não conhecido. (STJ, REsp 396.943/RJ, Rel. Ministro RUY ROSADO DE AGUIAR, QUARTA TURMA, julgado em 02/05/2002, DJ 05/08/2002, p. 351)

publicidade enganosa.[98] Quanto à possibilidade de revogação[99] da publicidade divulgada, há entendimento jurisprudencial no sentido de que erros grosseiros na oferta ou na publicidade não são considerados como informações vinculantes tendo em vista a necessidade de observância de um comportamento conforme a boa-fé também do consumidor.

Tal entendimento pode ser observado em interessante acórdão julgado pelo Tribunal de Justiça de São Paulo. Trata-se de decisão na qual não foi reconhecida como enganosa a oferta de Smart TV LG 49" pelo preço unitário de R$ 271,55. No voto, o relator destacou que "qualquer cidadão possui a capacidade de presumir que um produto como aquele adquirido pelo autor custa muito mais do que o anunciado na oferta, o que evidencia de forma ainda mais contundente a existência de erro, e não de má-fé. Dessa maneira, a flagrante desproporcionalidade entre o valor anunciado e o valor real do bem inviabiliza a pretensão inicial, interpretação que mais se adequa ao princípio da boa-fé, que rege as relações civis, comerciais e consumeristas em via de mão dupla, aplicando-se igualmente aos fornecedores e aos consumidores. O acolhimento da pretensão do autor importaria, ademais, em inadmissível enriquecimento indevido, situação inadmitida pelo ordenamento jurídico".[100]

Não somente a oferta, mas todas as declarações de vontade constantes de escritos particulares, recibos e pré-contratos relativos às relações de consumo vinculam o fornecedor, ensejando inclusive execução especí-

---

98 Por exemplo: TJDFT, Acórdão n.995407, 20150111456396APC, Relator: CESAR LOYOLA 2ª TURMA CÍVEL, Data de Julgamento: 15/02/2017. Publicado no DJE: 20/02/2017. Pág.: 321/338; TJBA, Classe: Agravo de Instrumento, Número do Processo: 0022218-51.2016.8.05.0000, Relator(a): Lisbete M. Teixeira Almeida Cézar Santos, Segunda Câmara Cível, Publicado em: 31/03/2017; Apelação Cível Nº 0309013-96.2014.8.24.0039, Quarta Câmara de Direito Comercial, Tribunal de Justiça de SC, Relator: Lédio Rosa de Andrade, Julgado em 19/07/2016.

99 Chaise observa que a revogação da oferta torna-se complicada ou até mesmo impossível na prática. Um comercial de televisão veiculado às 14 horas pode levar milhares de consumidores às lojas alguns minutos depois, exemplifica: CHAISE, Valeria Falcão. *A publicidade em face do Código de Defesa do Consumidor.* São Paulo: Saraiva, 2001, p. 94.

100 Apelação Cível Nº 1038667-13.2015.8.26.0002, Trigésima Quinta Câmara de Direito Privado, Tribunal de Justiça do Estado de SP, Relator: Artur Marques, Julgado em 13/06/2016.

fica, nos termos do artigo 48 do CDC.[101] É disposição que reforça a nova noção de conteúdo do contrato e permite uma execução com menos formalismo.[102]

2.2.2. Eficácia vinculativa da publicidade

A informação[103] divulgada em uma publicidade é, na verdade, uma pseudoinformação. Pode até não ser enganosa, mas é tendenciosa, não é objetiva. E esse conflito de interesses entre fornecedores e consumidores "deve ser superado pela observância de regras de interesse público, honestidade e lealdade", como ensina Pasqualotto.[104]

Dias ressalta que uma eventual função informativa[105] da publicidade não pode ser confundida com o dever de informar ampla, precisa e ostensivamente o consumidor tendo em vista a própria finalidade da publicidade de colocar em relevo as características que favoreçam seus produtos.[106]

---

101 Art. 48 do CDC: "As declarações de vontade constantes de escritos particulares, recibos e pré-contratos relativos às relações de consumo vinculam o fornecedor, ensejando inclusive execução específica, nos termos do art. 84 e parágrafos."

102 MARQUES, Claudia Lima; BENJAMIN, Antonio Herman V.; MIRAGEM, Bruno. *Comentários ao Código de Defesa do Consumidor.* 4. ed. São Paulo: Editora Revista dos Tribunais, 2013, p. 1.070.

103 O critério da finalidade distingue a publicidade comercial da informação já que na primeira há o propósito de incentivar a venda sempre presente e à informação é atribuído um caráter neutro: CENEVIVA, Walter. *Publicidade e direito do consumidor.* São Paulo: Editora Revista dos Tribunais, 1991, p. 79.

104 PASQUALOTTO, Adalberto. *Os efeitos obrigacionais da publicidade no Código de Defesa do Consumidor.* São Paulo: Editora Revista dos Tribunais, 1997, p. 94.

105 A informação publicitária sublinha o princípio da coletivização, da preocupação com todos os que podem ser potencialmente atingidos pela mensagem. O ordenamento, assim, reconhece a sanção da publicidade enganosa ou abusiva em virtude da importância das informações divulgadas: CARVALHO, Luis Gustavo Grandinetti Castanho de. *Direito de informação e liberdade de expressão.* Rio de Janeiro: Renovar, 1999, p. 163.

106 No sistema da Commom Law também são os estudados os limites da prática do *puffing*, técnica que ressalta as características positivas do bem com o intuito de torna-lo totalmente atraente para a venda. Ressalta-se, nesses casos, a necessidade de transmissão verdadeiras para evitar a decepção dos consumidores: SPANOGLE, John A.; ROHNER, Ralph J.; PRIDGEN, Dee; RASOR, Paul B. *Consumer Law*: cases and materials. 2. ed. St. Paul: West Publishing Co., 1990, p. 9.

Raramente percebe-se em material publicitário precisão e completude de informações já que inafastável o critério de incentivo ao consumo, não sendo, assim, a publicidade instrumento eficaz à satisfação do amplo dever de informar. Apesar disso, as investidas de *marketing* não podem induzir em erro seus destinatários.[107]

Marques também refere as características próprias da publicidade como a incitação à fantasia, o apelo visual, a exiguidade do tempo de transmissão como elementos que devem ser levados em consideração, mas que não são suficientes para afastar seu critério informativo.[108]

Desse modo, não é permitida a veiculação de informações falsas sob pena de caracterização de publicidade enganosa ou até mesmo abusiva. Além disso, a mensagem transmitida pela publicidade configura uma promessa unilateral de qualidade do produto ou do serviço e pode ser exigida caso não seja cumprida[109], nos termos do artigo 35 do Código do Consumidor.[110]

Segundo Paulo Lôbo, para realizar o direito fundamental à informação o direito do consumidor toma a publicidade sob dois aspectos: o primeiro diz respeito à publicidade lícita, em que se vê preenchidos seus requisitos de adequação, suficiência e veracidade; e o segundo é o da publicidade ilícita, que ultrapassa os limites legais e é enganosa ou abusiva.

Embora a publicidade conserve suas características de ser chamado apelativo e de conter dados de certa forma especialmente dirigidos ou divulgados de forma a enaltecer o bem a ser vendido, as informações

---

107 DIAS, Lúcia Ancona de Lopez de Magalhães. *Publicidade e Direito*. São Paulo: Editora Revista dos Tribunais, 2013, p. 148-151.

108 MARQUES, Claudia Lima. *Contratos no Código de Defesa do Consumidor:* o novo regime das relações contratuais. 7. ed. São Paulo: Editora Revista dos Tribunais, 2014, p. 851.

109 MARQUES, Claudia Lima. *Contratos no Código de Defesa do Consumidor:* o novo regime das relações contratuais.7. ed. São Paulo: Editora Revista dos Tribunais, 2014, p. 851.

110 Artigo 35 do CDC: "Se o fornecedor de produtos ou serviços recusar cumprimento à oferta, apresentação ou publicidade, o consumidor poderá, alternativamente e à sua livre escolha: I – exigir o cumprimento forçado da obrigação, nos termos da oferta, apresentação ou publicidade; II – aceitar outro produto ou prestação de serviço equivalente; III – rescindir o contrato, com direito à restituição de quantia eventualmente antecipada, monetariamente atualizada, e a perdas e danos.

nela veiculadas não exoneram o fornecedor de responsabilidade. O fato de terem um caráter de marketing, às vezes fantasioso, não afastam a sua força vinculativa tampouco a necessidade de respeito e cumprimento ao que foi anunciado.

A informação e a publicidade lícita integram-se aos contratos e não podem ser objetos de retratação ou escusa da obrigação, nos termos do artigo 30 do CDC,[111] que se aplica à oferta e à publicidade.[112] Trata-se de obrigação decorrente de lei e que não se enquadra totalmente na teoria do negócio jurídico já que a mensagem ou oferta publicitária "não é recebida pelo direito com os efeitos queridos pelo fornecedor (atrair ao consumo), mas com os efeitos jurídicos obrigacionais definidos pela lei, a saber, vinculando objetivamente o conteúdo da informação, no interesse dos consumidores".[113] A publicidade, assim, fica melhor concebida como modo de integração compulsória aos contratos do que como oferta propriamente dita.

A eficácia vinculativa da publicidade decorre do Princípio da vinculação e tem como consequência a colocação do fornecedor ao estado de sujeição, já que fica submetido aos efeitos do exercício do direito formativo do consumidor de aceitar a oferta publicitária e consequentemente celebrar o contrato.[114]

Para que esse efeito se materialize, a informação veiculada deve ser suficientemente precisa[115] e realizada por quaisquer veículos de comuni-

---

111 Artigo 30 do CDC: "Toda informação ou publicidade, suficientemente precisa, veiculada por qualquer forma ou meio de comunicação com relação a produtos e serviços oferecidos ou apresentados, obriga o fornecedor que a fizer veicular ou dela se utilizar e integra o contrato que vier a ser celebrado."

112 BENJAMIN, Antonio Herman de Vasconcellos e. [arts. 29 a 45] In: GRINOVER, Ada Pellegrini, *et.al., Código brasileiro de Defesa do Consumidor:* comentado pelos autores do anteprojeto. 8. ed. Rio de Janeiro: Forense Universitária, 2004, p. 257.

113 LÔBO, Paulo Luiz Netto. A informação como direito fundamental do consumidor. Revista de Direito do Consumidor, São Paulo, v. 37, p. 59-76, jan. /mar., 2001.

114 MIRAGEM, Bruno. *Curso de Direito do Consumidor.* 6. ed. São Paulo: Editora Revista dos Tribunais, 2016, p. 276.

115 Casos em que não foi reconhecida a força vinculativa da publicidade em virtude da ausência do requisito da precisão: RECURSO INOMINADO. CONSUMIDOR. BANHEIRA DE HIDROMASSAGEM. INVERSÃO DO ÔNUS DA PROVA QUE NÃO TEM O EFEITO DE OBRIGAR A PARTE CONTRÁRIA A ARCAR COM A PRODUÇÃO DA PROVA REQUERIDA PELO CONSUMIDOR, AINDA MAIS QUANDO SERIA

cação, como painéis, panfletos, outdoors, e-mail, pop-ups de internet e demais instrumentos. Trata-se de um regime de proteção do consumidor fundamentado na teoria da confiança e na proteção da legítima expectativa daqueles que consomem.

Devem estar presentes os pressupostos da veiculação e da precisão da informação. Quanto ao primeiro requisito, se a proposta for colocada no papel, mas não chegar ao conhecimento do consumidor, não há vinculação. Ainda, a oferta, informação ou publicidade deve ser suficiente precisa. A precisão não precisa ser absoluta, mas deve ser suficiente, com um mínimo de concisão.[116]

POSSÍVEL A PRODUÇÃO DESTAS POR ELE. ETIQUETA FIXADA NO PRODUTO QUE NÃO CORRESPONDE AO PREÇO DE VENDA. ETIQUETA REFERENTE A UM DOS ACESSÓRIOS DA BANHEIRA (ABA LATERAL). EQUÍVOCO MANIFESTO. CONSUMIDOR ESCLARECIDO AINDA NO ESTABELECIMENTO COMERCIAL. PREÇO IRRISÓRIO SE COMPARADO AO PRATICADO NO MERCADO. AUSENTE VINCULAÇÃO À OFERTA. Etiqueta fixada na banheira de hidromassagem com preço irrisório, sendo esclarecido pelo estabelecimento réu que esta se referia a um dos acessórios (aba lateral) e não o valor da banheira. Mesmo que assim não fosse, a publicidade ou a oferta gera força vinculativa apenas quando suficientemente precisa, não sendo o caso dos autos, pois o preço constante da etiqueta fixada na banheira é muito inferior ao de mercado, sendo que apenas um dos acessórios (aba lateral) ficaria em torno do valor supostamente ofertado. Precedentes jurisprudenciais. RECURSO DESPROVIDO. UNÂNIME. (Recurso Cível Nº 71004918801, Primeira Turma Recursal Cível, Turmas Recursais, Relator: Pedro Luiz Pozza, Julgado em 16/09/2014); RECURSO INOMINADO. CONSUMIDOR. OFERTA PUBLICITÁRIA PELA INTERNET. PREÇO IRRISÓRIO. EQUÍVOCO MANIFESTO. AUSENTE VINCULAÇÃO. Oferta de computador por preço irrisório, tendo o autor aderido à oferta rapidamente por julgar uma "promoção extraordinária". Todavia, a publicidade gera força vinculativa apenas quando suficientemente precisa, não sendo o caso dos autos, pois o preço anunciado para o computador é muito inferior ao de mercado, sendo que apenas o sistema operacional ficaria em torno do valor oferecido. Ausente vinculação à oferta. Precedentes jurisprudenciais. RECURSO DESPROVIDO. UNÂNIME. (Recurso Cível Nº 71004940516, Primeira Turma Recursal Cível, Turmas Recursais, Relator: Pedro Luiz Pozza, Julgado em 16/09/2014)

116 BENJAMIN, Antonio Herman de Vasconcellos e. [arts. 29 a 45]. In: GRINOVER, Ada Pellegrini, *et.al.*, *Código brasileiro de Defesa do Consumidor*: comentado pelos autores do anteprojeto. 8. ed. Rio de Janeiro: Forense Universitária, 2004, p. 259.

O termo "suficientemente precisa" diz respeito aos elementos do futuro contrato[117]: não há necessidade de que estejam todos presentes, de que a oferta seja total. No sistema do CDC, tanto a publicidade que contenham todos os elementos essenciais do contrato como a que se mostre incompleta, integram o contrato e obrigam o fornecedor.[118]

O consumidor tem o direito-poder de concluir o contrato por intermédio da simples aceitação da oferta, fenômeno que se dá pela alteração do conceito de obrigação como estática para sua concepção como algo dinâmico. Além disso, a eficácia vinculante da oferta enseja a imputação de responsabilidade autenticamente contratual ao fornecedor, razão pela qual o conteúdo da pretensão do consumidor pode ser exigido.[119]

Segundo Marques, o fornecedor deve prestar mais atenção nas informações que veicula através de impressos, propagandas em rádio, jornais e televisão já que elas criam um vínculo que no sistema do Código de Defesa do Consumidor será o de uma "obrigação pré-contratual, obrigação de manter a sua oferta nos termos em que foi veiculada e cumprir com seus deveres anexos de lealdade, informação e cuidado; no caso de aceitação por parte do consumidor, a obrigação de prestar contratualmente o que prometeu ou sofrer as consequências previstas no art. 35".[120]

A vinculação, como ensina Benjamin, é um dos princípios informadores do *marketing* e encontra sua justificativa no potencial persuasivo das técnicas. É um princípio que se aplica à oferta e também à publicidade, já que objetiva abranger todas as formas de manifestação do *marketing*.[121]

O artigo 30 do CDC, portanto, dá caráter vinculante a duas manifestações do fornecedor: a informação e a publicidade, considerando-se que a

---

117 DIAS, Lúcia Ancona de Lopez de Magalhães. *Publicidade e Direito.* São Paulo: Editora Revista dos Tribunais, 2013, p. 75.

118 DIAS, Lúcia Ancona de Lopez de Magalhães. *Publicidade e Direito.* São Paulo: Editora Revista dos Tribunais, 2013. p. 78.

119 MIRAGEM, Bruno. *Curso de Direito do Consumidor.* 6. ed. São Paulo: Editora Revista dos Tribunais, 2016, p. 277-278.

120 MARQUES, Claudia Lima. *Contratos no Código de Defesa do Consumidor:* o novo regime das relações contratuais.7. ed. São Paulo: Editora Revista dos Tribunais, 2014, p. 815.

121 BENJAMIN, Antonio Herman de Vasconcellos e. [arts. 29 a 45]. In: GRINOVER, Ada Pellegrini, *et.al., Código brasileiro de Defesa do Consumidor:* comentado pelos autores do anteprojeto. 8. ed. Rio de Janeiro: Forense Universitária, 2004, p. 257.

primeira é mais ampla do que a segunda. Por informação, entende-se todo tipo de manifestação que não seja considerada anúncio, mas que sirva para o consentimento do consumidor. Estão incluídas também as informações prestadas pelos representantes do fornecedor e as que constam em bulas e alguns rótulos os quais não apresentam caráter publicitário.

A vinculação ocorre quando o fornecedor é obrigado a contratar, mesmo que se negue a fazê-lo e quando o que foi veiculado passa integrar o contrato, ainda que os termos do pacto procurem afastar essa veiculação.[122] Assim, a alegação de que o anúncio tem mero valor indicativo não influencia na vinculação da informação divulgada.[123]

Pasqualotto destaca a relação entre oferta e publicidade[124] no âmbito dos efeitos. Nem toda publicidade contém uma oferta,[125] assim como nem

---

122 COMPRA E VENDA DE IMÓVEL. PROPAGANDA ENGANOSA. VINCULAÇÃO DA OFERTA. ISENÇÃO ITBI. PROMOÇÃO POR TEMPO DETERMINADO. DIVULGAÇÃO POSTERIOR AO CONTRATO. DANOS MORAIS. INEXISTENTES. (…) 2. Em face do princípio da vinculação contratual da publicidade, o fornecedor fica obrigado a cumprir o que fora anunciado, mesmo que tal oferta não venha a constar no contrato escrito. 3. Os panfletos publicitários promocionais, com período certo de vigência expresso, não vinculam os contratos firmados em momento anterior. 4. O dano moral não decorre de simples inadimplemento contratual. Necessário demonstrar a ocorrência de lesão a direitos da personalidade, que ocorre quando o ilícito é capaz de repercutir na esfera da dignidade da pessoa, gerando situação vexatória ou forte abalo psíquico. 5. Recursos conhecidos. Preliminar rejeitada. Dado provimento ao recurso dos autores e parcial provimento ao recurso das rés. (Apelação Cível nº 20150111035730, Terceira Turma Cível, Tribunal de Justiça do DF e Territórios, Relator: Ana Cantarino, Julgado em: 20/04/2016)

123 BENJAMIN, Antonio Herman de Vasconcellos e. [arts. 29 a 45]. In: GRINOVER, Ada Pellegrini, *et.al., Código brasileiro de Defesa do Consumidor:* comentado pelos autores do anteprojeto. 8. ed. Rio de Janeiro: Forense Universitária, 2004, p. 258.

124 Filomeno salienta que a oferta se refere a toda e qualquer manifestação do anunciante-fornecedor, com o objetivo de propor sua colocação no mercado, como prospectos distribuídos de mão em mão, malas diretas, mensagem veiculadas por veículos com alto-falantes, etc. Já a publicidade vem a ser a mensagem estratégica e tecnicamente elaborada por profissionais veiculada por meios de comunicação em massa como outdoors, rádios, revistas, etc.: FILOMENO, José Geraldo Brito. *Curso fundamental de Direito do Consumidor.* 3. ed. São Paulo: Atlas, 2014, p. 155.

125 Como no caso da publicidade institucional, também citada por Andrade: ANDRADE, Ronaldo Alves de. *Curso de Direito do Consumidor.* Barueri, SP: Manole, 2006, p. 294.

sempre uma oferta será feita por meio de uma publicidade. Há vezes em que a publicidade é institucional, por exemplo. Assim como há casos em que a oferta é feita por outros meios que não a publicidade, como a exposição de bens em vitrine ou anotações feitas em um cartão da loja. Nesses casos também terá força vinculativa, pois o referido artigo 30 aceita qualquer forma.[126]

Quando coincidirem os fenômenos da oferta e da publicidade na mesma ocasião, os efeitos jurídicos são únicos, uma vez que "a oferta transforma-se no conteúdo da mensagem publicitária. Nessa hipótese, versar sobre os efeitos da publicidade é versar sobre oferta."[127]

A publicidade cria uma forma nova de lei entre as partes. É vinculativa, proibindo-se, assim, que o patrocinador dela se subtraia unilateralmente, ressalvadas algumas hipóteses de retratação.[128]

2.3. REPERCUSSÕES DA VIOLAÇÃO DO DEVER DE INFORMAR

O não fornecimento de informação implica o reconhecimento da responsabilidade do fornecedor por não ter transmitido ao consumidor aquilo que sabia ser de conhecimento necessário. O dever de informar irradia sua eficácia em todos os momentos da relação de consumo, observando-se sua incidência em diversas fases, nas quais são oportunizadas soluções para o consumidor que não foi bem informado e, por isso, não fez uma contratação transparente.

A lei prevê a informação como direito do consumidor e também traz sanções para o descumprimento do correspondente dever do fornecedor. Objetiva-se a adoção de mudanças nas práticas comerciais, a serem realizadas com maior respeito aos contratantes vulneráveis e também a possibilidade de indenização ou compensação dos danos eventualmente sofridos pelos consumidores em virtude de ausência ou falha na transmissão de informação durante o contato com o fornecedor.

---

126 PASQUALOTTO, Adalberto. *Os efeitos obrigacionais da publicidade no Código de Defesa do Consumidor.* São Paulo: Editora Revista dos Tribunais, 1997, p. 99.

127 PASQUALOTTO, Adalberto. *Os efeitos obrigacionais da publicidade no Código de Defesa do Consumidor.* São Paulo: Editora Revista dos Tribunais, 1997, p. 99.

128 CENEVIVA, Walter. *Publicidade e direito do consumidor.* São Paulo: Editora Revista dos Tribunais, 1991, p. 67.

2.3.1. Não obrigatoriedade do conteúdo contratual desconhecido

É de extrema importância o fornecimento de informação[129] tendo em vista, principalmente, a estipulação do artigo 46 do CDC segundo o qual os pactos não obrigarão os consumidores se não lhes for dada a oportunidade de tomar conhecimento prévio de seu conteúdo ou se os respectivos instrumentos forem redigidos de modo a dificultar a compreensão de seu sentido ou alcance. O fornecimento da informação é essencial mesmo nos contratos de adesão, cujas cláusulas devem ser explicadas ao consumidor, que deve ter suas dúvidas esclarecidas.[130]

---

129 REPETIÇÃO DE VALORES. PRESTAÇÃO DE SERVIÇOS. Aquisição de passagens aéreas por meio de operadora de turismo. Pedido de remarcação ou cancelamento. Informação prestada pela ré no sentido de que não seria vantajoso para o consumidor remarcar as passagens e de que ele não tinha direito ao cancelamento. O consumidor tem assegurado o direito ao cancelamento e ao reembolso dos valores pagos, embora admitido o desconto de taxa de serviço, ainda que o cancelamento seja motivado por mera conveniência. Impossibilidade, no caso concreto, de impor ao autor o pagamento de multa. Contrato de prestação de serviços não apresentado pela ré. Ausência de provas de que o autor foi cientificado acerca da existência de suposta penalidade que impede sua cobrança. Inteligência do art. 46 do CDC. Recurso desprovido. (Apelação Cível nº 1008240-02.2015.8.26.0562, 36ª Câmara de Direito Privado, Tribunal de Justiça de SP, Relator: Milton Carvalho, Data do julgamento: 08/09/2016; Data de registro: 08/09/2016)

130 APELAÇÃO CÍVEL. RELAÇÃO DE CONSUMO. COBRANÇA REFERENTE À GARANTIA ESTENDIDA NÃO CONTRATADA PELA CONSUMIDORA. REPETIÇÃO DE INDÉBITO. DANO MORAL. SENTENÇA DE PARCIAL PROCEDÊNCIA. 1. A recorrida sustenta que a ela foi imposta a contratação de garantia estendida, referente a uma sanduicheira comercializada pela recorrente. Alega que assinou alguns papeis, que pensava dizerem respeito ao contrato de compra e venda da citada sanduicheira, não tendo sido informada de que se tratava da contratação de garantia estendida, a qual implicaria em gastos adicionais. 2. Uma vez determinada a inversão do ônus da prova (artigo 6º, VIII, do Código de Defesa do Consumidor), a recorrente não se desincumbiu da obrigação de demonstrar que a contratação da garantia estendida se deu com a inequívoca ciência da consumidora. 3. Há patente violação ao disposto no artigo 6º, III, do Código de Defesa do Consumidor, assim como há flagrante desrespeito ao princípio da boa-fé objetiva. 4. Aplica-se ao caso em testilha o que preconiza o artigo 46 do Código de Defesa do Consumidor. (...) (Apelação Cível nº 0125105-28.2013.8.19.0001, Vigésima Sexta Câmara Cível Consumidor, Tribunal de Justiça do RJ, Relatora: Adriana Lopes Moutinho, julgado em 29/10/2015)

Importa destacar que esse dispositivo é aplicado aos contratos de consumo de modo geral, sejam eles de adesão ou não. O legislador brasileiro seguiu a solução da lei francesa e subdividiu suas normas em normas especiais para a tutela dos contratos de adesão, que estão no art. 54 do CDC, e normas gerais aplicáveis às cláusulas abusivas, que estão nos artigos 51 a 53.[131] Baseando-se nesse raciocínio, conclui-se que a proteção contratual é dirigida para qualquer espécie de contrato de consumo.

Como assevera Nelson Nery Júnior, o artigo 46 do CDC é a projeção, sob o ponto de vista prático, do direito básico à informação adequada. O fornecedor deverá oferecer ao consumidor todos os dados referentes à qualidade, quantidade, conteúdo, riscos e possíveis consequências antes da contratação. Caso não o faça, as prestações eventualmente assumidas pelo consumidor sem sua ciência plena não o obrigarão.[132]

O sentido teleológico e finalístico da norma prevê o real conhecimento do consumidor, não bastando, por exemplo, que o fornecedor apenas leia o instrumento contratual, já que é seu dever explicar e orientar sobre seu conteúdo. Por exemplo, em caso de descredenciamento de hospitais ou clínicas da rede conveniada, o plano de saúde deve informar o consumidor de forma inequívoca, não bastando um aviso no próprio estabelecimento ou uma carta genérica enviada meses depois do descredenciamento.[133]

---

131 MARQUES, Claudia Lima. Novas regras sobre a proteção do consumidor nas relações contratuais. *Revista de Direito do Consumidor*, São Paulo, v. 1, p. 27-54, jan. /mar., 1992.

132 NERY JÚNIOR, Nelson. [arts. 46 a 54]. In: GRINOVER, Ada Pellegrini, *et.al.*, *Código brasileiro de Defesa do Consumidor:* comentado pelos autores do anteprojeto. 8. ed. Rio de Janeiro: Forense Universitária, 2004, p. 541.

133 CONSUMIDOR. PLANO DE SAÚDE. REDE CONVENIADA. ALTERAÇÃO. DEVER DE INFORMAÇÃO ADEQUADA. COMUNICAÇÃO INDIVIDUAL DE CADA ASSOCIADO. NECESSIDADE.1. Os arts. 6°, III, e 46 do CDC instituem o dever de informação e consagram o princípio da transparência, que alcança o negócio em sua essência, na medida em que a informação repassada ao consumidor integra o próprio conteúdo do contrato. Trata-se de dever intrínseco ao negócio e que deve estar presente não apenas na formação do contrato, mas também durante toda a sua execução.2. O direito à informação visa a assegurar ao consumidor uma escolha consciente, permitindo que suas expectativas em relação ao produto ou serviço sejam de fato atingidas, manifestando o que vem sendo denominado de consentimento informado ou vontade qualificada. Diante disso, o comando do art. 6°, III, do CDC, somente estará sendo efetivamente cumprido quando a informação for prestada ao consumidor de forma adequada, assim entendida

A disposição do artigo 46 teve inspiração no artigo 1.341 do Código Civil italiano[134] e determina que a redação das cláusulas contratuais deve facilitar a compreensão do participante mais fraco da relação. É dispositivo de vasto alcance que prevê a desconsideração da manifestação da vontade ou da aceitação do consumidor, mesmo que o contrato esteja assinado e o consenso formalizado, caso não tenha sido disponibilizada a oportunidade do conhecimento de seu conteúdo pelo consumidor já que se busca a plena entrega da informação.[135]

Para que esse objetivo seja atendido, a linguagem usada pelo fornecedor deve ser direta e se deve evitar o uso de termos linguísticos elevados, expressões extremamente técnicas e palavras em língua estrangeira, a não ser aquelas comumente conhecidas pelo público alvo da empresa. Caso os contratantes sejam analfabetos, o cuidado dever ser ainda maior, pois, como já salientado anteriormente, a comunicação nessa hipótese pode ser ainda mais complicada. E a avaliação da efetiva compreensão do conteúdo da cláusula pelo consumidor somente poderá ser avaliada em cada caso, pois depende das características das partes contratantes, do tempo e da forma do contrato.[136]

---

como aquela que se apresenta simultaneamente completa, gratuita e útil, vedada, neste último caso, a diluição da comunicação efetivamente relevante pelo uso de informações soltas, redundantes ou destituídas de qualquer serventia para o consumidor. 3. A rede conveniada constitui informação primordial na relação do associado frente à operadora do plano de saúde, mostrando-se determinante na decisão quanto à contratação e futura manutenção do vínculo contratual. 4. Tendo em vista a importância que a rede conveniada assume para a continuidade do contrato, a operadora somente cumprirá o dever de informação se comunicar individualmente cada associado sobre o descredenciamento de médicos e hospitais. 5. Recurso especial provido. (STJ, REsp 1144840/SP, Rel. Ministra NANCY ANDRIGHI, TERCEIRA TURMA, julgado em 20/03/2012, DJe 11/04/2012)

134 Artigo 1.341 do Código Civil italiano: "Le condizioni generali di contratto predisposte da uno dei contraenti sono efficaci nei confronti dell'altro, se al momento della conclusione del contratto questi le ha conosciute o avrebbe dovuto conoscerle usando l'ordinaria diligenza".

135 MARQUES, Claudia Lima; BENJAMIN, Antonio Herman V.; MIRAGEM, Bruno. *Comentários ao Código de Defesa do Consumidor.* 4. ed. São Paulo: Editora Revista dos Tribunais, 2013, p. 1.023.

136 NERY JÚNIOR, Nelson. [arts. 46 a 54]. In: GRINOVER, Ada Pellegrini, *et.al., Código brasileiro de Defesa do Consumidor:* comentado pelos autores do anteprojeto. 8. ed. Rio de Janeiro: Forense Universitária, 2004, p. 544.

O fornecedor deve redigir o contrato de forma clara levando em consideração o nível de compreensão de um homem médio leigo. É permitido o uso de termos técnicos somente se uma pessoa sem conhecimentos específicos possa conhecê-los. As cláusulas não podem estar escondidas no contrato com a utilização ardilosa de títulos ambíguos ou até mesmo errados para os capítulos do contrato.[137]

Bruno Miragem explana que o citado artigo 46 estabelece norma de ineficácia das obrigações estipuladas aos consumidores[138] e serve de fundamento para a definição de cláusulas abusivas[139] nos contratos de consumo, em face do não atendimento do dever de informar, configurando as cláusulas abusivas em razão da qualidade do consentimento, tendo em vista a ausência de informação correta e compreensível, caracterizando uma abusividade formal.[140]

Cavalieri Filho salienta que o artigo em exame é a própria concretude do princípio da transparência, do *caput* do artigo 4º do CDC. Os contratos não podem ser considerados justos ou equilibrados se uma das partes não está bem informada.[141] Não é suficiente que o consumidor assine um

---

137 FABIAN, Christoph. *O dever de informar no direito civil*. São Paulo: Editora Revista dos Tribunais, 2002, p. 119.

138 Nesse sentido, veja interessante acórdão no qual se discute se é possível a cobrança de comissão de corretagem diante da desistência de contrato de compra e venda de imóvel, motivada por posterior ciência de que o promitente vendedor é demandado em ação de execução. Caso em que houve falha do dever de informar da imobiliária contratada, que não prestou serviço adequado, deixando de fornecer informação importante para a contratação: REsp 1364574/RS, Rel. Ministro LUIS FELIPE SALOMÃO, QUARTA TURMA, julgado em 24/10/2017, DJe 30/11/2017.

139 No direito argentino, há previsão de abusividade de cláusula contratual em caso de fornecedor que não cumpre o dever de agir de boa-fé e informar o consumidor. O julgador pode declarar a nulidade parcial do contrato em virtude da existência de cláusula cujo conteúdo não foi informado e integrar o contrato utilizando as regras do direito aplicável ao caso ou, no caso de contratos atípicos, as regras de regulação geral: WAJNTRAUB, Javier. *Protección jurídica del consumidor:* ley 24.240 comentada y anotada. Buenos Aires: Depalma, 2004, p. 190-191

140 MIRAGEM, Bruno. *Curso de Direito do Consumidor.* 6. ed. São Paulo: Editora Revista dos Tribunais, 2016, p. 298-299.

141 Nesse sentido: TÍTULO DE CAPITALIZAÇÃO CONSUMIDOR. <u>Transparência Princípio que exige clareza qualitativa e quantitativa da informação Objetivo</u>

documento que indique sua ciência de que o pacto se encontra depositado em determinado cartório.[142] Não cabe ao consumidor ter que investigar e procurar informações.[143]

O consumidor não pode ser obrigado a cumprir um dever ou obrigação que não sabia que tinha.[144] A ele deve ser garantido o conhecimento

---

implícito das relações de consumo, efeito imediato do direito básico à correta informação Sem oportunidade de prévio conhecimento do seu conteúdo, os contratos não obrigam os consumidores Art. 46 do CDC Cláusula abusiva, nula de pleno direito Art. 51, IV e XV, c.c. seu § 1º, I, II e III, do CDC (Apelação Cível Nº 0003406-96.2004.8.26.0484, Quinta Câmara de Direito Privado, Tribunal de Justiça de SP, Relator: Ferreira da Cruz, Julgado em 20/10/2014)

142 Veja decisão do STJ em que as cláusulas gerais de contrato bancário referentes aos juros remuneratórios que foram depositadas em cartório foram consideradas ineficazes em relação à consumidora que delas não tomou ciência: CONTRATO BANCÁRIO. AUSÊNCIA DE OFENSA AO ARTIGO 535 DO CPC. APRECIAÇÃO DE OFÍCIO. INOCORRÊNCIA. CLÁUSULAS GERAIS. DESINFORMAÇÃO DO CONSUMIDOR. JUROS REMUNERATÓRIOS. INEXISTÊNCIA DE PACTUAÇÃO. CAPITALIZAÇÃO ANUAL DE JUROS EM CONTA CORRENTE. POSSIBILIDADE. COMISSÃO DE PERMANÊNCIA. AUSÊNCIA DE CONTRATAÇÃO.

– Não há ofensa ao Art. 535 do CPC se, embora rejeitando os embargos de declaração, o acórdão examinou todas as questões pertinentes. – Não há revisão de ofício do contrato, pois os fundamentos do acórdão recorrido não fazem coisa julgada. – É ineficaz, no contrato de adesão, cláusula inserida em documento que – embora registrado em cartório – não foi exibido ao consumidor, no momento da adesão (CDC, Arts. 46 e segs.). – No caso de previsão potestativa da taxa de juros remuneratórios ou sua inexistência, os juros devem ser aplicados consoante a média de mercado. Precedente da Segunda Seção. – É lícita a capitalização anual de juros em conta corrente. – É defeso cobrar comissão de permanência não pactuada no instrumento. Incide a Súmula 294. (STJ, REsp 897148/MT, Rel. Ministro HUMBERTO GOMES DE BARROS, TERCEIRA TURMA, julgado em 20/09/2007, DJ 08/10/2007, p. 274)

143 CAVALIERI FILHO, Sérgio. *Programa de Direito do Consumidor*. 4. Ed. São Paulo: Atlas, 2014, p. 164.

144 RECURSO ESPECIAL. CIVIL E PROCESSUAL CIVIL. CÉDULA DE CRÉDITO BANCÁRIO. CAPITALIZAÇÃO DIÁRIA. TAXA NÃO INFORMADA. DESCABIMENTO. VIOLAÇÃO A DISPOSITIVOS CONSTITUCIONAIS. DESCABIMENTO. (...) Necessidade, de todo modo, de fornecimento pela instituição financeira de informações claras ao consumidor acerca da forma de capitalização dos juros adotada. 5. Insuficiência da informação a respeito das taxas equivalentes sem a efetiva ciência do devedor acerca da taxa efetiva aplicada decorrente da periodi-

do conteúdo do contrato para que possa escolher[145] contratar ou não, considerando-se, primordialmente, a pequena margem de escolha que o consumidor tem no contrato de adesão.[146]

---

cidade de capitalização pactuada. 6. Necessidade de se garantir ao consumidor a possibilidade de controle 'a priori' do contrato, mediante o cotejo das taxas previstas, não bastando a possibilidade de controle 'a posteriori'. 7. Violação do direito do consumidor à informação adequada. 8. Aplicação do disposto no art. 6º, inciso III, combinado com os artigos 46 e 52, do Código de Defesa do Consumidor(CDC). 9. Reconhecimento da abusividade da cláusula contratual no caso concreto em que houve previsão de taxas efetivas anual e mensal, mas não da taxa diária. 10. RECURSO ESPECIAL DESPROVIDO. (STJ, REsp 1568290/RS, Rel. Ministro PAULO DE TARSO SANSEVERINO, TERCEIRA TURMA, julgado em 15/12/2015, DJe 02/02/2016)

145 DIREITO DO CONSUMIDOR. CONTRATO DE SEGURO. INVALIDEZ PERMANENTE.

VALOR DA INDENIZAÇÃO. DIVERGÊNCIA ENTRE OS DOCUMENTOS ENTREGUES AO SEGURADO. PREVALÊNCIA DO ENTREGUE QUANDO DA CONTRATAÇÃO. CLÁUSULA LIMITATIVA DA COBERTURA. NÃO-INCIDÊNCIA. ARTS. 46 E 47 DA LEI N. 8.078/90. DOUTRINA. PRECEDENTE. RECURSO PROVIDO. I – Havendo divergência no valor indenizatório a ser pago entre os documentos emitidos pela seguradora, deve prevalecer aquele entregue ao consumidor quando da contratação ("certificado individual"), e não o enviado posteriormente, em que consta cláusula restritiva (condições gerais). II – Nas relações de consumo, o consumidor só se vincula às disposições contratuais em que, previamente, lhe é dada a oportunidade de prévio conhecimento, nos termos do artigo 46 do Código de Defesa do Consumidor. III – As informações prestadas ao consumidor devem ser claras e precisas, de modo a possibilitar a liberdade de escolha na contratação de produtos e serviços. Ademais, na linha do art. 54, §4º da Lei n. 8.078/90, devem ser redigidas em destaque as cláusulas que importem em exclusão ou restrição de direitos. (STJ, REsp 485.760/RJ, Rel. Ministro SÁLVIO DE FIGUEIREDO TEIXEIRA, QUARTA TURMA, julgado em 17/06/2003, DJ 01/03/2004, p. 186)

146 Recurso no qual se debateu se a consumidora havia tido ciência prévia do descredenciamento de instituição hospitalar da cobertura de plano de saúde. Caso em que o entendimento foi no sentido de considerar a cláusula de negativa de cobertura eficaz tendo em vista o conhecimento da autora de que o hospital não mais fazia parte da rede conveniada: AGRAVO INTERNO NO AGRAVO EM RECURSO ESPECIAL. ENTIDADE FECHADA DE PREVIDÊNCIA PRIVADA. 1. VIOLAÇÃO AO ART. 535 DO CPC. INEXISTÊNCIA. 2. OFENSA AOS ARTS. 46 E 47 DO CDC NÃO CARACTERIZADA. 3. IMPOSSIBILIDADE DE SE IMPOR A COBERTURA DO TRATAMENTO. DISPONIBILIZAÇÃO DE OUTROS ESTABELECIMENTOS

Ele não poderá negociar cláusulas, prazos, preços ou condições de pagamento. O mínimo que se pode exigir do fornecedor, assim, é que permita ao aderente a ciência plena do pacto ou, em outras palavras, cumpra com perfeição o dever de informar. Trata-se de uma garantia de cognoscibilidade. Caso contrário, o contrato será válido, mas não terá eficácia perante o consumidor. A cláusula da qual ele não teve ciência será considerada não incluída no contrato,[147] razão pela qual não se fala em nulidade contratual.[148]

Além do requisito da clareza e da utilidade da informação, o fornecedor não pode dificultar a compreensão do conteúdo contratual, seja escre-

---

CONDIZENTES PARA MANUTENÇÃO DO TRATAMENTO E DESCREDENCIAMENTO EFETIVADO A PEDIDO DA PRÓPRIA CLÍNICA CONTRATADA. FUNDAMENTOS DO ACÓRDÃO RECORRIDO NÃO ATACADOS. INCIDÊNCIA DA SÚMULA 283 DO STF. (...) 2. No que tange à alegação de violação dos arts. 46 e 47 do Código de Defesa do Consumidor, o Tribunal local entendeu que esta não ficou caracterizada, na medida em que as cláusulas contratuais não deixaram dúvida quanto à extensão de sua cobertura, razão pela qual não há que se falar em interpretação da forma mais favorável ao consumidor. (...) (STJ, AgInt no AREsp 886.843/SP, Rel. Ministro MARCO AURÉLIO BELLIZZE, TERCEIRA TURMA, julgado em 22/09/2016, DJe 04/10/2016)

147 PRESTAÇÃO DE SERVIÇOS EDUCACIONAIS. Informações adequadas relativas a dados essenciais de produtos e serviços constituem direito do consumidor e dever do fornecedor, a teor dos arts. 6º, III, e 31, do CDC. Contrato ajustado em que o fornecedor descumpriu o dever de prestar informações adequadas sobre dados essenciais não obriga o consumidor, que tem a opção pela desconstituição do vínculo contratual ou a anulação de disposições abusivas, a teor dos arts. 6º, III e 46, CDC, cumulado com pedido de indenização por perdas e danos, nos termos do art., 475, do CC – Configurado o ato ilícito da ré fornecedora, consistente no descumprimento pela ré fornecedora de informações adequadas sobre dado essencial dos cursos contratados pela autora, consistente em se tratarem de cursos livres, incapazes de conferir certificação dos estudos realizados para fins de habilitação legal em quaisquer dos níveis e modalidade de educação e ensino previstos na LF 9394/96, que estabelece as diretrizes e bases de educação nacional, e não de cursos regulares reconhecidos pelas autoridades de ensino, capazes de conferir a habilitação legal em questão, dentre elas, a educação profissional técnica de nível médio, a pretendida pela autora – (...) (TJSP, Relator(a): Rebello Pinho; Comarca: Diadema; Órgão julgador: 20ª Câmara de Direito Privado; Data do julgamento: 09/09/2013; Data de registro: 12/09/2013)

148 CAVALIERI FILHO, Sérgio. *Programa de Direito do Consumidor*. 4. ed. São Paulo: Atlas, 2014, p. 164.

vendo em letras pequenas, com cores difíceis de serem identificadas, com explicações confusas, contraditórias ou redundantes.[149]

Dar oportunidade ao consumidor de conhecer o conteúdo do contrato significa cooperar e agir de boa-fé.[150] O dever de cooperação é essencial

---

[149] Interessante julgado do STJ no qual foi afastada cláusula limitativa em contrato de seguro pois escrita em manual enviado para consumidor após a assinatura do pacto. Caso em que foi aplicado o artigo 46 do CDC juntamente com o artigo 54, § 4º que prevê a necessidade de destaque de cláusulas restritivas: RECURSO ESPECIAL. INDENIZAÇÃO DECORRENTE DE SEGURO DE VIDA. ACIDENTE AUTOMOBILÍSTICO. EMBRIAGUEZ. CLÁUSULA LIMITATIVA DE COBERTURA DA QUAL NÃO FOI DADO O PERFEITO CONHECIMENTO AO SEGURADO. ABUSIVIDADE.

INFRINGÊNCIA AO ARTIGO 54, § 4º DO CÓDIGO DE DEFESA DO CONSUMIDOR.

RECURSO ESPECIAL PROVIDO. 1. Por se tratar de relação de consumo, a eventual limitação de direito do segurado deve constar, de forma clara e com destaque, nos moldes do art. 54, § 4º do CODECON e, obviamente, ser entregue ao consumidor no ato da contratação, não sendo admitida a entrega posterior. 2. No caso concreto, surge incontroverso que o documento que integra o contrato de seguro de vida não foi apresentado por ocasião da contratação, além do que a cláusula restritiva constou tão somente do "manual do segurado", enviado após a assinatura da proposta.

Portanto, configurada a violação ao artigo 54, § 4º do CDC. 3. Nos termos do artigo 46 do Código de Defesa do Consumidor: "Os contratos que regulam as relações de consumo não obrigarão os consumidores, se não lhes for dada a oportunidade de tomar conhecimento prévio de seu conteúdo, ou se os respectivos instrumentos forem redigidos de modo a dificultar a compreensão de seu sentido e alcance". 4. Deve ser afastada a multa aplicada com apoio no artigo 538, parágrafo único do CPC, pois não são protelatórios os embargos de declaração opostos com fins de prequestionamento.

5. Recurso especial provido. (STJ, REsp 1219406/MG, Rel. Ministro LUIS FELIPE SALOMÃO, QUARTA TURMA, julgado em 15/02/2011, DJe 18/02/2011)

[150] CONSUMIDOR. AÇÃO COLETIVA. PUBLICIDADE DE PRODUTOS EM CANAL DA TV FECHADA. OMISSÃO DE INFORMAÇÃO ESSENCIAL. PREÇO E FORMA DE PAGAMENTO OBTIDOS SOMENTE POR MEIO DE LIGAÇÃO TARIFADA. PUBLICIDADE ENGANOSA POR OMISSÃO. NÃO OBSERVÂNCIA DO DEVER POSITIVO DE INFORMAR. MULTA DIÁRIA FIXADA NA ORIGEM. AUSÊNCIA DE EXORBITÂNCIA. REDUÇÃO. IMPOSSIBILIDADE. DIVERGÊNCIA JURISPRUDENCIAL INCOGNOSCÍVEL. 1. Na origem, a Comissão de Defesa do Consumidor da Assembleia Legislativa do Estado do Rio de Janeiro propôs ação coletiva contra Polimport Comércio e Exportação Ltda. (Polishop), sob a alegação de que a ré expõe e comercializa

para a realização das prestações contratuais de maneira eficiente. Trata-se de uma atitude que visa à própria satisfação do interesse daquele que coopera, que é o cumprimento da obrigação.

Schunck destaca que "o dever de cooperação existe não apenas para a perfeita execução do propósito contratual, mas também para otimizar o cumprimento da obrigação ou mesmo otimizar a possibilidade de a parte desfrutar da prestação recebida".[151] A autora destaca que uma das vertentes do dever de cooperação é o dever de informar, que consiste em uma obrigação legal, em um dever acessório cujo conteúdo consiste em cooperar com o outro. O contratante deve informar à outra parte aquilo

---

seus produtos em um canal da TV fechada, valendo-se de publicidade enganosa por omitir o preço e a forma de pagamento, os quais somente podem ser obtidos mediante ligação telefônica tarifada e onerosa ao consumidor, independentemente de este adquirir ou não o produto. 2. O Juízo de primeiro grau julgou procedente o pedido para condenar a ré à obrigação de informar elementos básicos para que o consumidor, antes de fazer o contato telefônico, pudesse avaliar a possível compra do produto, com destaque para as características, a qualidade, a quantidade, as propriedades, a origem, o preço e as formas de pagamento, sob pena de multa diária por descumprimento. O Tribunal de origem, em sede de agravo interno, manteve a sentença. 3. O direito à informação, garantia fundamental da pessoa humana expressa no art. 5º, inciso XIV, da Constituição Federal, é gênero que tem como espécie o direito à informação previsto no Código de Defesa do Consumidor. 4. O Código de Defesa do Consumidor traz, entre os direitos básicos do consumidor, a "informação adequada e clara sobre os diferentes produtos e serviços, com especificação correta de quantidade, características, composição, qualidade e preço, bem como sobre os riscos que apresentam" (art. 6º, inciso III). 5. O Código de Defesa do Consumidor atenta-se para a publicidade, importante técnica pré-contratual de persuasão ao consumo, trazendo, como um dos direitos básicos do consumidor, a "proteção contra a publicidade enganosa e abusiva" (art. 6º, IV). 6. A publicidade é enganosa por comissão quando o fornecedor faz uma afirmação, parcial ou total, não verdadeira sobre o produto ou serviço, capaz de induzir o consumidor em erro (art. 37, § 1º). É enganosa por omissão a publicidade que deixa de informar dado essencial sobre o produto ou o serviço, também induzindo o consumidor em erro exatamente por não esclarecer elementos fundamentais (art. 37, § 3º). (...) (STJ, REsp 1428801/RJ, Rel. Ministro HUMBERTO MARTINS, SEGUNDA TURMA, julgado em 27/10/2015, DJe 13/11/2015)

151 SCHUNCK, Giuliana Bonanno. *Contratos de longo prazo e dever de cooperação.* São Paulo: Almedina, 2016, p. 133-163.

que for útil e relevante,[152] mas não necessariamente todas as informações uma vez que esse excesso pode ser prejudicial e até mesmo configurar uma falha do dever de informar já que o grande volume de informações não permite uma compreensão efetiva.

Bruno Miragem ensina que os deveres de cooperação, lealdade e respeito a legítimas expectativas relacionam-se com o adimplemento das

---

[152] Nesse sentido: RECURSO ESPECIAL. QUALIFICAÇÃO JURÍDICA DE QUESTÕES FÁTICAS. POSSIBILIDADE. AÇÃO DE COBRANÇA. SEGURO EMPRESARIAL CONTRA INCÊNDIO. TESE JURÍDICA ENFRENTADA NO ACÓRDÃO RECORRIDO. REQUISITO DO PREQUESTIONAMENTO OBSERVADO. PROTEÇÃO DO PATRIMÔNIO DA PRÓPRIA PESSOA JURÍDICA. RELAÇÃO DE CONSUMO CONFIGURADA. CLÁUSULA EXCLUDENTE DE COBERTURA DURANTE OPERAÇÕES DE CARGA E DESCARGA DE PRODUTOS INFLAMÁVEIS. NECESSIDADE DE INFORMAÇÃO PRÉVIA. ART. 46 DO CDC. DEVER DE INFORMAÇÃO QUE NÃO FOI OBSERVADO. INDENIZAÇÃO DEVIDA. RECURSO PROVIDO. (…) 4. Nos contratos que regulam as relações de consumo, o consumidor só se vincula às disposições neles inseridas se lhe for dada a oportunidade de conhecimento prévio do seu conteúdo (CDC, art. 46), notadamente, em relação às cláusulas que importem restrição de direitos. 5. A efetividade do conteúdo da informação, por sua vez, deve ser analisada a partir da situação em concreto, examinando-se qual será substancialmente o conhecimento imprescindível e como se poderá atingir o destinatário específico daquele produto ou serviço, de modo que a transmissão da informação seja adequada e eficiente, atendendo aos deveres anexos da boa-fé objetiva, do dever de colaboração e de respeito ao consumidor (REsp n. 1.349.188/RJ, Relator o Ministro Luis Felipe Salomão, Quarta Turma, DJe de 22/06/2016). 6. No caso, reconheceu o Tribunal de origem que, sendo a autora empresa de grande porte em seu ramo de atuação, não poderia invocar desconhecimento das condições do seguro, "ainda que só disponíveis no site da seguradora". Todavia, essa conclusão não encontra amparo na legislação de regência, na medida em que, além de ferir o dever de informação, transfere para o segurado o ônus que é típico das empresas seguradoras, como decorrência do próprio exercício de sua atividade. 7. Por ser a autora empresa dedicada ao ramo de comércio e distribuição de solventes, de produtos químicos e outros, o risco da ocorrência de sinistro na modalidade incêndio encontra-se diretamente vinculado às operações de carga e descarga, razão pela qual a existência de cláusula contratual excluindo a cobertura, especificamente, para esse tipo de situação, para ser válida entre as partes, necessitaria do conhecimento prévio da segurada no momento da contratação, o que não foi observado na espécie. 8. Recurso especial provido a fim de permitir o recebimento da indenização reclamada, tomando por base a quantia fixada na apólice, sobre a qual foi cobrado o prêmio. (STJ, REsp 1660164/SP, Rel. Ministro MARCO AURÉLIO BELLIZZE, TERCEIRA TURMA, julgado em 17/10/2017, DJe 23/10/2017)

obrigações em seu sentido redefinido, presente no contemporâneo direito das obrigações. A violação desses deveres anexos ou instrumentais importam em situação de inadimplemento da obrigação, ainda que o dever principal tenha sido cumprido.[153]

Esse entendimento é consolidado pela jurisprudência. Em voto recentemente proferido no Recurso Especial n.º 1.562.700, ressaltou o Ministro Sanseverino a necessidade de a companhia área informar acerca da indispensabilidade de visto de trânsito para ingresso em país estrangeiro em caso de conexão internacional. O julgador considerou que houve emissão das passagens aéreas pela demandada sem que os consumidores fossem advertidos sobre a imprescindibilidade de providenciarem o visto, considerando que voltavam dos Estados Unidos em voo com escala no Canadá. A obrigação principal do contrato foi cumprida, mas, ao retornarem para casa, os autores tiveram problemas em virtude de falha no dever de informação, considerado consectário da lealdade inerente à boa-fé objetiva, como referido no acórdão.[154]

---

153 MIRAGEM, Bruno. *Direito civil:* direito das obrigações. São Paulo: Saraiva, 2017, p. 290-293.

154 RECURSO ESPECIAL. TRANSPORTE AÉREO. CONSUMIDOR. DEVER DE INFORMAÇÃO. NECESSIDADE DE VISTO DE CONEXÃO EM VOO INTERNACIONAL. DEFEITO NA PRESTAÇÃO DE SERVIÇO. INOCORRÊNCIA DE CULPA EXCLUSIVA OU CONCORRENTE DA VÍTIMA. INDENIZAÇÃO POR DANO MATERIAL E MORAL. 1. Polêmica em torno da responsabilidade civil de empresa de viagens credenciada por companhia aérea ao emitir bilhetes de viagem internacional (Estados Unidos), através do programa de milhagem, sem informar aos consumidores adquirentes acerca da necessidade obtenção de visto também do país onde o voo de retorno faria breve conexão (Canadá). 2. Necessidade de prestação de informações completas aos consumidores, inclusive acerca da exigência de obtenção de visto de trânsito para hipótese de conexão internacional por parte de empresa que emite as passagens aéreas. 3. Informações adequadas e claras acerca do serviço a ser prestado constituem direito básico do consumidor (art. 6º, III, do CDC). 4. Informações insuficientes ou inadequadas tornam o serviço defeituoso, ensejando responsabilidade pelo fato do serviço (art. 14, *caput*, do CDC) e a obrigação de reparar os danos causados aos consumidores. 5. Não caracterização da culpa exclusiva ou concorrente dos consumidores demandantes por não terem obtido visto do país em que ocorreria conexão do voo de retorno (Canadá). 6. Procedência da demanda, restabelecendo-se as parcelas indenizatórias concedidas pelo acórdão que julgou a apelação. 7. Precedente jurisprudencial específico desta Terceira Turma. 8. RECURSO ESPECIAL PROVIDO. (STJ, REsp

Sobre a informação no âmbito contratual, Fabian ressalta que o artigo 46 do CDC pretende proteger o consumidor da situação em que o conhecimento do conteúdo do contrato acontece após seu estabelecimento, como nos casos de contrato de seguro em que a apólice é enviada após a assinatura com informações novas. O autor ressalta que nas contratações feitas por telefone o fornecedor pode ler as cláusulas ou envia-las por escrito.[155]

2.3.2. Consequências da violação da oferta

Como já exposto, qualquer informação suficientemente precisa divulgada pelo fornecedor tem efeito vinculante e o obriga ao cumprimento nos termos do anúncio. O CDC pressupõe o fechamento do contrato em virtude da simples manifestação do consumidor que aceita a oferta.[156] Caso não haja, portanto, o cumprimento nos exatos termos da oferta, apresentação ou publicidade, o Código apresenta alternativas para o consumidor, que pode escolher uma delas ou reclama-las em conjunto, na forma de pedidos sucessivos a serem apreciados pelo julgador.[157]

O artigo 35 do Código[158] estabelece à livre escolha do consumidor a opção de exigir o cumprimento forçado da obrigação, aceitar outro produto ou prestação de serviço equivalente, rescindir o contrato com direito à restituição da quantia eventualmente antecipada monetariamente atualizada e as perdas e danos.[159]

1562700/SP, Rel. Ministro PAULO DE TARSO SANSEVERINO, TERCEIRA TURMA, julgado em 06/12/2016, DJe 15/12/2016)

155 FABIAN, Christoph. *O dever de informar no direito civil.* São Paulo: Editora Revista dos Tribunais, 2002, p. 118.

156 MARQUES, Claudia Lima; BENJAMIN, Antonio Herman V.; MIRAGEM, Bruno. *Comentários ao Código de Defesa do Consumidor.* 4. ed. São Paulo: Editora Revista dos Tribunais, 2013, p. 844.

157 MIRAGEM, Bruno. *Curso de Direito do Consumidor.* 6. ed. São Paulo: Editora Revista dos Tribunais, 2016, p. 300.

158 Art. 35 do CDC: "Se o fornecedor de produtos ou serviços recusar cumprimento à oferta, apresentação ou publicidade, o consumidor poderá, alternativamente e à sua livre escolha: I – exigir o cumprimento forçado da obrigação, nos termos da oferta, apresentação ou publicidade; II – aceitar outro produto ou prestação de serviço equivalente; III – rescindir o contrato, com direito à restituição de quantia eventualmente antecipada, monetariamente atualizada, e a perdas e danos".

159 KHOURI, Paulo R. Roque A. *Contratos e responsabilidade civil no CDC.* Brasília: Brasília Jurídica, 2002, p. 80.

A primeira hipótese tem um sentido positivo e um negativo. Primeiramente, relaciona-se à possibilidade de o consumidor obter o produto ou o serviço ofertado, pois o bem de consumo é para ele interessante. O sentido negativo diz respeito à vedação implícita que se origina do caráter vinculante da oferta de o fornecedor inovar seus termos por ocasião do contrato, acrescendo, restringindo ou modificando algum item.

O cumprimento forçado[160] realiza-se mediante processo judicial e poderá converter-se em perdas e danos se esta for a opção do consumidor ou

---

160 Nesse sentido: RECURSO INOMINADO. AÇÃO OBRIGAÇÃO DE FAZER C/C INDENIZAÇÃO POR DANOS MORAIS. PROPAGANDA ENGANOSA. PRELIMINAR DE CERCEAMENTO DE DEFESA REJEITADA. NOTÍCIA CLARA E PRECISA EM PEÇA PUBLICITÁRIA DO CIRCUITO POA DAY RUN 2016 DE QUE HAVERIA PREMIAÇÃO POR CATEGORIA EM TODAS AS ETAPAS. INEXISTÊNCIA DE RESTRIÇÃO OU EXCEÇÃO DESTACADA. APLICAÇÃO DOS ARTIGOS 30 E 35, I, DO CDC. DIREITO DO AUTOR AO TROFÉU, JÁ QUE OBTEVE CLASSIFICAÇÃO DE 3º LUGAR EM SUA CATEGORIA NA CORRIDA DE 3KM. DANO MORAL NÃO CONFIGURADO. A preliminar de cerceamento de defesa, em razão de constar dos autos documento ilegível (parte do Regulamento da Corrida) onde, justamente, haveria a previsão de restrição à premiação, no caso concreto, não deve ser acolhida, mormente porque não é relevante para o deslinde do feito. A propaganda do circuito POA DAY RUN 2016 juntada aos autos dá conta de modo claro e preciso de PREMIAÇÃO POR CATEGORIA EM TODAS AS ETAPAS. Logo, não pode o regulamento, ainda que estivesse acessível na internet, restringir a premiação, já que da propaganda ostensiva não constava nenhuma exceção ou ressalva. Na forma do art. 30, do CDC, Toda informação ou publicidade, suficientemente precisa, veiculada por qualquer forma ou meio de comunicação com relação a produtos e serviços oferecidos ou apresentados, obriga o fornecedor que a fizer veicular ou dela se utilizar e integra o contrato que vier a ser celebrado. Logo, segundo o art. 35, I, do CDC, o autor/ consumidor faz jus ao cumprimento forçado da obrigação, qual seja, entrega do troféu em razão da classificação obtida. Os danos morais não estão configurados na espécie. A frustração pelo não recebimento da premiação ora é reparada, ainda que pelo cumprimento forçado, com a entrega do troféu. RECURSO PARCIALMENTE PROVIDO. (Recurso Cível Nº 71006733646, Terceira Turma Recursal Cível, Turmas Recursais do RS, Relator: Ana Claudia Cachapuz Silva Raabe, Julgado em 31/08/2017)

quando impossível a obtenção de resultado prático equivalente da obrigação, nos termos do artigo 449 do CPC/15[161] e do artigo 84 do CDC.[162]

Caso o fornecedor cumpra a obrigação, mas não no tempo, lugar e modo devidos e o consumidor por isso tenha prejuízos, pode-se considerar também a possibilidade de indenização.

O consumidor também tem a opção de aceitar outro produto ou prestação, hipótese que se concretiza normalmente em situações de estoque esgotado ou impossibilidade de entrega do bem. Bruno Miragem ressalta que a simples ausência do produto em virtude de esgotamento do estoque não exime o fornecedor da responsabilidade se a possibilidade não tiver sido expressamente consignada na oferta. E ainda, por ser direito do consumidor, a escolha pelo inciso II do artigo 35 pode ocorrer mesmo que haja longo tempo de espera ou outro inconveniente o qual o solicitante aceite suportar.[163]

Dias entende que a hipótese prevista no inciso II deve ser verificada sucessivamente e pressupõe a impossibilidade do fornecedor em cumprir a oferta nos seus termos, pois do contrário o consumidor poderá exigir o cumprimento forçado da obrigação previsto no inciso I. Assevera a autora que tal impossibilidade deve ser sempre absoluta e superveniente à oferta, pois se for anterior estará configurada a publicidade enganosa, já que o fornecedor não pode anunciar o que não existe.[164]

A opção pela resolução do contrato é indicada na lei como rescisão contratual e decorre do princípio da vinculação da oferta e da publicidade. O fornecedor é obrigado a cumprir somente aquilo a que está vinculado,

---

161 Art. 499 do CPC/15: "A obrigação somente será convertida em perdas e danos se o autor o requerer ou se impossível a tutela específica ou a obtenção de tutela pelo resultado prático equivalente."

162 Art. 84 do CDC: "Na ação que tenha por objeto o cumprimento da obrigação de fazer ou não fazer, o juiz concederá a tutela específica da obrigação ou determinará providências que assegurem o resultado prático equivalente ao do adimplemento. § 1º A conversão da obrigação em perdas e danos somente será admissível se por elas optar o autor ou se impossível a tutela específica ou a obtenção do resultado prático correspondente."

163 MIRAGEM, Bruno. *Curso de Direito do Consumidor.* 6. ed. São Paulo: Editora Revista dos Tribunais, 2016, p. 301.

164 DIAS, Lúcia Ancona de Lopez de Magalhães. *Publicidade e Direito.* São Paulo: Editora Revista dos Tribunais, 2013, p. 80.

devendo abster-se de inovar os termos do contrato com novas disposições. Caso isso ocorra, o consumidor pode optar por não manter o vínculo contratual, sem prejuízo de eventuais perdas e danos. O objetivo da norma é a recondução à situação original anterior à contratação, rescindindo-se os efeitos da aceitação e consequente constituição do contrato. Trata-se de direito formativo extintivo do consumidor e não compete ao fornecedor averiguar sua conveniência, uma vez que o artigo 35 exclui qualquer tipo de influência sua no destino do contrato.

A indenização por perdas e danos é consequência típica do inadimplemento do devedor[165] e abrange os prejuízos efetivos e também os lucros cessantes. A colocação dessa possibilidade no inciso III do mencionado artigo poderia levar à conclusão de sua incidência apenas nos casos de rescisão contratual, mas, considerando-se o sistema protetivo do consumidor como um todo, a conclusão é no sentido de que pode acompanhar qualquer uma das alternativas desde que haja dano a ser reparado.[166]

Nesse contexto, importa ressaltar que o eventual atendimento do fornecedor às alternativas do consumidor, solicitadas após o descumprimento da oferta não exoneram seu dever de indenizar, embora o atenuem[167] e possa interferir na determinação do *quantum* indenizatório. Nesses casos, cabe ao consumidor a prova da ocorrência do dano, como regra geral.

Para Pasqualotto, há recusa propriamente dita apenas na primeira hipótese do artigo 35, quando o fornecedor não quiser cumprir o que consta na oferta, veiculada pela publicidade ou apresentada de outra forma. Apesar do *caput* do dispositivo equipará-las à recusa de cumprimento, na segunda hipótese a aceitação de outro produto ou serviço facultada ao consumidor faz supor alguma forma de impossibilidade.[168]

Em qualquer situação de recusa, a lei outorga ao consumidor a pretensão ao cumprimento da oferta, que varia conforme o objeto da prestação, sen-

---

165 AGUIAR JÚNIOR, Ruy Rosado de. *Extinção dos contratos por incumprimento do devedor.* Rio de Janeiro: AIDE Editora, 2003, p. 266.

166 MIRAGEM, Bruno. *Curso de Direito do Consumidor.* 6. ed. São Paulo: Editora Revista dos Tribunais, 2016, p. 303.

167 MIRAGEM, Bruno. *Curso de Direito do Consumidor.* 6. ed. São Paulo: Editora Revista dos Tribunais, 2016, p. 304.

168 PASQUALOTTO, Adalberto. *Os efeitos obrigacionais da publicidade no Código de Defesa do Consumidor.* São Paulo: Editora Revista dos Tribunais, 1997, p. 105.

do que a maior parte das obrigações oriundas das relações de consumo são positivas, de dar em relação aos produtos e de fazer quanto aos serviços.

Quanto ao sujeito responsável do artigo 35 do CDC, esclarece Benjamin que se trata, primeiramente, do anunciante direto, aquele que paga e dirige a preparação e a veiculação do anúncio. O indireto, entretanto, que também se aproveita do anúncio de terceiro, como o comerciante, por exemplo, também pode ser responsabilizado principalmente quando for representante direto ou utilizar o anúncio em seu estabelecimento.[169]

Incidem, nessas hipóteses, os artigos 7º, parágrafo único e 34 do Código.[170] Via de regra, destaca, o veículo de comunicação não é fornecedor para fins do mencionado artigo.[171]

2.3.3. Falha na informação sobre uso: vício de informação

A noção de responsabilidade é inerente ao Direito. No direito privado, o conceito de responsabilidade civil é elementar e tem como objeto o dever de indenizar.[172] O interesse em restabelecer o equilíbrio econômico-jurídico alterado pelo dano é a causa geradora da responsabilidade civil.[173]

Atualmente, as relações interpessoais são massificadas e os riscos inerentes à vida nessa sociedade de consumo e de desenvolvimento tecnológico são maiores e têm ampla repercussão, como nos casos de danos que atingem inúmeras pessoas. Essa realidade conduz ao surgimento de uma crise do sistema de responsabilidade civil tradicional, mas proporciona, por outro lado, uma inovação.

---

169 BENJAMIN, Antonio Herman de Vasconcellos e. [arts. 29 a 45]. In: GRINOVER, Ada Pellegrini, *et.al., Código brasileiro de Defesa do Consumidor:* comentado pelos autores do anteprojeto. 8. ed. Rio de Janeiro: Forense Universitária, 2004, p. 283.

170 Art. 7º, parágrafo único, do CDC: "Tendo mais de um autor a ofensa, todos responderão solidariamente pela reparação dos danos previstos nas normas de consumo". Art. 34 do CDC: "O fornecedor do produto ou serviço é solidariamente responsável pelos atos de seus prepostos ou representantes autônomos".

171 Para aprofundamento sobre a responsabilidade dos meios de comunicação, veja MIRAGEM, Bruno. *Direito civil:* responsabilidade civil. São Paulo: Saraiva, 2015, p. 635-734.

172 MIRAGEM, Bruno. *Direito civil:* responsabilidade civil. São Paulo: Saraiva, 2015, p. 23.

173 AGUIAR DIAS, José de. *Da responsabilidade civil.* Rio de Janeiro: Forense, 1944, p. 40.

A relativização da culpa como critério de imputação da responsabilidade; a crise do nexo de causalidade diante da dificuldade de sua assimilação; a possibilidade de extensão da responsabilidade para além dos causadores do dano; o reconhecimento de novos danos e das novas funções da responsabilidade são alguns dos aspectos destacados como elementos dessa renovação.[174]

No âmbito das relações de consumo essas questões também são alvos de reflexão. Tendo em vista, porém, as peculiaridades do microssistema do CDC, os requisitos da responsabilidade civil tradicional devem ser adaptados a fim de que se possa efetivar a proteção do consumidor. No caso de falha do dever de informar sobre produto ou serviço colocado no mercado, os requisitos da responsabilidade civil ganham alguns contornos específicos.[175]

Como observa o professor Bruno Miragem, o causador do dano nas relações de consumo não é um indivíduo, mas uma organização, uma empresa. A vítima também não é um consumidor específico, mas um conjunto de pessoas. O requisito da ação, presente na responsabilidade civil tradicional, não aparece no contexto das relações consumeristas, tendo em vista o processo anônimo, despersonalizado e burocrático de produção e colocação no mercado de bens.[176]

O critério para a imputação de responsabilidade no direito do consumidor é a violação do interesse protegido.[177] A atenção dirige-se à existência de uma falha na segurança ou na adequação do produto ou do serviço. Houve inspiração no modelo da *implied warranty* da *Common Law* para a construção da responsabilidade objetiva no âmbito do CDC, que segue a teoria objetiva determinando a responsabilidade prescindível de culpa.[178] Nesses termos, evidencia-se a importância da verificação de uma imperfeição no bem de consumo.

---

174 MIRAGEM, Bruno. *Direito civil:* responsabilidade civil. São Paulo: Saraiva, 2015. P. 29-41.

175 SANSEVERINO, Paulo de Tarso Vieira. *Responsabilidade civil no Código do Consumidor e a defesa do fornecedor.* 2. ed. São Paulo: Saraiva, 2007, p. 119-121.

176 MIRAGEM, Bruno. *Direito civil:* responsabilidade civil. São Paulo: Saraiva, 2015, p. 485.

177 MIRAGEM, Bruno. *Direito civil:* responsabilidade civil. São Paulo: Saraiva, 2015, p. 486.

178 MARQUES, Claudia Lima; BENJAMIN, Antonio Herman V.; MIRAGEM, Bruno. *Comentários ao Código de Defesa do Consumidor.* 4. Ed. São Paulo: Editora Revista dos Tribunais, 2013, p. 431-433.

Para a responsabilização do fornecedor pelo descumprimento do dever de informar sobre um bem disponibilizado no mercado, é necessária a identificação de um defeito ou de um vício que atinja o produto ou o serviço.[179] É imprescindível a caracterização de um deles para que ocorra o nascimento da obrigação de indenizar.[180] Como a responsabilidade do

---

179 Paradigmática decisão do STJ em que não foi reconhecida falha do dever de informar em triste caso de menina cujos cabelos ficaram presos no ralo da piscina do condomínio. Não foi constatado defeito no sistema de drenagem e filtragem da piscina, impossibilitando, assim, a responsabilização do fabricante. Veja-se: CIVIL. PROCESSUAL CIVIL. RECURSO ESPECIAL. RESPONSABILIDADE CIVIL. AFOGAMENTO. CRIANÇA. PISCINA DE CONDOMÍNIO EDILÍCIO. SUCÇÃO DOS CABELOS DA VÍTIMA PELO SISTEMA DE DRENAGEM E FILTRAGEM DA PISCINA.ESTADO VEGETATIVO PERMANENTE. VIOLAÇÃO DO ART. 535 DO CPC. NÃO OCORRÊNCIA. CULPA CONCORRENTE DA GENITORA. DESCUIDO QUANTO AO DEVER DE VIGILÂNCIA. INEXISTÊNCIA. INDENIZAÇÃO POR DANOS MORAIS E ESTÉTICOS. CUMULATIVIDADE. DOTE. ART. 1.538, §2.º, DO CC/1916. ACÓRDÃO ASSENTADO EM FUNDAMENTO CONSTITUCIONAL. INADEQUAÇÃO DA VIA ELEITA. RESPONSABILIDADE DA EMPRESA FABRICANTE DO SISTEMA DE FILTRAGEM INSTALADO DE FORMA INADEQUADA PELO CONDOMÍNIO. NÃO CONFIGURAÇÃO. REEXAME DO CONJUNTO FÁTICO-PROBATÓRIO CARREADO AOS AUTOS. IMPOSSIBILIDADE. SÚMULA 07/STJ. RESPONSABILIDADE DA SEGURADORA DO CONDOMÍNIO PELOS DANOS MORAIS DECORRENTES DA MORA NA INDENIZAÇÃO DA VÍTIMA. COMPENSAÇÃO DE VERBAS INDENIZATÓRIAS DE DANOS MATERIAIS E VERBAS ALIMENTARES. IMPOSSIBILIDADE. (…) 7. Estando consignado pelas instâncias de cognição plena que os manuais fornecidos pela fabricante do sistema hidráulico traziam informações suficientes à demonstração do perigo pela utilização inadequada do produto, sendo expressos, ainda, ao alertar sobre a necessidade de que pessoas de cabelos longos prendessem os mesmos à altura da nuca ou fizessem uso de toucas para natação, é descabido imputar à mesma responsabilidade pelo evento danoso que ocorrera. (…). (REsp 1081432/ SP, Rel. Ministro CARLOS FERNANDO MATHIAS (JUIZ FEDERAL CONVOCADO DO TRF 1ª REGIÃO), QUARTA TURMA, julgado em 03/03/2009, DJe 17/08/2009)

180 APELAÇÃO CIVEL. RESPONSABILIDADE CIVIL. REAÇÕES ADVERSAS ADVINDAS DA UTILIZAÇÃO DE MEDICAMENTO. ARCOXIA. DANOS MORAIS E MATERIAIS. DEFEITO DO PRODUTO INEXISTENTE. PROVAS JUNTADAS AOS AUTOS INSUFICIENTES PARA COMPROVAR O NEXO DE CAUSALIDADE. AUSENTE DEVER DE INDENIZAR. NEGATIVA DE PRESTAÇÃO JURISDICIONAL. INOCORRÊNCIA. (…) Responsabilidade objetiva da fabricante do produto, independentemente de prova de culpa, nos termos do artigo 12 do Código de Defesa do Consumidor, sendo suficiente para o reconhecimento do dever de indenizar a ocorrência de um dano, a autoria e o nexo causal. Inexiste nos autos prova hábil e subsistente

fornecedor é objetiva, o conceito de defeito, considerado em sentido amplo, aparece como principal relativizador da obrigação de indenizar.[181] É um elemento chave do sistema protetivo do Código do Consumidor.

As normas do CDC protegem o consumidor em duas órbitas distintas e não excludentes. A primeira relaciona-se com a garantia da incolumidade físico-psíquica do consumidor, protegendo sua saúde e sua segurança.[182] Trata-se da preservação da integridade do bem-estar físico e psíquico do

---

a atestar que as patologias noticiadas estão relacionadas com o uso do medicamento ARCOXIA. Ausência de defeito de informação na bula do medicamento, a configurar o produto como defeituoso. Prova pericial conclusiva no sentido de ausência de defeito do produto, podendo-se ultimar que a reação alérgica do demandante não decorreu da ingestão do medicamento Arcoxia. Prova testemunhal que não ampara a tese sustentada na exordial. Sentença de improcedência mantida. APELAÇÃO CÍVEL DESPROVIDA. (Apelação Cível Nº 70068404268, Décima Câmara Cível, Tribunal de Justiça do RS, Relator: Túlio de Oliveira Martins, Julgado em 03/11/2016)

181 SANSEVERINO, Paulo de Tarso Vieira. *Responsabilidade civil no Código do Consumidor e a defesa do fornecedor.* 2. ed. São Paulo: Saraiva, 2007, p. 121-122.

182 CIVIL. AGRAVO NO RECURSO ESPECIAL. AÇÃO DE COMPENSAÇÃO POR DANOS MORAIS. CITAÇÃO VÁLIDA. TEORIA DA APARÊNCIA. REEXAME DE FATOS E PROVAS. INADMISSIBILIDADE. CORPO ESTRANHO DENTRO DE GARRAFA DE ÁGUA MINERAL. EXPOSIÇÃO DO CONSUMIDOR A RISCO CONCRETO DE LESÃO À SUA SAÚDE E SEGURANÇA. FATO DO PRODUTO. EXISTÊNCIA DE DANO MORAL. VIOLAÇÃO DO DEVER DE NÃO ACARRETAR RISCOS AO CONSUMIDOR. ARTIGOS ANALISADOS: ARTS. 6º; 8º; 12 DO CDC. 1. O reexame de fatos e provas em recurso especial é inadmissível. 2. A aquisição de produto de gênero alimentício contendo em seu interior corpo estranho, expondo o consumidor ao risco concreto de lesão à sua saúde e segurança, ainda que não ocorra a ingestão completa de seu conteúdo, dá direito à compensação por dano moral, dada a ofensa ao direito fundamental à alimentação adequada, corolário do princípio da dignidade da pessoa humana. 3. Hipótese em que se caracteriza defeito do produto (art. 12, CDC), o qual expõe o consumidor a risco concreto de dano à sua saúde e segurança, em clara infringência ao dever legal dirigido ao fornecedor, previsto no art. 8º do CDC, ensejando a reparação por danos patrimoniais e morais (art. 6º do CDC). 4. A parte agravante não trouxe, nas razões do agravo regimental, argumentos aptos a modificar a decisão agravada, que deve ser mantida por seus próprios e jurídicos fundamentos. 5. Agravo não provido. (STJ, AgRg no REsp 1454255/PB, Rel. Ministra NANCY ANDRIGHI, TERCEIRA TURMA, julgado em 21/08/2014, DJe 01/09/2014)

consumidor em face dos riscos de produtos e serviços, exteriorizados por meio dos acidentes de consumo.[183]

A segunda esfera de proteção é a patrimonial. Busca-se proteger a incolumidade econômica dos que consomem diante da ocorrência de incidentes de consumo. A proteção das duas esferas é concomitante, devendo-se observar o traço preponderante para a identificação da esfera atingida, já que não há dicotomia absoluta.[184] Em alguns casos, ganhará destaque a violação da órbita econômica do consumidor e em outras as consequências de um acidente de consumo serão as mais graves e preponderarão.

Observa-se, assim, que os produtos e os serviços colocados no mercado causam dois tipos de prejuízo ao consumidor. A depreciação do próprio bem,[185] isto é, o problema que atinge sua utilidade intrínseca, insere-se no conceito de vício. O prejuízo provocado pelo bem, extrínseco a ele, é o causador do acidente de consumo, que ocorre a partir de um defeito do produto ou do serviço.[186]

---

183 BENJAMIN, Antonio Herman de Vasconcellos e. *Teoria da qualidade.* BDJur, Brasília, DF. 29 jan. 2008. Disponível em: <http://bdjur.stj.jus.br//dspace/handle/2011/16339>. Acesso em: 30 jun. 2017.

184 SANSEVERINO, Paulo de Tarso Vieira. *Responsabilidade civil no Código do Consumidor e a defesa do fornecedor.* 2. ed. São Paulo: Saraiva, 2007, p. 166.

185 PROCESSUAL CIVIL. AGRAVO REGIMENTAL EM RECURSO ESPECIAL. DIREITO DO CONSUMIDOR. INDENIZAÇÃO POR VÍCIO DE QUALIDADE. AUTOMÓVEL. FERRUGEM. APLICAÇÃO DO ARTIGO 18, § 1°, DO CPC. RESPONSABILIDADE SOLIDÁRIA. IMPROVIMENTO. (STJ, AgRg no REsp 1124566/AL, Rel. Ministro ALDIR PASSARINHO JUNIOR, QUARTA TURMA, julgado em 23/11/2010, DJe 06/12/2010)

186 Percebe-se, na jurisprudência, certa confusão entre os conceitos. Por exemplo: APELAÇÕES CÍVEIS – AÇÃO DE REPARAÇÃO POR DANOS MORAIS E MATERIAIS DEFEITO/FATO DO PRODUTO – CONSUMIDOR – RESPONSABILIDADE SOLIDÁRIA – LEGITIMIDADE PASSIVA DA CONCESSIONÁRIA – CONDENAÇÃO DANO MORAL – PRINCÍPIO DA PROPORCIONALIDADE E DA RAZOABILIDADE. 1. Com efeito, o artigo 17 do Código de Processo Civil estabelece que para postular em juízo é necessário ter interesse e legitimidade. 2. No que toca a alegação de ilegitimidade passiva da empresa recorrente é pacífico na jurisprudência pátria o reconhecimento da responsabilidade solidária entre a montadora de veículos e a concessionária quando restar comprovado vício no produto, como é o caso dos presentes autos. 3. O caso posto a exame se encaixa na definição de vício do produto, na medida em que o fato em si, a meu ver, não atinge somente a incolumidade econômica do consumidor. Compulsando os autos, observa-se que restou demonstrado a gravidade do defeito apresentado capaz de ensejar,

O vício causa prejuízo que se situa no próprio objeto entregue ao consumidor pelo fornecedor.[187] É um problema interno cuja reparação não

---

inclusive danos à saúde física do recorrido ou de terceiros, dada a possibilidade de ocorrência de acidente em decorrência de problemas apresentados na caixa de marcha e direção, além de outros. 4. É sabido que o fato do produto ou defeito do produto resta configurado quando o defeito, além de atingir a incolumidade econômica do consumidor, atinge sua incolumidade física ou psíquica. O fato exorbita a esfera do bem de consumo, passando a atingir o consumidor que poderá ser o adquirente do bem ou mesmo o equiparado. 5. Com efeito, o §1º do artigo 12 do Código de Defesa do Consumidor dispõe que: Art. 12. (...) §1º O produto é defeituoso quando não oferece a segurança que dele legitimamente se espera, levando-se em consideração as circunstâncias relevantes, entre as quais: I – sua apresentação; II – o uso e os riscos que razoavelmente dele se esperam; III – a época em que foi colocado em circulação. 6. Esclareça-se que o veículo foi adquirido na condição de novo, acabado de sair da fábrica, não sendo aceitável que não esteja em perfeitas condições de uso e funcionamento. 7. Caracterizado o defeito do produto, cabe à empresa recorrente a responsabilidade pelos danos causados ao recorrido, nos termos do artigo 18 do Código de Defesa do Consumidor: Art.12. Os fornecedores de produtos de consumo duráveis ou não duráveis respondem solidariamente pelos vícios de qualidade ou quantidade que os tornem impróprios ou inadequados ao consumo a que se destinam ou lhes diminuam o valor, assim como por aqueles decorrentes da disparidade, com as indicações constantes do recipiente, da embalagem, rotulagem ou mensagem publicitária, respeitadas as variações decorrentes de sua natureza, podendo o consumidor exigir a substituição das partes viciadas. (...) (TJCE, Relator (a): CARLOS ALBERTO MENDES FORTE; Comarca: Eusebio; Órgão julgador: 2ª Câmara Direito Privado; Data do julgamento: 25/01/2017; Data de registro: 25/01/2017)

187 O vício intrínseco do objeto de consumo para ser reconhecido como tal e ensejar a reparação deve acarretar dano econômico: LISBOA, Roberto Senise. *Relação de consumo e proteção jurídica do consumidor no direito brasileiro.* São Paulo: Juarez de Oliveira, 1999, p. 55.

depende de um dano moral ou pessoal.[188] O bem não se presta ao uso a que se acha destinado ou não corresponde ao preço que por ele se ajustou.[189]

O direito tradicional não oferece boas respostas para esses casos tendo em vista a insuficiência de proteção da teoria dos vícios redibitórios a qual se verifica pela exigência de um vínculo contratual; pela exiguidade dos prazos para reclamar; pela estreiteza do conceito de vício redibitório (que não abrange os vícios de quantidade, por exemplo); pela exclusão da garantia de durabilidade; pela insuficiência das opções satisfativas; pela ideia de internalização dos custos sociais da atividade produtiva; pela disponibilidade da garantia;[190] pela dificuldade da prova do vício

---

188 RECURSO ESPECIAL. AÇÃO DE INDENIZAÇÃO POR DANOS MATERIAIS E MORAIS. CÓDIGO DE DEFESA DO CONSUMIDOR – CDC. SÚMULAS NºS 7/STJ E 282/STF. PRODUTO DEFEITUOSO. FATO DO PRODUTO. PRAZO PRESCRICIONAL. 1. Trata-se de ação de indenização por danos morais e materiais proposta por consumidor contra o fabricante e o comerciante de revestimentos cerâmicos após o surgimento de defeito do produto. 2. O vício do produto é aquele que afeta apenas a sua funcionalidade ou a do serviço, sujeitando-se ao prazo decadencial do art. 26 do Código de Defesa do Consumidor – CDC. Quando esse vício for grave a ponto de repercutir sobre o patrimônio material ou moral do consumidor, a hipótese será de responsabilidade pelo fato do produto, observando-se, assim, o prazo prescricional quinquenal do art. 27 do referido diploma legal. 3. A eclosão tardia do vício do revestimento, quando já se encontrava devidamente instalado na residência do consumidor, determina a existência de danos materiais indenizáveis e relacionados com a necessidade de, no mínimo, contratar serviços destinados à substituição do produto defeituoso. Desse modo, a hipótese é de fato do produto, sujeito ao prazo prescricional de 5 (cinco) anos. 4. No caso, embora a fabricante tenha reconhecido o defeito surgido em julho de 2000, 9 (nove) meses após a aquisição do produto, o consumidor, insatisfeito com a proposta de indenização que lhe foi apresentada, ajuizou ação de reparação de danos morais e materiais em 22/3/2002, quando ainda não superado o prazo prescricional. 5. Recursos especiais parcialmente conhecidos e não providos. (STJ, REsp 1176323/SP, Rel. Ministro RICARDO VILLAS BÔAS CUEVA, TERCEIRA TURMA, julgado em 03/03/2015, DJe 16/03/2015)

189 THEODORO JÚNIOR, Humberto. *Direitos do consumidor*: a busca de um ponto de equilíbrio entre as garantias do Código de Defesa do Consumidor e os princípios gerais do Direito Civil e do Direito Processual Civil. 8. ed. Rio de Janeiro: Forense, 2013, p. 356-357.

190 No Código Civil a garantia é concedida por regra dispositiva que pode ser atenuada ou excluída pelas partes. No CDC a cláusula sobre garantia não pode ser excluída por ter origem em norma cogente: SANSEVERINO, Paulo de Tarso

e, por fim, pela irrelevância da profissionalidade da vítima, porquanto não há diferenciação de tratamento entre comprador-consumidor e comprador-profissional.

Diante dessas deficiências, surge a necessidade de reformulação do sistema com base no que Benjamin designa de teoria da qualidade,[191] que não derruba a teoria dos vícios redibitórios, mas propõe uma releitura das garantias tradicionais, considerando-se a realidade da produção, comercialização e consumo em massa.[192]

Trata-se de uma adaptação do sistema tradicional das garantias contra a evicção e contra os vícios redibitórios à realidade que desfavorece o consumidor.[193] O CDC traz, então, o sistema de vícios de qualidade que se bifurcam na tutela da incolumidade física-psíquica, chamadas de vício de qualidade por insegurança, e na proteção do patrimônio do consumidor por meio da categoria dos vícios de qualidade por inadequação.

Vieira. *Responsabilidade civil no Código do Consumidor e a defesa do fornecedor.* 2. ed. São Paulo: Saraiva, 2007, p. 164-165.

191 Para definir vício e defeito, Benjamin parte do conceito de vício em sentido amplo e o distingue em vício por inadequação (o que pode ser considerado o vício em sentido estrito), e o vício por insegurança, que é o defeito do produto. Cavalieri Filho parte da definição de defeito em sentido amplo para o distinguir em defeito em sentido estrito e vício. Zelmo Denari utiliza as expressões como sinônimos, referindo-se a vícios ou defeitos de adequação ou de segurança.

192 BENJAMIN, Antonio Herman de Vasconcellos e. *Teoria da qualidade.* BDJur, Brasília, DF. 29 jan. 2008. Disponível em: <http://bdjur.stj.jus.br//dspace/handle/2011/16339>. Acesso em: 30 jun. 2017.

193 A grande inovação do sistema do CDC relaciona-se com a boa-fé, que na sua função integrativa estabelece deveres para as duas partes da relação obrigacional, a exemplo do dever de informação e esclarecimento de circunstâncias ignoradas pela outra parte. Assim, no sistema tradicional o alienante tem o dever de informar sobre as características da coisa vendida e do modo correto de utilizá-la e o comprador deve alertar sobre os vícios que se revelarem, evitando surpreendê-lo após o decurso da garantia. Essa obrigação de informar o vendedor não encontra regra análoga no CDC tendo em vista o princípio da confiança, que não é uma "via de duas mãos", mas objetiva proteger as expectativas do consumidor: LIMA, Clarissa Costa de. Dos vícios do produto no novo Código Civil e no Código de Defesa do Consumidor e suas repercussões no âmbito da responsabilidade civil. *Revista de Direito do Consumidor*, São Paulo, v. 51, p. 112-117, jul. /set., 2004.

A proteção do consumidor nesses dois âmbitos é consagrada como direito do consumidor. O artigo 6º, I do Código do Consumidor dispõe sobre o direito do consumidor à proteção da vida, saúde e segurança, contra os riscos provocados por práticas no fornecimento do produto e do serviço considerados perigosos ou nocivos. O artigo 4º, II, d, por sua vez, traz como princípio da Política Nacional das Relações de Consumo a ação governamental para proteger o consumidor pela garantia dos produtos e serviços com padrões adequados de qualidade, segurança, durabilidade e desempenho.

A teoria da qualidade é o fundamento para esse sistema de responsabilidade instituído pelo CDC, que impõe um dever geral de qualidade. É bifurcada em exigência de qualidade-adequação e qualidade-segurança. Há, assim, os vícios de qualidade por inadequação e por insegurança,[194] ou, em outras palavras, os vícios e os defeitos do produto ou do serviço.

No entendimento de Silva, os danos decorrentes do vício são vinculados direta e exclusivamente com o fato-vício e têm uma regulamentação diversa daqueles prejuízos causados por um defeito, ocasionando o fato do produto. As regras do artigo 18 e seguintes do CDC tratam dos danos vinculados diretamente aos vícios, enquanto as regras dos artigos 12 e seguintes tratam dos danos decorrentes da existência dos vícios.[195]

Denari denomina de defeito ou vício de qualidade a qualificação de desvalor atribuída a um produto ou serviço por não corresponder à legítima expectativa do consumidor,[196] quanto à sua utilização ou fruição,

---

194 MARQUES, Claudia Lima. *Contratos no Código de Defesa do Consumidor*: o novo regime das relações contratuais. 7. ed. São Paulo: Editora Revista dos Tribunais, 2014, p. 1.291.

195 SILVA, Jorge Cesa Ferreira da. *A Boa-fé e a violação positiva do contrato*. Rio de Janeiro: Renovar, 2002.

196 RECURSO INOMINADO. CONSUMIDOR. AÇÃO DE RESTITUIÇÃO C/C INDENIZAÇÃO POR DANOS MORAIS. INGRESSO ADQUIRIDO PARA EVENTO. FALTA DE ALVARÁ DO CORPO DE BOMBEIROS. CANCELAMENTO NO DIA DA REALIZAÇÃO DO EVENTO. RESPONSABILIDADE DA RÉ. FALHA NO SERVIÇO. FRUSTAÇÃO DE EXPECTATIVA LEGÍTIMA. DANOS MORAIS CONFIGURADOS. Recorre a parte ré, insurgindo-se contra sentença que julgou parcialmente procedente a ação, ao condená-la ao pagamento de R$ 3.000,00 a título de danos morais para a autora. Hipótese em que a autora adquiriu ingresso para assistir a palestra de Nick Vujicic (fl. 28), na Arena do Grêmio. Informa que chegando no local foi surpreendida com a troca de lugar do evento, que passaria a ocorrer no

e também por adicionar riscos à integridade física ou patrimonial do consumidor ou de terceiros. Destaca, ainda, que quando a prestabilidade do bem de consumo é comprometida a hipótese é de vício ou defeito de

---

estacionamento da Arena do Grêmio. Após longa espera, o evento foi cancelado, quebrando-se assim uma expectativa legítima da autora, que se deslocou até o local do evento e ficou esperando no mesmo até o cancelamento ser informado. Aduz a empresa ré que teria contratado empresa terceirizada para conseguir o PPCI, que não teria agido de má-fé, ressarcindo a todos o mais rápido possível, não havendo que se falar em danos morais. O fato da recorrente ter contratado terceirizada para conseguir a liberação junto ao corpo de bombeiros, não afasta a responsabilidade da ré que se comprometeu com a realização regular do evento. Igualmente, conforme mostrado em reportagem (fls. 36/40), as pessoas que estavam aguardando o evento, com o seu cancelamento sem sobreaviso, foram surpreendidas e tiveram quebra de expectativa legítima, o que enseja danos morais. O quantum de R$ 3.000,00 está de acordo com as circunstâncias do caso em concreto., bem como dentro dos parâmetros que vem sendo fixados pelas Turmas Recursais em casos semelhantes. Assim, deve ser mantida a sentença recorrida, por seus próprios fundamentos. SENTENÇA MANTIDA. RECURSO IMPROVIDO. (Recurso Cível Nº 71007190622, Primeira Turma Recursal Cível, Turmas Recursais, Relator: Fabiana Zilles, Julgado em 31/10/2017)

adequação;[197] já quando sua utilização seja capaz de gerar riscos, trata-se de vício ou defeito de segurança.[198]

Percebe-se um novo dever de qualidade, um dever anexo às atividades dos fornecedores. A teoria da qualidade permite uma releitura mais adaptada à realidade atual da garantia do vício redibitório pois objetiva a própria atividade do fornecedor. O consumidor, dessa forma, é protegido em suas expectativas em relação à prestação contratual.[199]

---

197 ACÓRDÃO RESPONSABILIDADE CIVIL Automóvel. Responsabilidade por defeito do produto. Descargas elétricas provocadas por fenômeno físico. Circunstância que não exclui a responsabilidade do fabricante. Risco que não deve o consumidor suportar. Utilidade do produto que não pode ser reconhecida. Descargas que não podem ser consideradas como inerentes do uso normal do veículo. Falta de informação adequada caracterizada pela completa ausência no manual do fabricante sobre a possibilidade de o veículo provocar "choques elétricos" no motorista e nos passageiros. Hipótese do caso concreto que se insere no risco da atividade do fabricante do produto e que não pode ser transferida para o consumidor. Inteligência dos artigos, 6º, III, 8º, 12 e seu §§ 1o e 3º, inciso II e 18, II do CODECON. Ação julgada improcedente. Sentença reformada. Recurso provido para esse fim. DANO MORAL. Compra e venda. Automóvel. Inadequação do produto para uso do consumidor. Veiculo sujeito a descargas elétricas. Transtornos e aborrecimentos causados pela ré em razão do fato do produto não atender à fruição que normalmente se espera de um automóvel, destinado ao uso no trabalho e lazer do proprietário e sua família. Frustração que caracteriza dano moral suscetível de reparação. Indenização fixada em R$ 24.000,00. Valor razoável. Verba devida. Ação julgada procedente. Recurso provido para esse (TJSP; Apelação Com Revisão 9073755-41.1999.8.26.0000; Relator (a): Paulo Roberto de Santana; Órgão Julgador: 4ª Câmara (Extinto 1º TAC); Foro de São Caetano do Sul – 1ª. Vara Cível; Data do Julgamento: 14/04/2004; Data de Registro: 30/04/2004)

198 DENARI, Zelmo. [arts. 8º ao 28]. In: GRINOVER, Ada Pellegrini, *et.al., Código brasileiro de Defesa do Consumidor:* comentado pelos autores do anteprojeto. 8. ed. Rio de Janeiro: Forense Universitária, 2004, p. 175-176.

199 MARQUES, Claudia Lima. *Contratos no Código de Defesa do Consumidor:* o novo regime das relações contratuais. 7. ed. São Paulo: Editora Revista dos Tribunais, 2014, p. 1.294.

A referida teoria se concentra no objeto da prestação[200] uma vez que o resultado da atividade dos fornecedores dever ter qualidade.[201] O seu fim maior é a proteção do consumidor, a melhora da qualidade de vida e também maior harmonia na relação de consumo. O cerne do princípio da proteção da confiança ou da proteção das legítimas expectativas do consumidor está na adequação do produto ou do serviço ao fim que dele legitimamente se espera.

É uma teoria típica do Direito do Consumidor e não é adequado seu uso no Direito Civil comum ou no Direito Comercial, pois aborda parâmetros de responsabilidade previstos na legislação consumerista, com peculiaridades distintas do sistema tradicional.[202]

Tradicionalmente, são elementos da responsabilidade civil a conduta, o dano e o nexo de causalidade entre eles. A conduta remete à ideia de ação humana, de comportamento comissivo ou omissivo causador de

---

200 RECURSO INOMINADO. CONSUMIDOR. VÍCIO DO PRODUTO. AQUISIÇÃO DE PISO DE SEGUNDA OU TERCEIRA LINHA. PROVA DE QUE CERCA DE 20% DO PRODUTO APRESENTAVA FALHAS (MANCHAS, BURACOS, QUEBRADURAS). DEFEITO DE INFORMAÇÃO. O FATO DE SE TRATAR DE PISCO DE QUALIDADE "C" NÃO DETERMINA QUE CONTENHA AS IMPERFEIÇÕES DESCRITAS NEM HÁ PROVA DE QUE ESTAS FORAM DEVIDAMENTE INFORMADAS À AUTORA. COMPETÊNCIA DO JUIZADO ESPECIAL. DESNECESSIDADE DE PROVA COMPLEXA, EM RAZÃO DE INCONTROVERSÃO QUANTO AO VÍCIO. DECADÊNCIA AFASTADA, FACE Á RECLAMAÇÃO INTERMITENTE DO CONSUMIDOR. PROVIMENTO DOS RECURSOS, EM PARTE, PARA REDUZIR O VALOR DA INDENIZAÇÃO POR DANOS MATERIAIS POR METADE (R$ 3.316,19), UMA VEZ QUE O PISO FOI INSTALADO E NÃO HÁ PEDIDO DE QUE SEJA REMOVIDO. DECISÃO POR EQUIDADE. DANOS MORAIS OCORRENTES, FACE AO DESPREZO À CONSUMIDORA, QUE REALIZOU DIVERSAS RECLAMAÇÕES, INCLUSIVE NO PROCON. AGRAVAMENTO DA CONDIÇÃO DE VULNERABILIDADE. RECURSOS PARCIALMENTE PROVIDOS. (Recurso Cível Nº 71002375137, Segunda Turma Recursal Cível, Turmas Recursais do RS, Relator: Fabio Vieira Heerdt, Julgado em 10/11/2010)

201 Os fornecedores não estão proibidos de ofertar e colocar no mercado produtos levemente viciados, com abatimento do preço, desde que essa situação seja bem informada ao consumidor: DENARI, Zelmo. [arts, 8º ao 28]. In: GRINOVER, Ada Pellegrini, *et.al., Código brasileiro de Defesa do Consumidor:* comentado pelos autores do anteprojeto. 8. ed. Rio de Janeiro: Forense Universitária, 2004, p. 138.

202 MARQUES, Claudia Lima. *Contratos no Código de Defesa do Consumidor:* o novo regime das relações contratuais. 7. ed. São Paulo: Editora Revista dos Tribunais, 2014, p. 1.294.

consequências físicas. Da conduta contrária ao direito surge o ato ilícito que é reconhecido como um agir contrário a normas civis e penais. É conceito que se relaciona com a violação do dever jurídico de não lesar.[203]

Na teoria clássica da responsabilidade civil, no entanto, não basta a ocorrência do ato ilícito e um dano dele oriundo para que se completem os requisitos necessários para a imputação da responsabilidade. Nos séculos XVIII e XIX, o elemento da culpa era imprescindível para a responsabilização do agente.[204]

A noção de culpa, porém, foi se transformando com o tempo e a visão original associada à concepção psicológica de falha de vontade humana dá lugar à uma concepção mais ampla de culpa que abrange o dolo (intenção de produzir resultado) e a culpa em sentido estrito (imprudência ou negligência).[205]

No âmbito das relações de consumo, a responsabilidade civil recebeu contornos específicos quanto ao elemento volitivo, como já referido. O fornecedor de produtos e serviços responde independentemente de culpa pelos danos causados. Não há, assim, necessidade de averiguação da presença de elementos subjetivos no suporte fático do ilícito de consumo, já que o elemento culpa foi totalmente descartado, não se podendo falar nem em culpa presumida.[206] A responsabilidade passa a se fundar no risco de que o produto tenha defeito e cause danos a alguém.[207]

Outra inovação diz respeito à existência de vínculo antecedente entre as partes. A classificação tradicional entre responsabilidade contratual e extracontratual é afastada para dar lugar a uma nova terminologia que

---

203 MIRAGEM, Bruno. *Direito civil:* responsabilidade civil. São Paulo: Saraiva, 2015, p. 567.

204 PEREIRA, Caio Mário da Silva. *Responsabilidade civil.* Atualizado por Gustavo Tepedino. 11. ed. Rio de Janeiro: Forense, 2016, p. 87-88.

205 MIRAGEM, Bruno. *Direito civil:* responsabilidade civil. São Paulo: Saraiva, 2015. p.258-259.

206 SANSEVERINO, Paulo de Tarso Vieira. *Responsabilidade civil no Código do Consumidor e a defesa do fornecedor.* 2. ed. São Paulo: Saraiva, 2007, p. 186-187.

207 PASQUALOTTO, Adalberto. Proteção contra produtos defeituosos: das origens ao Mercosul. *Revista de Direito do Consumidor*, São Paulo, v. 42, p.119-145, abr. /jun., 2002.

não se justifica mais em razão da fonte do dever jurídico violado, mas em virtude do interesse jurídico protegido.[208]

É uma classificação que não traz apenas mera inovação terminológica, mas o alcance ao estabelecimento da lei como única fonte de responsabilidade. Desse modo, a proteção do consumidor contra riscos do produto e do serviço se encontram fundamentados no reconhecimento da existência de interesses legítimos de que sejam efetivamente seguros. A tutela da confiança consubstanciada na legítima expectativa dos consumidores sistematizada no CDC passar a ser o fundamento da responsabilidade civil de consumo,[209] dividida em responsabilidade pelo fato do produto ou do serviço e pelo vício do produto ou do serviço.

---

208 MIRAGEM, Bruno. *Direito civil:* responsabilidade civil. São Paulo: Saraiva, 2015. p. 485-486

209 Excelente debate em acórdão relatado pela Ministra Nancy Andrighi no qual a julgadora explana sobre o fundamento da responsabilidade de supermercado por furto de veículo ocorrido em seu estacionamento. Caso em que há o exame da necessidade de proteção das legítimas expectativas do consumidor como próprio fundamento da responsabilidade civil, afastando-se a aplicação da teoria do risco-proveito a fim de justificar o dever de guarda de veículos apenas dos grandes estabelecimentos: DIREITO DO CONSUMIDOR. RECURSO ESPECIAL. AÇÃO DE INDENIZAÇÃO POR DANOS MATERIAIS E COMPENSAÇÃO POR DANOS MORAIS. FURTO DE VEÍCULO EM ESTACIONAMENTO DE SUPERMERCADO. LEGÍTIMA EXPECTATIVA DE SEGURANÇA POR PARTE DO CONSUMIDOR. AUSÊNCIA DE CIRCUNSTÂNCIAS CONCRETAS APTAS AO RECONHECIMENTO DA RESPONSABILIDADE CIVIL DO FORNECEDOR. (...) se está caracterizada a responsabilidade civil do estabelecimento pelo evento danoso.3. Tradicionalmente, a jurisprudência desta Corte entende que os estabelecimentos comerciais e congêneres que fornecem estacionamento aos veículos de seus clientes respondem objetivamente por danos, furtos ou roubos. O entendimento – que foi consolidado na Súmula 130/STJ – é de que a disponibilização do estacionamento constitui mecanismo de captação de clientela para o estabelecimento, que, em troca dos benefícios indiretos que aufere, deve zelar pela segurança dos veículos dos consumidores, suportando os riscos inerentes à comodidade oferecida. 4. Contudo, essa orientação, que se fundamenta na teoria do risco-proveito, acaba por, automaticamente e sem quaisquer outras considerações, transferir o risco de dano ou subtração do veículo para o mantenedor do estacionamento, risco esse que, a princípio, é do proprietário do bem. 5. Além disso, a teoria do risco-proveito, aplicada sistematicamente, implica a presunção de que o risco assumido por qualquer estabelecimento, assim como o proveito decorrente do estacionamento, é uniforme e invariável, o que não condiz com a realidade econômica-social, tão

O descumprimento do dever de informar do fornecedor atinge justamente essa confiança e pode dar origem ao vício ou ao defeito do produto ou do serviço, conforme a esfera protegida atingida pela ausência ou pela insuficiência de informação.[210] O regime jurídico dos vícios de informação encontra-se tipificado no artigo 18 do CDC, tendo em vista ser o vício de informação[211] um vício de qualidade do bem de consumo.

---

dinâmica e multifacetada. 6. Nesse contexto, entende-se que a responsabilidade do estabelecimento por danos ou subtrações de veículos em estacionamentos deve ser aferida casuisticamente, cabendo ao julgador investigar se o conjunto das circunstâncias concretas do estabelecimento e seu estacionamento são aptas a gerar, no consumidor-médio, razoável expectativa de segurança. 7. Se esse conjunto de circunstâncias, objetivamente consideradas, indicar que havia razoável expectativa de segurança por parte do consumidor-médio, a responsabilidade do estabelecimento ou instituição estará configurada, assentando-se o nexo de imputação na frustração da confiança a que fora induzido o consumidor. 8. Dentre as circunstâncias relevantes, podem ser citadas (sem qualquer intuito de exaurimento): pagamento direto pelo uso do espaço para estacionamento; natureza da atividade exercida (se empresarial ou não, se de interesse social); ramo do negócio; porte do estabelecimento; nível de acesso ao estacionamento (fato de o estacionamento ser ou não exclusivo para clientes ou usuários do serviço); controle de entrada e saída por meio de cancelas ou entrega de tickets; aparatos físicos de segurança na área de parqueamento (muros, cercas, grades, guaritas e sistema de vídeo-vigilância); presença de guardas ou vigilantes no local; nível de iluminação. (...) (REsp 1426598/PR, Rel. Ministra NANCY ANDRIGHI, TERCEIRA TURMA, julgado em 19/10/2017, DJe 30/10/2017)

210 Werner aponta à menção ao dano no *caput* do artigo 12 do CDC como elemento distintivo entre o vício o defeito. O artigo 18, que dispõe sobre o vício, não traz o vocábulo dano, o que permite concluir que o fornecedor é garantidor da qualidade dos produtos e serviços. Como a existência de vício por si só não significa a ocorrência de dano e pelo fato do vício não ser propriamente um dano o autor afirma ser mais adequado falar em garantia do que responsabilidade por vícios: WERNER, José Guilherme Vasi. Vícios e defeitos no produto e no serviço. *Revista de Direito do Consumidor*, São Paulo, v. 58, p. 99-115, abr. /jun., 2006.

211 APELAÇÃO – INDENIZAÇÃO – LEILÃO – VEÍCULO RECUPERADO – DIREITO DO CONSUMIDOR – LEILOEIRO – ILEGITIMIDADE PASSIVA – RESPONSABILIDADE DO VENDEDOR – VEÍCULO RECUPERADO – OFENSA DO DEVER DE INFORMAÇÃO – DANOS MORAIS E MATERIAIS – CABIMENTO. Em se tratando de ação redibitória, o leiloeiro – intermediador da venda – não é parte legítima para ocupar o pólo passivo da ação, devendo a responsabilidade recair exclusivamente sobre o vendedor do bem. Se o consumidor adquire veículo objeto de recuperação, sem que lhe fosse dada ciência dessa condição pelo vendedor, constata-se a

O defeito de informação, por outro turno, refere-se à responsabilidade por danos causados por informações insuficientes ou inadequadas sobre a fruição e riscos do produto ou do serviço que acarrete danos à saúde do consumidor, tutelada pelo artigo 12 do Código, que teve inspiração na Diretiva europeia 85/374/CEE, a qual exigiu expressamente a existência de defeito de um produto para que fosse deflagrada a responsabilidade civil do fornecedor.[212]

Vício de informação é aquele vício de qualidade decorrente da disparidade[213] com as indicações constantes do recipiente,[214] da embalagem,

---

violação do dever de informação previsto no Código de Defesa do Consumidor, sendo devida a condenação pelos danos morais e materiais àquele causados. O valor dos danos morais deve ser fixado observando-se os princípios da razoabilidade e proporcionalidade. (TJMG – Apelação Cível 1.0287.14.003303-9/001, Relator (a): Des. (a) José Augusto Lourenço dos Santos, 12ª CÂMARA CÍVEL, julgamento em 04/05/2016, publicação da súmula em 12/05/2016)

212 WESENDONCK, Tula. A responsabilidade civil pelos riscos do desenvolvimento: evolução histórica e disciplina no Direito Comparado. *Direito & Justiça,* v. 38, n. 2, p. 213-227, jul. /dez. 2012.

213 COMPRA E VENDA DE VEÍCULO. AÇÃO DE REPARAÇÃO DE DANOS MATERIAIS. <u>VÍCIO DE INFORMAÇÃO ADEQUADA SOBRE O PRODUTO. POTÊNCIA INFERIOR Á INFORMADA EM MÍDIA.</u> DECADENCIA NÃO OPERADA. VÍCIO OCULTO. OPÇÃO PELO ABATIMENTO PROPORCIONAL DO PREÇO. VERIFICAÇÃO RAZOÁVEL DO PERCENTUAL ABATIDO. AUSÊNCIA DE PROVA DOS FATOS MODIFICATIVOS OU EXTINTIVOS DO DIREITO AUTORAL. PRECLUSÃO DA PROVA TÉCNICA. AUSENCIA DE DEMONSTRAÇÃO ACERCA DA REAL POTENCIA DO VEÍCULO VENDIDO ESPECIFICAMENTE AO AUTOR. RECURSO ADESIVO. NÃO CONHECIMENTO. AUSENCIA DE PREPARO RECURSAL. SENTENÇA DE PROCEDENCIA MANTIDA. MAJORAÇÃO E CONDENAÇÃO EM HONORÁRIOS ADVOCATÍCIOS, PELA ATUAÇÃO DERROTADA NESTA FASE (ART. 85, §§ 2.º E 11 DO CPC). Apelação não provida e recurso adesivo, não conhecido, com determinação.

(TJSP; Apelação 1001730-45.2016.8.26.0268; Relator (a): Cristina Zucchi; Órgão Julgador: 34ª Câmara de Direito Privado; Foro de Itapecerica da Serra – 4ª Vara; Data do Julgamento: 26/11/2018; Data de Registro: 28/11/2018)

214 Por exemplo, um rádio adquirido pelo consumidor sendo de cor cinza quando havia indicação de cor preta; pouco importa que esteja funcionando bem, está viciado: MALFATTI, Alexandre David. *O direito de informação no Código de Defesa do Consumidor.* São Paulo: Alfabeto Jurídico, 2003, p. 275.

rotulagem ou mensagem publicitária. Encontra previsão legal no *caput* do artigo 18 do CDC ao lado dos vícios de impropriedade e de diminuição de valor.[215]

Esses vícios estão inseridos em um regime que abarca os chamados contratos de bagatela. São pequenas compras em supermercados, contratos de serviços de pequeno valor em que são transmitidas ou asseguradas informações não condizentes com a realidade. Relacionam-se com o não cumprimento do dever de qualidade-adequação.[216]

São vícios de disparidade informativa que muitas vezes somente poderão ser sanados pelo fabricante, pois é quem rotula, embala e conhece a fórmula do produto. Diante da rapidez exigida pelos consumidores para a solução do problema, todavia, eventual falha de informação pode vir a ser corrigida diretamente pelo comerciante, quando possível.[217]

Havendo vício de informação, não há necessidade de se demonstrar a impropriedade ou a inadequação do produto ou do serviço, bastando a desconformidade ou disparidade entre o anunciado e o efetivamente existente para a responsabilização do fornecedor, já que o dever de informar é a ele imputado pelo direito moderno.[218]

Como ensina Miragem, o vício do produto ou do serviço por ausência de informação que deveria ter sido prestada "ocorre quando desta falta há em consequência a violação do dever de adequação deste produto ou serviço".[219] Acontece, portanto, quando houver falta de informação que deveria constar na embalagem, em manuais, no momento da oferta ou em outras circunstâncias. Pelo descumprimento do dever de informar o

---

215 MARQUES, Claudia Lima; BENJAMIN, Antonio Herman V.; MIRAGEM, Bruno. *Comentários ao Código de Defesa do Consumidor.* 4. Ed. São Paulo: Editora Revista dos Tribunais, 2013, p. 564-565.

216 BARBOSA, Fernanda Nunes. *Informação:* direito e dever nas relações de consumo. São Paulo: Editora Revista dos Tribunais, 2008, p. 124.

217 MARQUES, Claudia Lima. *Contratos no Código de Defesa do Consumidor:* o novo regime das relações contratuais.7. ed. São Paulo: Editora Revista dos Tribunais, 2014, p. 1307-1308.

218 LÔBO, Paulo Luiz Netto. *Responsabilidade por vício do produto e do serviço.* Brasília: Livraria e Editora Brasília Jurídica, 1996, p. 66.

219 MIRAGEM, Bruno. *Curso de Direito do Consumidor.* 6. ed. São Paulo: Editora Revista dos Tribunais, 2016, p. 298-298.

consumidor não consegue obter a finalidade pretendida com o bem que adquiriu e não consegue saber exatamente o que poderá esperar dele.[220]

Os danos suportados pelo consumidor no caso de vício de informação estão em sua esfera patrimonial. Seu dinheiro é utilizado para adquirir um produto cujas informações não foram transmitidas de maneira adequada. São exemplos de vício de informação aqueles casos em que a embalagem mostra determinado chocolate que não está presente na bebida achocolatada,[221] servindo apenas para chamar a atenção do consumidor. Esses casos muitas vezes configuram-se também como hipóteses de publicidade enganosa.[222]

---

220 FILOMENO, José Geraldo Brito. [arts. 6º e 7º]. In: GRINOVER, Ada Pellegrini, *et.al., Código brasileiro de Defesa do Consumidor:* comentado pelos autores do anteprojeto. 8. ed. Rio de Janeiro: Forense Universitária, 2004, p. 138.

221 Em 2010, a Anvisa determinou a suspensão das propagandas referentes à bebida Alpino Fast, da fabricante Nestlé, que induziam o consumidor a acreditar que havia chocolate Alpino na composição do produto tendo em vista a imagem do chocolate impresso na garrafinha. Veja a notícia: <http://g1.globo. com/economia-e-negocios/noticia/2010/05/anvisa-determina-suspensao-de-propagandas-do-alpino-fast.html>. Acesso em 20. mai. 2018.

222 Apelação – Indenização – Prestação de serviços educacionais – <u>Curso superior ministrado à distância, e não na forma presencial em sala de aula – Veiculação de propaganda enganosa – Falha na prestação do serviço, pela ausência de informações adequadas no fornecimento dos serviços</u> – Responsabilidade objetiva pelo risco da atividade – Excludentes não verificadas – "Quantum" indenizatório extrapatrimonial bem mensurado – Apelação desprovida – Decisão mantida.

(Relator (a): Ademir Benedito; Comarca: São José dos Campos; Órgão julgador: 15ª Câmara Extraordinária de Direito Privado; Data do julgamento: 22/06/2015; Data de registro: 26/06/2015);

APELAÇÃO CÍVEL. DIREITO PRIVADO NÃO ESPECIFICADO. ENSINO PARTICULAR. AÇÃO INDENIZATÓRIA. APLICABILIDADE DO CDC. SUPLETIVO ENSINO MÉDIO. <u>AUSÊNCIA DE CLAREZA NA INFORMAÇÃO QUANTO AO CURSO OFERTADO. PUBLICIDADE DÚBIA.</u> RUPTURA DOS PRINCÍPIOS DA TRANSPARÊNCIA E DA BOA-FÉ OBJETIVA. CASO CONCRETO. MATÉRIA DE FATO. DANO MATERIAL. DEVOLUÇÃO DOS VALORES DESEMBOLSADOS PELO ALUNO. DANO MORAL CONFIGURADO. <u>O Código de Defesa do Consumidor assegura ao consumidor o direito à informação, clara e precisa, acerca do produto e do seu preço. Portanto, na forma como posta a publicidade do curso ministrado pela ré resta latente o defeito de informação contratual, pois é dúbia a propaganda apresentada pela requerida, fazendo parecer que o aluno estava efetivamente realizando o curso</u>

A aquisição de produto eletrônico sem a indicação correta da quantidade de pilhas a serem utilizadas, a falta de informação acerca de acessórios necessários[223] para o funcionamento de máquinas ou eletrodomésticos, falta de informação sobre a vida útil do bem ou sobre a proximidade da expiração do prazo de validade[224] são outros exemplos de vício de informação.

São situações que interferem na relação de consumo, mas não causam danos à saúde do consumidor.[225] Uma chaleira elétrica que funciona muito bem, esquenta a água, mas cujo LED embutido nunca desliga pode ser outro exemplo de vício de informação. O bem é adequado ao uso a que destina, mas talvez o consumidor não a tivesse adquirido se soubesse que

---

supletivo de ensino médio e não um mero curso preparatório para futuro ingresso no supletivo. O dano dessa natureza decorre do próprio ato ilícito, dispensando-se a prova do prejuízo experimentado, pois evidente que frustrada restou a expectativa do autor em concluir o ensino médio depois de ter assistido às aulas e ser submetido a diversas avaliações, como comprovam os documentos que instruem a inicial. Ademais, a informação de que se cuidava apenas de um curso preparatório apenas foi prestada com clareza pela parte demandada ao final do curso. RECURSO DE APELAÇÃO PROVIDO. (Apelação Cível Nº 70071016356, Décima Quinta Câmara Cível, Tribunal de Justiça do RS, Relator: Adriana da Silva Ribeiro, Julgado em 14/12/2016)

223 A simples advertência de que o produto é perigoso não basta pare evitar o acidente de consumo, caso haja necessidade de manuseio com máscaras, por exemplo, o fornecedor deve informar: KHOURI, Paulo R. Roque. *Direito do consumidor:* contratos, responsabilidade civil e defesa do consumidor em juízo. 6. ed. São Paulo: Atlas, 2013, p. 194.

224 O projeto de lei nº 2.415, de 2015, de relatoria da deputada Eliziane Gama estabelece a obrigatoriedade dos supermercados e estabelecimentos similares a divulgar de forma clara, destacada e visualmente integrada ao produto a data de vencimento dos produtos cujo prazo de validade expire em até 7 dias. Atualmente o projeto está aguardando parecer do relator na Comissão de Constituição e Justiça e de Cidadania. O texto do projeto está disponível em: <http://www.camara.gov.br/proposico-esWeb/prop_mostrarintegra;jsessionid=2FA2645D312A3896A8AA2F72EA2345D2.proposicoesWeb2?codteor=1509742&filename=Parecer-CDC-22-11-2016>.

225 A qualidade dos produtos e serviços dependem de uma produção satisfatória e da presença de elementos normais de durabilidade, utilidade e confiabilidade de que são aptos para o fim a que são destinados: HISE, Monica; ROSELLO, Gabriela. *Tutela del Consumidor:* como defendernos de electrodomésticos defectuosos y deficientes? Mendoza: Ediciones Juridicas Cuyo, 1989, p. 42-43.

a luz ficaria acessa o tempo todo, fazendo-o gastar energia e iluminando o ambiente. Assim, teve um prejuízo patrimonial ao adquirir um bem que talvez não tivesse adquirido se soubesse de todas as suas características.

Lôbo destaca que a previsão legal dos vícios de informação, sob a denominação de vícios de disparidade, tem sua etiologia no princípio fundamental da boa-fé e decorre da natureza peculiar da relação de consumo, oriunda da oferta ao público. Trata-se de denominação não prevista no sistema tradicional dos vícios redibitórios que serve para a proteção da confiança do consumidor na conduta ou comportamento reconhecível no mundo social.[226]

Diante do vício de informação do produto, o consumidor pode escolher[227] entre as alternativas dos incisos do § 1º do artigo 18 do CDC: a substituição do produto por outro da mesma espécie, em perfeitas con-

---

226 LÔBO, Paulo Luiz Neto. Responsabilidade do fornecedor por vício do produto ou do serviço. *Revista de Direito do Consumidor,* São Paulo, v. 19, p. 102-116, jul. /set., 1996.

227 AÇÃO DE INDENIZAÇÃO. COMPRA E VENDA DE VEÍCULO «ZERO QUILÔMETRO. VÍCIO DE QUALIDADE. PEDIDOS JULGADOS PARCIALMENTE PROCEDENTES. RECURSO DE APELAÇÃO DA REQUERIDA: AQUISIÇÃO DE VEÍCULO «ZERO QUILÔMETRO». PROBLEMA DE EXCESSIVA EMISSÃO DE FUMAÇA AO ACELERAR. VÍCIO DE QUALIDADE. ART. 18, §1º DO CDC. DEVOLUÇÃO INTEGRAL DO VALOR PAGO PELO BEM. ABATIMENTO DA QUANTIA A SER DEVOLVIDA. DEPRECIAÇÃO DO BEM APÓS A RETIRADA DA CONCESSIONÁRIA. VEDAÇÃO. RISCO PROVOCADO PELO FORNECEDOR. DISTRIBUIÇÃO DO ÔNUS DA SUCUMBÊNCIA MANTIDA. RECURSO DESPROVIDO. 1. Verificando-se a coisa imprestável ou inadequada à sua normal e segura utilização (vício de qualidade), com a eliminação da expectativa depositada no consumidor de que estaria adquirindo automóvel novo isento de qualquer avaria, adulteração ou outra alteração, e não sendo o vício sanado no prazo máximo de 30 (trinta) dias, exsurge para esse a faculdade de exigir, alternativamente, a substituição do produto, a restituição da quantia paga ou o abatimento proporcional do preço, não sendo tolerada a ingerência do fornecedor nessa escolha, na melhor exegese do artigo 18, §1º, do Código de Defesa do Consumidor (Acórdão n.703634, 20100111786196APC, Relator: FLAVIO ROSTIROLA, Revisor: SIMONE LUCINDO, 1ª Turma Cível, Data de Julgamento: 14/08/2013, Publicado no DJE: 19/08/2013. Pág.: 58). 2. Não pode o consumidor ser penalizado com os efeitos da depreciação do bem, quando não deu causa à resolução do contrato e não contribuiu para a demora na solução da lide, devendo a concessionária garantir o retorno ao status quo ante. (TJPR, 17ª Câmara Cível, AC -1640814-9, Rel.: Lauri Caetano da Silva, julgado em 14.06.2017)

dições de uso; a restituição imediata da quantia paga, monetariamente atualizada, sem prejuízo de eventuais perdas ou o abatimento proporcional do preço.

O mesmo raciocínio vale para o serviço. Se houver um problema que cause danos patrimoniais ao consumidor,[228] em virtude da ausência ou incompletude de informação, há um vício de informação.[229] Se os prejuízos suportados estiverem associados à saúde do consumidor, causando-lhe danos extrapatrimoniais, materializa-se o defeito de informação.

Não há jurisprudência expressiva sobre o vício de informação do serviço, concentrando-se a maioria das decisões judiciais no conceito de defeito ou então no vício do produto. Trata-se de imperfeição que se caracteriza pela disparidade entre as indicações constantes da oferta ou mensagem publicitária e o serviço efetivamente prestado,[230] nos termos

---

228 CIVIL – COMPRA E VENDA DE VEÍCULO USADO – AÇÃO DE RESCISÃO DE COMPRA E VENDA C.C. INDENIZAÇÃO POR DANOS MATERIAIS E MORAIS – Vício oculto – Veículo que seria "salvado" ou seja, sinistrado, recuperado e vendido em leilão – Laudo elaborado por empresa especializada que comprovou a sua ocorrência – Omissão de informação por parte do ré – Prescindibilidade da análise da culpa da alienante – Responsabilidade objetiva do fornecedor à luz do CDC – Danos materiais consistentes na devolução das parcelas do financiamento pagos pelo autor, considerando-se o longo tempo de sua utilização pelo autor, o que implica na rescisão do contrato – Contratos de compra e venda e financiamento coligados, uma vez que compõem a mesma operação econômica e não subsistem isoladamente – Revendedora de veículos e instituição bancária parceiras comerciais – Responsabilidade solidária caracterizada (art. 7°, par. ún., e art. 25, § 1°, ambos do CDC) – Falha na prestação do serviço (arts. 14 CDC) – Responsabilidade objetiva – Risco da atividade – Danos morais não caracterizados – Situação que configurou mero dissabor e aborrecimento – Improcedência do pedido com relação à ré-seguradora, condenando-se autor aos ônus da sucumbência – Sucumbência recíproca com relação às demais corrés – Recurso provido parcialmente. (TJSP, Relator(a): Carlos von Adamek; Comarca: São Paulo; Órgão julgador: 34ª Câmara de Direito Privado; Data do julgamento: 15/12/2016; Data de registro: 15/12/2016)

229 MELLO, Heloísa Carpena Vieira. Responsabilidade civil no Código de Defesa do Consumidor. *Revista de Direito do Consumidor*, São Paulo, v. 28, p. 59-67, out. /dez., 1998.

230 LISBOA, Roberto Senise. *Obrigação de informar.* São Paulo: Almedina, 2012, p. 47.

da parte final do artigo 20 do CDC. Diante do vício, o consumidor pode[231] requerer a reexecução do serviço, o abatimento proporcional do preço ou a rescisão contratual.[232]

Interessante é o exemplo de Cintra no caso do lava rápido que anuncia uma lavagem em máquina especial de modo a justificar o preço do serviço, mas o executa da forma tradicional. Ainda que o serviço seja bom ou adequado, será considerado viciado[233] tendo em vista a falta de correspondência entre a realidade e a indicação constante na oferta.[234]

---

231 CONSUMIDOR. AÇÃO DE RESOLUÇÃO CONTRATUAL C/C DEVOLUÇÃO DE VALORES. INADIMPLEMENTO CONTRATUAL DO RÉU, CONSISTENTE NA NÃO PRESTAÇÃO DE SERVIÇO PAGO PELA AUTORA. RÉU QUE NÃO SE DESINCUMBIU DE ÔNUS PROBATÓRIO QUE LHE CABE, NA FORMA DO ART. 333, II DO CPC. DESCASO ANTE O CONSUMIDOR. PROCEDÊNCIA DOS PEDIDOS. Narrou a autora que, em 15 de setembro de 2012, firmou contrato de prestação de serviço junto ao réu para instalação de telhado de vidro e fechamento de sacada de sua casa. Referiu que o valor total acordado para tal foi de R$ 8.000,00, dos quais R$ 3.334,00 seriam relativos à mão-de-obra. Relatou que os materiais lhe foram entregues, sem que a obra fosse realizada mesmo após seis meses decorridos da contratação, fato que gerou-lhe inúmeros transtornos. Requereu a resolução do contrato e a devolução dos valores pagos, os quais totalizam a monta de R$ 5.505,00. Caso que configura vício do serviço, aplicando-se o art. 20, CDC, podendo a consumidora exigir, alternativamente e à sua escolha: I – a reexecução dos serviços, sem custo adicional e quando cabível; II – a restituição imediata da quantia paga, monetariamente atualizada, sem prejuízo de eventuais perdas e danos; III – o abatimento proporcional do preço. (...) (Recurso Cível Nº 71005146592, Segunda Turma Recursal Cível, Turmas Recursais do RS, Relator: Vivian Cristina Angonese Spengler, Julgado em 25/02/2015)

232 MARQUES, Claudia Lima. *Contratos no Código de Defesa do Consumidor:* o novo regime das relações contratuais.7. ed. São Paulo: Editora Revista dos Tribunais, 2014, p. 1.322-1.323.

233 Percebe-se a ligação do vício de informação com o dever de informar na oferta, assim como em LÔBO, Paulo Luiz Netto. Responsabilidade do fornecedor por vício do produto ou do serviço. *Revista de Direito do Consumidor,* São Paulo, v. 19, p. 102-116, jul. /set., 1996.

234 CINTRA, Luís Daniel Pereira. Anotações sobre os vícios, a prescrição e a decadência no Código de Defesa do Consumidor. *Revista de Direito do Consumidor,* São Paulo, v. 8, p.119-145, out. /dez., 1993.

2.3.4. Falha na informação sobre riscos: defeito de informação

O defeito de informação é aquele relacionado à violação da saúde ou da segurança do consumidor e encontra-se no âmbito da responsabilidade pelo fato do produto. A também denominada responsabilidade por acidente de consumo, traduzida da fórmula *product liability*,[235] teve sua origem e desenvolvimento observados no direito norte-americano ao longo do século XX. No direito europeu, essa ideia se apresentou mais recentemente a partir das normas de direito comunitário.[236]

Passou a ser reconhecida no *Commom Law* uma obrigação de tomar precauções para que os produtos não fossem colocados no mercado com defeito. Nos Estados Unidos,[237] o Tribunal de Apelações de Nova Iorque, em 1916, julgou o famoso caso sobre responsabilidade do fabricante de automóvel por defeito de fabricação e, alguns anos depois, em 1932, o fabricante de uma garrafa de cerveja foi responsabilizado pela Câmara dos Lordes, na Inglaterra, tendo em vista os danos suportados por consumidor que percebeu restos de caracol em decomposição ao tomar a bebida em um café.

Nesses dois paradigmáticos casos, percebe-se a referida superação da exigência de um vínculo jurídico contratual entre as partes, bastando a condição de vítima para a obtenção de indenização. Nota-se novos fundamentos para a imputação da responsabilidade civil. Diante da quebra da garantia implícita que protege as expectativas de quem adquire o

---

235 PASQUALOTTO, Adalberto. Proteção contra produtos defeituosos: das origens ao Mercosul. *Revista de Direito do Consumidor*, São Paulo, v. 42, p. 119-145, abr. /jun., 2002.

236 MIRAGEM, Bruno. *Direito civil:* responsabilidade civil. São Paulo: Saraiva, 2015, p. 489-492.

237 Nos Estados Unidos, a *Food and Drug Administration* é uma agência federal do Departamento de Saúde e Serviços Humanos que cuida da proteção e promoção da saúde pública, atuando nas áreas de alimentos, medicações, tabaco, medicamentos veterinários, cosméticos, entre outros. Trata-se de instituição que regulamenta certas atividades e objetiva a informação dos consumidores, trazendo em seu site orientações sobre os produtos considerados perigosos colocados no mercado e outras informações úteis, promovendo também a educação para o consumo: <https://www.fda.gov/>. Acesso em: 20 mai. 2018.

produto e da constatação de defeitos que comprometam a segurança do bem, o fabricante deve ser responsabilizado.[238]

O defeito de informação materializa-se quando o descumprimento do dever de informar compromete o dever de segurança do fornecedor, gerando danos à integridade pessoal do consumidor.[239] Não se trata apenas de um defeito de concepção ou fabricação, mas de situação em que não há informação clara e adequada[240] sobre a forma de utilizar o bem a fim de que seja evitada a produção de danos.[241] O fornecedor, então, responderá da mesma forma como se houvesse um defeito de projeto, formulação ou fabricação.

A falha de informação é também um defeito de instrução, já que o produto ou o serviço são disponibilizados no mercado sem as instruções necessárias, "sendo que a informação posterior não exclui a responsabilidade, se não alcançar o consumidor a tempo de evitar o dano".[242]

O defeito de informação é instituto que se relaciona com a necessidade de se assegurar "proteção ao indivíduo no que respeita à sua conscientização daquilo que está adquirindo, visando sempre à sua segurança".[243] Sem a devida informação, a oferta não será considerada regular e o fornecedor responderá pelos danos causados ao consumidor.

No entendimento de Sanseverino, o defeito de informação não decorre do produto ou do serviço em si, visto que estes não apresentam, material-

---

238 MIRAGEM, Bruno. *Direito civil:* responsabilidade civil. São Paulo: Saraiva, 2015, p. 492.

239 MIRAGEM, Bruno. *Curso de Direito do Consumidor.* 6. ed. São Paulo: Editora Revista dos Tribunais, 2016, p. 299.

240 MARSHALL, Carla Izolda Fiuza Costa. Responsabilidade civil do fabricante por produto defeituoso na União Européia e no Brasil. *Revista de Direito do Consumidor,* São Paulo, v. 25, p.117-121, jan. /mar., 1998.

241 KHOURI, Paulo R. Roque. *Direito do consumidor:* contratos, responsabilidade civil e defesa do consumidor em juízo. 6. ed. São Paulo: Atlas, 2013, p. 193.

242 GRINBERG, Rosana. Fato do produto ou do serviço: acidentes de consumo. *Revista de Direito do Consumidor,* São Paulo, v. 35, p. 144-170, jul. /set., 2000.

243 ALMEIDA, Maria da Glória Villaça Borin Gavião; WADA, Ricardo Morishita. Os sistemas de responsabilidade no Código de Defesa do Consumidor- aspectos gerais. *Revista de Direito do Consumidor,* São Paulo, v. 41, p.185-202, jan. /mar., 2002.

mente, qualquer falha.[244] A defeituosidade situa-se em um plano externo

---

244 Podem estar presentes na mesma situação um defeito de fabricação e um defeito de informação. Veja-se: RECURSO ESPECIAL. AÇÃO DE INDENIZAÇÃO POR DANOS MORAIS E ESTÉTICOS.

NÃO ACIONAMENTO DO SISTEMA DE AIR BAGS DE VEÍCULO ENVOLVIDO EM ACIDENTE AUTOMOBILÍSTICO, COM COLISÃO FRONTAL E SIGNIFICATIVA DESACELERAÇÃO. ABALO PSICOLÓGICO CONSISTENTE NO RISCO DE VIDA E NAS POSSÍVEIS CONSEQUÊNCIAS NÃO EVITADAS PELO REFERIDO SISTEMA DE SEGURANÇA, DISTANCIANDO-SE DA PUBLICIDADE VEICULADA, DE MODO A FRUSTRAR A LEGÍTIMA EXPECTATIVA DO CONSUMIDOR. RESPONSABILIDADE OBJETIVA DO FORNECEDOR POR DEFEITO DO PRODUTO, RELACIONADO COM A SEGURANÇA QUE DELE LEGITIMAMENTE SE ESPERA, SOB O VIÉS EXTRÍNSECO (DEFEITO DE INFORMAÇÃO). RECURSO ESPECIAL PROVIDO. 1. A pretensão ressarcitória funda-se no não acionamento do sistema de air bag, a despeito de colisão brusca e frontal do veículo com a traseira de um caminhão, de modo a causar-lhe abalo psíquico, este consistente no risco de vida e nas possíveis consequências não evitadas pelo referido sistema de segurança, distanciando-se da publicidade veiculada, de modo a frustrar a legítima expectativa do consumidor, bem como danos estéticos sofridos pelo condutor no acidente. 1.1. Portanto, integra a causa de pedir a responsabilidade do fornecedor por defeito do produto, relacionado com a segurança que dele legitimamente se espera, não apenas sob o aspecto intrínseco (defeito de produção), mas também, de modo expresso, sob o viés extrínseco (defeito de informação). 2. Especificamente sobre o defeito de informação, ressai dos autos, conforme bem reconhecido na sentença, que, segundo as informações disponibilizadas aos consumidores, veiculadas em informe publicitário, devidamente acostado aos autos, o acionamento do sistema de air bag dar-se-ia sempre que houvesse risco de impacto do motorista ao volante, o que se verificaria, necessariamente, diante de forte e brusca desacelaração propiciada por colisão frontal.2.1. Assim veiculada a informação aos consumidores sobre o funcionamento do sistema de air bags, e, considerada a dinâmica do grave acidente em que o veículo dos demandantes restou envolvido (forte desaceleração, decorrente de colisão frontal, nos termos da sentença e do acórdão recorrido, ressalta-se), o não acionamento do referido mecanismo de segurança (em franco descompasso, repisa-se, com a publicidade ofertada) tem o condão de frustrar, por si, a legítima expectativa de segurança gerada no íntimo do consumidor, com significativo abalo de ordem psíquica. Nesse contexto, é de se reconhecer a presença dos requisitos necessários à responsabilização objetiva do fornecedor, indubitavelmente. 3. Recurso especial provido, para restabelecer a sentença de procedência. (STJ, REsp 768.503/PR, Rel. Ministro RICARDO VILLAS BÔAS CUEVA, Rel. p/ Acórdão Ministro MARCO AURÉLIO BELLIZZE, TERCEIRA TURMA, julgado em 25/11/2014, DJe 19/12/2014)

e resulta de informações deficientes. É uma modalidade de defeito de projeto; é formal e reflete a importância do dever de bem informar.[245]

Cavalieri Filho destaca que o defeito de informação decorre do descumprimento do dever de informar e não propriamente de um defeito do produto ou do serviço em si.[246] As informações inadequadas ou in-

---

245 SANSEVERINO, Paulo de Tarso Vieira. *Responsabilidade civil no Código do Consumidor e a defesa do fornecedor.* 2. ed. São Paulo: Saraiva, 2007, p. 148-149

246 DIREITO DO CONSUMIDOR. RECURSO ESPECIAL. FATO DO PRODUTO. DERMATITE DE CONTATO. MAU USO DO PRODUTO. CULPA EXCLUSIVA DA VÍTIMA. INOCORRÊNCIA. ALERGIA – CONDIÇÃO INDIVIDUAL E ESPECÍFICA DE HIPERSENSIBILIDADE AO PRODUTO. DEFEITO INTRÍNSECO DO PRODUTO. INOCORRÊNCIA. DEFEITO DE INFORMAÇÃO. DEFEITO EXTRÍNSECO DO PRODUTO. FALTA DE INFORMAÇÃO CLARA E SUFICIENTE. VIOLAÇÃO DO DEVER GERAL DE SEGURANÇA QUE LEGITIMAMENTE E RAZOAVELMENTE SE ESPERAVA DO PRODUTO. MATÉRIA FÁTICO PROBATÓRIA. SÚM 7/STJ. SÚM 283/STF. 1. Não ocorre violação ao art. 535 do Código de Processo Civil quando o Juízo, embora de forma sucinta, aprecia fundamentadamente todas as questões relevantes ao deslinde do feito, apenas adotando fundamentos divergentes da pretensão do recorrente. Precedentes. 2. O uso do sabão em pó para limpeza do chão dos cômodos da casa, além da lavagem do vestuário, por si só, não representou conduta descuidada apta a colocar a consumidora em risco, uma vez que não se trata de uso negligente ou anormal do produto. 3. A informação é direito básico do consumidor (art. 6º, III, do CDC), tendo sua matriz no princípio da boa-fé objetiva, devendo, por isso, ser prestada de forma inequívoca, ostensiva e de fácil compreensão, principalmente no tocante às situações de perigo.

4. O consumidor pode vir a sofrer dano por defeito (não necessariamente do produto), mas da informação inadequada ou insuficiente que o acompanhe, seja por ter informações deficientes sobre a sua correta utilização, seja pela falta de advertência sobre os riscos por ele ensejados.

5. Na hipótese, como constatado pelo Juízo a quo, mera anotação pela recorrente, em letras minúsculas e discretas na embalagem do produto, fazendo constar que deve ser evitado o "contato prolongado com a pele" e que "depois de utilizar" o produto, o usuário deve lavar, e secar as mãos, não basta, como de fato no caso não bastou, para alertar de forma eficiente a autora, na condição de consumidora do produto, quanto aos riscos desse. Chegar à conclusão diversa quanto ao defeito do produto pela falta de informação suficiente e adequada demandaria o reexame do contexto fático-probatório dos autos, o que encontra óbice na Súmula nº 07 do STJ. 6. É inadmissível o recurso extraordinário quando a decisão recorrida assenta em mais de um fundamento suficiente e o recurso não abrange todos eles, nos termos da Súmula 283 do STF. 7. A admissibilidade do recurso especial,

suficientes ensejam a responsabilidade do fornecedor pelos riscos a que fica exposto o consumidor.[247]

Ao falhar no dever de informar sobre o uso do produto ou fruição do serviço ou sobre seus riscos, o fornecedor acaba por levar o consumidor a esperar segurança diversa daquela proporcionada. Para atender a legítima expectativa quanto à informação adequada devem ser levadas em considerações as circunstâncias do § 1º do artigo 12 do CDC. Na apresentação do produto ou no modo de fornecimento do serviço, as informações concentram-se na embalagem, na publicidade ou no atendimento e dizem respeito não somente ao produto, mas àquilo que cerca a comercialização, como no exemplo de uma embalagem de plástico que envolve um brinquedo sem a advertência de que pode ser perigoso para as crianças.[248]

Um produto também pode ser considerado defeituoso por falta de informação quando não houver explicações sobre seu uso rotineiro e os riscos que o uso indevido pode causar.[249] A atuação no fornecedor,

---

na hipótese da alínea "c" do permissivo constitucional, exige a indicação das circunstâncias que identifiquem ou assemelhem os casos confrontados, mediante o cotejo dos fundamentos da decisão recorrida com o acórdão paradigma, a fim de demonstrar a divergência jurisprudencial existente (arts. 541 do CPC e 255 do RISTJ). 8. Recurso especial a que se nega provimento. (STJ, REsp 1358615/SP, Rel. Ministro LUIS FELIPE SALOMÃO, QUARTA TURMA, julgado em 02/05/2013, DJe 01/07/2013)

247 CAVALIERI FILHO, Sérgio. *Programa de Direito do Consumidor*. 4. ed. São Paulo: Atlas, 2014, p. 319.

248 MALFATTI, Alexandre David. *O direito de informação no Código de Defesa do Consumidor*. São Paulo: Alfabeto Jurídico, 2003, p. 271-272.

249 CREME FACIAL SEM INFORMAÇÕES ADEQUADAS. REAÇÃO ALÉRGICA. ARDÊNCIA. CONSTRANGIMENTO PERANTE AS DEMAIS PESSOAS. DANO MORAL. (a) Dever de informação. O registro na Anvisa não dispensa o fabricante de cumprir os artigos 6º, inciso III, 8º e 9º do CDC. Não há prova de que o produto estava acompanhado de uma bula alertando sobre contraindicações, reações alérgicas etc. Responsabilidade civil objetiva (artigo 12, *caput*). (b) Dano moral. Caracterizado. No dia seguinte à aplicação do creme, a autora-recorrente foi trabalhar com o rosto inchado e reclamando de dor. Como sua aparência não estava boa para atender aos clientes da loja, ficou afastada do trabalho por uma semana. (c) Indenização. Funções punitiva e compensatória. Enunciado nº 379 da IV Jornada de Direito Civil. Fixada em R$ 10.000,00, com correção monetária e juros de mora. Recurso parcialmente provido, com alteração do ônus da

nesse contexto, deve ser preventiva, evitando a ocorrência de danos. A época em que o produto é colocado em circulação também apresenta relevância na aferição do defeito de informação. Não se pode exigir que o fornecedor transmita informações das quais não tinha ciência na época da comercialização do bem.[250]

No direito português também se fala em defeito de informação por falta, insuficiência ou inadequação de informações ou advertência e instruções sobre seu uso e perigos conexos, como observa Calvão da Silva. O problema, explica, não está na estrutura intrínseca do produto bem concebido e fabricado, mas na falta de segurança pelo fato de ter sido posto em circulação "sem as advertências[251] para os perigos que o

---

sucumbência. (TJSP; Apelação 9134585-55.2008.8.26.0000; Relator (a): Roberto Maia; Órgão Julgador: 10ª Câmara de Direito Privado; Foro de São Vicente – 2. VARA CIVEL; Data do Julgamento: 15/10/2013; Data de Registro: 21/10/2013)

250 MALFATTI, Alexandre David. *O direito de informação no Código de Defesa do Consumidor.* São Paulo: Alfabeto Jurídico, 2003, p. 273.

251 APELAÇÃO CÍVEL. RESPONSABILIDADE CIVIL. AÇÃO INDENIZATÓRIA POR DANOS MATERIAIS, MORAIS E ESTÉTICOS. CONSUMIDOR. REAÇÃO ALÉRGICA A CREME DEPILATÓRIO PARA O ROSTO. FATO DO PRODUTO E DEVER DE INFORMAÇÃO. UTILIZAÇÃO DE COMPONENTE POTENCIALMENTE NOCIVO NA FORMULAÇÃO SEM O DEVIDO ESCLARECIMENTO AO CONSUMIDOR. DANOS MORAIS CONFIGURADOS. QUANTUM MANTIDO. DANOS ESTÉTICOS NÃO EVIDENCIADOS. 1. A proteção à vida, à saúde e à segurança contra os riscos provocados por práticas no fornecimento de produtos e serviços considerados perigosos ou nocivos constitui direito básico do consumidor. Se o produto ou serviço apresentar uma potencial nocividade ou periculosidade, ou seja, uma exacerbação dos riscos normais e previsíveis, é dever do fabricante, fornecedor ou prestador do serviço fornecer informações adequadas e ostensivas sobre a nocividade ou periculosidade do produto. 2. Ainda que o produto ou serviço não apresente defeitos de fabricação, havendo algum potencial nocivo à saúde do consumidor, o produto deve conter informações suficientes para seu uso adequado e seguro. 3. A responsabilidade civil do fabricante pelos danos causados aos consumidores é objetiva, ressalvadas as causas excludentes previstas em lei. 4. Caso concreto em que a autora desencadeou reação alérgica devido ao uso de creme depilatório fabricado pela ré, o qual continha em sua formulação substância com características físico-químicas perigosas e não devidamente informadas ao consumidor. 4.1. Perícia técnica que apontou a efetiva nocividade do hidróxido de potássio, inclusive mencionando que referida substância foi retirada da formulação do produto tempo depois do ocorrido com a autora. 4.2. Evidenciado, assim, o dever de indenizar da ré por não informar adequadamente o consumidor

seu uso incorreto, impróprio, mas previsível, comporta, sem menção das contraindicações da sua utilização, sem as informações acerca das suas propriedades perigosas".[252]

Segue explanando o autor que os defeitos de informação ou de instrução resultantes do não cumprimento ou cumprimento imperfeito do dever de alertar são extrínsecos ao bem, diferentemente dos defeitos de concepção e de fabrico, que se referem à estrutura do produto.

De acordo com a lei portuguesa de defesa do consumidor, a lei n. º 24/96,[253] a informação deve ser prestada pelo produtor e pode ser vista como parte do *design*, devendo acompanhar o produto na sua circulação até a chegada aos destinatários finais, sob pena de responsabilidade solidária. A responsabilidade, nesses casos, é objetiva para o produtor que deixe de prestar as informações e subjetiva dos distribuidores do produto que não as fizerem circular uma vez recebida por aquele que produziu o bem.

Quanto à forma e o conteúdo das informações e das advertências, o cuidado do produtor deve ser com a divulgação explícita, clara, sucinta, adequada e completa. Devem estar escritas no idioma das pessoas que vão receber os produtos em linguagem simples e compreensível para o grande público, sem formulações técnicas que somente os especialistas

---

da periculosidade do produto que colocou no mercado. 5. Danos morais. No caso, são de natureza pura (in re ipsa), cuja ocorrência se presume pelo sofrimento imposto à autora em razão das lesões experimentadas. Precedentes jurisprudenciais. Particularidades fáticas do caso que recomendam a manutenção do valor fixado pelo juízo de origem (R$ 20.000,00). 6. Danos estéticos. 6.1. Consoante jurisprudência pacífica do STJ, são cumuláveis as indenizações por danos estéticos e por danos morais, porquanto se prestam a finalidades distintas (Súm. nº 387 do STJ). 6.2. A autora não faz jus à indenização por danos estéticos, na medida em que a reação apresentada ao produto não deixou cicatriz que importe deformidade e/ou cause repulsa, atestando a médica nomeada pelo juízo que sua pele apresentava-se íntegra na data do exame pericial e que as manchas que apresenta no rosto são compatíveis com melasma, sendo remota a possibilidade de decorrerem do acidente noticiado na exordial. APELAÇÃO PARCIALMENTE PROVIDA. (STJ, Apelação Cível Nº 70071284616, Nona Câmara Cível, Tribunal de Justiça do RS, Relator: Carlos Eduardo Richinitti, Julgado em 15/03/2017)

252 CALVÃO DA SILVA, João. *Compra e venda de coisas defeituosas:* conformidade e segurança. 5 ed. Coimbra: Almedina, 2008, p. 154-155.

253 Disponível em: <http://www.pgdlisboa.pt/leis/lei_mostra_articulado.php?-nid=726&tabela=leis> Acesso em: 20 mai. 2018.

compreendem e devem esclarecer o que o consumidor deve fazer e não fazer, chamando sua atenção para o mau uso.

Os defeitos de informação assemelham-se aos de concepção já que ambos afetam toda a série de produtos, embora por razões diferentes. Para que haja a responsabilização pelo vício de informação, ele deve ser a causa do dano. Caso fique demonstrado que o prejuízo teria se verificado mesmo se o produto tivesse sido comercializado com a informação completa o produtor não será responsável.[254]

O autor também comenta a Diretiva 1999/44 da Comunidade Europeia,[255] que dispõe sobre a necessidade de que as informações e descrições exaradas em embalagens, anúncios e catálogos sejam efetivamente fornecidas para que os bens de consumo possam ser considerados em conformidade com o contrato, nos termos do n. 2 do art. 2º da norma.

---

254 CALVÃO DA SILVA, João. *Compra e venda de coisas defeituosas:* conformidade e segurança. 5 ed. Coimbra: Almedina, 2008, p. 155.

255 CALVÃO DA SILVA, João. *Compra e venda de coisas defeituosas:* conformidade e segurança. 5 ed. Coimbra: Almedina, 2008, p. 152.

CONSIDERAÇÕES FINAIS

A informação tem significativa eficácia jurídica no direito do consumidor. É um conceito de muitas facetas e peculiaridades, que embasa um direito e gera um dever. O direito à informação tem força jurídica para provocar a responsabilização do fornecedor que não o respeita e não fornece informação clara, adequada, fácil de ser identificada, coerente, completa, suficiente, precisa, fidedigna, veraz, compreensível e prévia.

A necessidade de cumprimento do dever de informar tem poder ou energia suficiente para afastar uma cláusula não conhecida, para fazer cumprir determinada promessa, oferta ou publicidade veiculada aos consumidores, para tutelar a legítima expectativa daquele que confia e espera que o outro aja de boa-fé.

A eficácia do dever de informar é ampla porque incidente em todas as fases das relações entre fornecedor e consumidor. Está presente no início do contato, na fase em que o bem de consumo está sendo apresentado, na etapa em que o consumidor se interessa por ele e quer saber quanto custa, como funciona, quais são suas características. Estende-se por toda a existência do pacto e gera efeitos também quando o vínculo contratual que contem a obrigação principal se extingue, permanecendo eficaz e exigível o dever de informação.

É polivalente, pois tem várias funções. Serve como um instrumento de proteção geral do consumidor em face de práticas e cláusulas abusivas, como importante elemento hermenêutico – considerando-se como contrato aquilo que é de conhecimento do consumidor – e como substrato do direito de escolha dos que consomem.

É estruturante porque faz com que o comportamento do fornecedor obedeça a determinadas diretrizes e que a colocação do produto ou do serviço no mercado se dê de forma a respeitar o direito do consumidor a ter toda a informação necessária sobre o que deseja ou necessita adquirir ou contratar.

É protetiva porquanto equilibra a relação ao passo em que atenua a vulnerabilidade do consumidor e auxilia o alcance da equidade informacional nas originalmente desequilibradas relações de consumo nas quais percebe-se a informação como verdadeiro fator de ajuste ou harmonia.

É eficácia de grande impacto uma vez que a previsão do dever de informar e suas consequências atuam como elementos de modificação das práticas comerciais, objetivando uma conduta do fornecedor mais concatenada com a proteção da saúde física e psíquica do consumidor e também de seu patrimônio em todos os tipos de contratação, seja qual for o produto ou o serviço ou o ambiente em que a relação se desenvolva.

É também corolário do dever de agir com transparência, esclarecer e alertar sobre o uso e os riscos do bem. A força e a virtude do dever de informar está relacionada ao agir de boa-fé, com lealdade e cooperação. É dever que se justifica pela necessidade de tutela da confiança daquele que espera algo de forma legítima.

Essa eficácia é reconhecida pela jurisprudência que aborda o direito à informação como fundamento da responsabilidade do fornecedor por vício ou defeito de informação que pode macular um contrato ou servir de base para o afastamento de cláusula ou prática abusiva em virtude da ausência de informação adequada.

Da análise da doutrina estudada para o desenvolvimento dessa pesquisa e do exame das decisões judiciais colacionadas, depreende-se a conclusão de que o dever de informar é reconhecido como um importante direito fundamental. É facilmente averiguada a ausência do cumprimento do dever e suas consequências, porém nem sempre são mencionados os elementos necessários para assegurar o direito à informação, principalmente no que tange à forma e à identificação de quais são as informações essenciais a serem transmitidas. As informações necessárias são analisadas casuisticamente após provocação do consumidor via ação judicial.

Nesse contexto, revela-se a importância da educação do consumidor para que ele possa continuar exigindo o devido conhecimento sobre os bens e também de ações no âmbito administrativo e de conscientização da população acerca da possibilidade de exigência das informações indispensáveis. Ações que conscientizem o consumidor sobre a possibilidade de exigir informação são úteis ao desenvolvimento de uma cultura de cidadania e papel ativo do consumidor quanto à exigência de seus direitos e consequentemente à atuação no mercado por meio de escolha consciente dos que consomem e cumprem relevante papel na engrenagem da sociedade de consumo.

A disparidade informacional entre consumidor e fornecedor é muito grande. Ressalta-se, dessa forma, que a ampla eficácia do dever de informar ratifica sua função para servir como fonte de equilíbrio e de aproximação das partes, objetivando a harmonização dos interesses dos participantes das relações de consumo, de modo a viabilizar os princípios nos quais se funda a ordem econômica, sempre com base na boa-fé e no equilíbrio nas relações entre consumidores e fornecedores, conforme o importante princípio da Política Nacional das Relações de Consumo previsto no inciso III do artigo 4º do Código de Proteção e Defesa do Consumidor.

O direito à informação é tema que não se esgota e encontra terreno fértil para desenvolvimento no âmbito das relações contratuais pela internet, das informações necessárias sobre os ingredientes de produtos industrializados e do fornecimento de esclarecimentos sobre o descarte de bens de consumo, por exemplo. O dever de informar é mecanismo de proteção que acompanhará todas as relações de consumo independente da tecnologia por meio da qual serão formadas, pois sua base é a boa-fé, cujas origens estão em Roma e cuja eficácia se projeta no futuro das relações de consumo. Por maiores que sejam as transformações das obrigações e das relações, as soluções encontradas pelo Direito devem sempre assegurar o equilíbrio e proteger a confiança, o que, no direito do consumidor, pode ser feito por meio do reforço do dever de informar e do reconhecimento de sua irradiante eficácia jurídica.

REFERÊNCIAS

AGUIAR DIAS, José de. *Da responsabilidade civil.* Rio de Janeiro: Forense, 1944.

AGUIAR JÚNIOR, Ruy Rosado de. A boa-fé na relação de consumo. *Revista de Direito do Consumidor*, São Paulo, v. 14, p. 20-27, abr. /jun., 1995.

AGUIAR JÚNIOR, Ruy Rosado de. *Extinção dos contratos por incumprimento do devedor.* Rio de Janeiro: AIDE Editora, 2003.

ALBUQUERQUE, Fabíola Santos. O princípio da informação à luz do Código Civil e do Código de Defesa do Consumidor. In: BARROSO, Lucas Abreu. (Org.). *Introdução crítica ao Código Civil.* Rio de Janeiro: Forense, 2006. p. 99-115.

ALMEIDA, Carlos Ferreira de. *Direito do Consumo.* Coimbra: Almedina, 2005.

ALMEIDA, João Batista de. *A proteção jurídica do consumidor.* 7. ed. São Paulo: Saraiva, 2009.

ALMEIDA, Maria da Glória Villaça Borin Gavião; WADA, Ricardo Morishita. Os sistemas de responsabilidade no Código de Defesa do Consumidor- aspectos gerais. *Revista de Direito do Consumidor*, São Paulo, v. 41, p.185-202, jan. /mar., 2002.

ALPA, Guido. Nuevas fronteras del derecho contractual. *THĒMIS-Revista de Derecho,* v. 38, Lima, p. 31-40, 1998.

AMARAL JÚNIOR, Alberto do. A boa-fé e o controle das cláusulas contratuais abusivas nas relações de consumo. *Revista de Direito do Consumidor*, São Paulo, v. 6, abr. /jun., p. 27-33, 1993.

AMARAL JÚNIOR, Alberto do. *Proteção do consumidor no contrato de compra e venda.* São Paulo: Revista dos Tribunais, 1993.

ANDRADE JÚNIOR, Luiz Carlos Vila Boas. *Responsabilidade civil e proteção jurídica da confiança:* a tutela da confiança como vetor de solução de conflitos na responsabilidade civil. Curitiba: Juruá, 2016.

ANDRADE, Ronaldo Alves de. *Curso de Direito do Consumidor.* Barueri, SP: Manole, 2006.

ASCENSÃO, José de Oliveira. *Direito da internet e da sociedade da informação.* Rio de Janeiro: Forense, 2002.

AZEVEDO, Antonio Junqueira de. Responsabilidade pré-contratual no código de defesa do consumidor: estudo comparativo com a responsabilidade pré-contratual no direito comum. *Revista de Direito do Consumidor*, São Paulo, v. 18, abr. / jun., p. 23-31, 1996.

AZEVEDO, Marta Britto de. O consumidor consciente: liberdade de escolha e segurança. *Revista de Direito do Consumidor*, São Paulo, v. 67, p. 197-214, jul. / set., 2008.

BARBOSA, Fernanda Nunes. *Informação: direito e dever nas relações de consumo.* São Paulo: Editora Revista dos Tribunais, 2008.

BENJAMIN, Antonio Herman de Vasconcellos e. Teoria da qualidade. *BDJur*, Brasília, DF. 29 jan. 2008. Disponível em: <http://bdjur.stj.jus.br//dspace/handle/2011/16339>. Acesso em: 30 jun. 2017.

BETTI, Emílio. *Teoria geral do negócio jurídico.* Tradução de Servanda Editora. Campinas, SP: Servanda Editora, 2008.

BITTAR, Eduardo C. B.; ALMEIDA, Guilherme Assis de. *Curso de filosofia do direito.* 12. ed. São Paulo: Atlas, 2016.

BLUM, Rita Peixoto Ferreira. *Direito do consumidor na internet.* São Paulo: Quartier Latin, 2002.

CALVÃO DA SILVA, João. *Compra e venda de coisas defeituosas:* conformidade e segurança. 5 ed. Coimbra: Almedina, 2008.

CAMARGO, Ricardo Antônio Lucas. *Liberdade de informação, direito à informação verdadeira e poder econômico.* São Paulo: Memória Jurídica, 2007.

CANTO, Rodrigo Eidelven do. *A vulnerabilidade dos consumidores no comércio eletrônico:* a reconstrução da confiança na atualização do código de defesa do consumidor. São Paulo: Editora Revista dos Tribunais, 2015.

CANUT, Letícia. *Proteção do consumidor no comércio eletrônico.* Curitiba: Juruá, 2007.

CARVALHO, Ana Paula Gambogi. O consumidor e o direito à autodeterminação informacional. *Revista de Direito do Consumidor*, São Paulo, v. 46, p. 77-115, abr. /jun., 2003.

CARVALHO, Diógenes Faria de. *Consumo e (super)endividamento:* vulnerabilidade e escolhas intertemporais: Goiânia: Editora Espaço Acadêmico, 2017.

CARVALHO, Luis Gustavo Grandinetti Castanho de. *Direito de informação e liberdade de expressão.* Rio de Janeiro: Renovar, 1999.

CASTELLS, Manuel. *A sociedade em rede.* Tradução de Roneide Majer. 17. ed. v. 1. São Paulo: Paz e Terra, 2016.

CAVALIERI FILHO, Sérgio. *Programa de Direito do Consumidor.* 4. ed. São Paulo: Atlas, 2014.

CENEVIVA, Walter. *Publicidade e direito do consumidor.* São Paulo: Editora Revista dos Tribunais, 1991.

CHAISE, Valeria Falcão. *A publicidade em face do Código de Defesa do Consumidor.* São Paulo: Saraiva, 2001.

CINTRA, Luís Daniel Pereira. Anotações sobre os vícios, a prescrição e a decadência no Código de Defesa do Consumidor. *Revista de Direito do Consumidor*, São Paulo, v. 8, p.119-145, out. /dez., 1993.

COSTA, Mario Júlio de Almeida. *Direito das obrigações*. 12. ed. Coimbra: Almedina, 2012.

COUTO E SILVA, Clóvis. *A obrigação como processo*. Rio de Janeiro: Editora FGV, 2006.

CRETELLA JÚNIOR, José; DOTTI, René Ariel *et. al*. Comentários ao Código do Consumidor. Rio de Janeiro: Forense, 1992

DIAS, Lúcia Ancona de Lopez de Magalhães. *Publicidade e Direito*. São Paulo: Editora Revista dos Tribunais, 2013.

DORMONT-NAERT, Françoise. As tendências atuais do direito contratual no domínio da regulamentação das cláusulas abusivas. *Revista de Direito do Consumidor*, São Paulo v. 12, p. 17-24, out. /dez., 1994.

EFING, Antônio Carlos; BAGGIO, Andreza Cristina; MANCIA, Karin Cristina Borio. A informação e a segurança no consumo de alimentos transgênicos. *Revista de Direito do Consumidor*, São Paulo, v. 68, p. 9-27, out. /dez. 2008.

EHRHARDT JÚNIOR, Marcos. *Responsabilidade pelo inadimplemento da boa-fé*. 2. Ed. Belo Horizonte: Fórum, 2017.

FABIAN, Christoph. *O dever de informar no direito civil*. São Paulo: Editora Revista dos Tribunais, 2002.

FERRAZ JÚNIOR, Tércio Sampaio. *Introdução ao estudo do direito*: técnica, decisão, dominação. 3. ed. São Paulo: Atlas, 2001.

FILOMENO, José Geraldo Brito. *Curso fundamental de Direito do Consumidor*. 3. ed. São Paulo: Atlas, 2014.

FINCATO, Denise Pires. *A pesquisa jurídica sem mistérios: do projeto de pesquisa à banca*. Porto Alegre: Notadez, 2008.

FIUZA, Ricardo (coord.). *Novo Código Civil comentado*. São Paulo: Saraiva, 2004.

FONSECA, Patrícia Galindo da. *Direito do consumidor*: estudo comparado Brasil-Quebec. Niterói: Editora da Universidade Federal Fluminense, 2017.

GHERSI, Carlos Alberto. *La posmodernidad jurídica*. Buenos Aires: GOWA Ediciones Profesionales, 1995.

GHERSI, Carlos Alberto; WEINGARTEN, Celia (Coords.). *Tratado de daños reparables*: parte geral. v. 1. Buenos Aires: La ley, 2008.

GINNOW, Arnold. *Corpus juris secundum*. St. Paul, West Publishing co, v. 43.

GOMES, Orlando. *Contratos*. 5. ed. Rio de Janeiro: Forense, 1975.

GRINBERG, Rosana. Fato do produto ou do serviço: acidentes de consumo. *Revista de Direito do Consumidor*, São Paulo, v. 35, p.144-170, jul. /set., 2000.

GRINOVER, Ada Pellegrini, *et.al., Código brasileiro de Defesa do Consumidor:* comentado pelos autores do anteprojeto. 8. ed. Rio de Janeiro: Forense Universitária, 2004.

GUERRA, Sidney. *O direito à privacidade na internet:* uma discussão da esfera privada no mundo globalizado. Rio de Janeiro: América Jurídica, 2004.

GUIMARÃES, Paulo Jorge Scartezzini. *Vício do produto e do serviço por qualidade quantidade e insegurança:* cumprimento imperfeito do contrato. São Paulo: Editora Revista dos Tribunais, 2004.

GUSMÃO, Paulo Dourado de. *Introdução ao estudo do direito.* Rio de Janeiro: Forense, 2011.

HARTMANN, Ivar Alberto Martins. O princípio da precaução e sua aplicação no direito do consumidor: dever de informação. *Revista Direito & Justiça*, v. 38, n. 2, p. 156-182, jul. /dez., 2012.

HISE, Monica; ROSELLO, Gabriela. *Tutela del Consumidor:* como defendernos de electrodomésticos defectuosos y deficientes? Mendoza: Ediciones Juridicas Cuyo, 1989.

KHOURI, Paulo R. Roque A. *Contratos e responsabilidade civil no CDC.* Brasília: Brasília Jurídica, 2002.

KHOURI, Paulo R. Roque. *Direito do consumidor:* contratos, responsabilidade civil e defesa do consumidor em juízo. 6. ed. São Paulo: Atlas, 2013.

KLEE, Antonia Espíndola Longoni. *Comércio eletrônico.* São Paulo: Editora Revista dos Tribunais, 2014.

KUNISAWA, Viviane Yumy M. O direito de informação do consumidor e a rotulagem dos alimentos geneticamente modificados. *Revista de Direito do Consumidor*, São Paulo, v. 53, p. 135-150, jan. /mar., 2005.

LIMA, Clarissa Costa de. Dos vícios do produto no novo Código Civil e no Código de Defesa do Consumidor e suas repercussões no âmbito da responsabilidade civil. *Revista de Direito do Consumidor*, São Paulo, v. 51, p.112-117, jul. /set., 2004.

LIMA, Clarissa Costa de. *O tratamento do superendividamento e o direito de recomeçar dos consumidores.* São Paulo: Editora Revista dos Tribunais, 2014.

LISBOA, Roberto Senise. *Confiança contratual.* São Paulo: Atlas, 2012.

———. *Contratos difusos e coletivos:* consumidor, meio ambiente, trabalho, agrário, locação, autor. São Paulo: Editora Revista dos Tribunais, 1997.

———. *Obrigação de informar.* São Paulo: Almedina, 2012.

————. *Relação de consumo e proteção jurídica do consumidor no direito brasileiro.* São Paulo: Juarez de Oliveira, 1999.

LÔBO, Paulo Luiz Neto. Responsabilidade do fornecedor por vício do produto ou do serviço. *Revista de Direito do Consumidor*, São Paulo v. 19, p. 102-116, jul. /set., 1996.

————. A informação como direito fundamental do consumidor. *Revista de Direito do Consumidor*, São Paulo, v. 37, p. 59-76, jan. /mar., 2001.

————. *Responsabilidade por vício do produto o do serviço.* Brasília: Livraria e Editora Brasília Jurídica, 1996.

————. *Direito civil*: obrigações. 5. ed. São Paulo: Saraiva, 2017.

LORENZETTI, Ricardo Luis. Informática, cyberlaw, e-commerce. In: LUCCA, Newton de; SIMÃO FILHO, Adalberto (coord.). *Direito e internet*: aspectos jurídicos relevantes. Bauru, SP: EDIPRO, 2001.

LORENZETTI, Ricardo Luis. La oferta como apariencia y la aceptación basada en la confianza. *Revista de Direito do Consumidor*, São Paulo, v. 35, p. 9-38, jul. /set., 2000.

LUFT, Celso Pedro. *Minidicionário*. São Paulo: Ática, 1999.

LUHMANN, Niklas. *Confianza*. Traduzido por Dario Rodriguez Mansilla. Barcelona: Anthropos, 2005.

MALFATTI, Alexandre David. *O direito de informação no Código de Defesa do Consumidor.* São Paulo: Alfabeto Jurídico, 2003.

MARQUES, Claudia Lima. Boa-fé nos serviços bancários, financeiros, de crédito e securitários e o código de defesa do consumidor: informação, cooperação e renegociação? *Revista de Direito do Consumidor*, São Paulo, v. 43, jul. / set., p. 215-257, 2002.

————. *Confiança no comércio eletrônico e a proteção do consumidor*: um estudo dos negócios jurídicos de consumo no comércio eletrônico. São Paulo: Editora Revista dos Tribunais, 2004.

————. *Contratos no Código de Defesa do Consumidor*: o novo regime das relações contratuais.7. ed. São Paulo: Editora Revista dos Tribunais, 2014.

————. Estudo sobre a vulnerabilidade dos analfabetos na sociedade de consumo: o caso do crédito consignado a consumidores analfabetos. *Revista de Direito do Consumidor*, São Paulo, v. 95, p. 99-145, set. /out., 2014.

————. Novas regras sobre a proteção do consumidor nas relações contratuais. *Revista de Direito do Consumidor*, São Paulo v. 1, p. 27-54, jan. /mar., 1992.

————. Novos temas na teoria dos contratos: confiança e o conjunto contratual. *Revista da Ajuris,* Porto Alegre v. 32, n. 100, p. 73-97, dez. /2005.

————. Sociedade de informação e serviços bancários: primeiras observações In: MARQUES, Claudia Lima; MIRAGEM, Bruno (Org.). *Doutrinas essenciais. Direito do Consumidor – v. 4. São Paulo: Editora Revista dos Tribunais, 2001. p. 735-764.*

————; BENJAMIN, Antonio Herman V.; MIRAGEM, Bruno. *Comentários ao Código de Defesa do Consumidor.* 4. ed. São Paulo: Editora Revista dos Tribunais, 2013.

————; MIRAGEM, Bruno. *O novo direito privado e a proteção dos vulneráveis.* São Paulo: Editora Revista dos Tribunais, 2012.

MARSHALL, Carla Izolda Fiuza Costa. Responsabilidade civil do fabricante por produto defeituoso na União Européia e no Brasil. *Revista de Direito do Consumidor,* São Paulo, v. 25, p.117-121, jan. /mar., 1998.

MARTINS, Guilherme Magalhães. (coord). *Temas de direito do consumidor.* Rio de Janeiro: Lumen Juris, 2010.

————. *Responsabilidade civil por acidente de consumo na internet.* 2. ed. São Paulo: Editora Revista dos Tribunais, 2014.

MARTINS, Plínio Lacerda. *O abuso nas relações de consumo e o princípio da boa-fé.* Rio de Janeiro: Forense, 2002.

MARTINS-COSTA, Judith. *A boa-fé no direito privado:* critérios para sua aplicação. São Paulo: Marcial Pons, 2015.

————. A incidência do princípio da boa fé no período pré-negocial: reflexões em torno de uma notícia jornalística. *Revista de Direito do Consumidor,* São Paulo, v. 4, p. 140-172, out. / dez., 1992.

————. Crise e modificação da ideia de contrato no direito brasileiro. *Doutrinas Essenciais de Obrigações e Contratos.* v. 3. São Paulo: RT, jun./ 2011. p.1.121 -1.148.

MATOS, Karla Cristina da Costa e Silva. *O valor econômico da informação nas relações de consumo.* São Paulo: Almedina, 2012.

MAXIMILIANO, Carlos. *Hermenêutica e aplicação do direito.* 9. ed. Rio de Janeiro: Forense, 1981.

MELLO, Heloísa Carpena Vieira. Responsabilidade civil no Código de Defesa do Consumidor. *Revista de Direito do Consumidor,* São Paulo, v. 28, p. 59-67, out. /dez., 1998.

MENEZES CORDEIRO, António Manuel da Rocha. *Da boa-fé no Direito Civil.* Coimbra: Almedina, 2001.

MIRAGEM, Bruno. *Curso de Direito do Consumidor.* 6. ed. São Paulo: Editora Revista dos Tribunais, 2016.

————. *Direito bancário.* São Paulo: Editora Revista dos Tribunais, 2013.

————. *Direito civil:* direito das obrigações. São Paulo: Saraiva, 2017.

————. *Direito civil:* responsabilidade civil. São Paulo: Saraiva, 2015.

————. Responsabilidade por danos na sociedade de informação e proteção do consumidor: desafios atuais da regulação jurídica da internet. *Revista de Direito do Consumidor*, São Paulo, v. 70, p. 41-92, abr. /jun., 2009.

MORAES, Paulo Valério Dal Pai. *Código de Defesa do Consumidor:* o princípio da vulnerabilidade no contrato, na publicidade, nas demais prática comerciais; interpretação sistemática do direito. 3. ed. Porto Alegre: Livraria do Advogado Editora, 2009.

MOTA, Maurício, KLOH, Gustavo (org.). *Transformações contemporâneas do direito das obrigações*. Rio de Janeiro: Elsevier, 2011.

NEGREIROS, Teresa. *Teoria do contrato:* novos paradigmas. 2. ed. Rio de Janeiro: Renovar, 2006.

NORONHA. Fernando. *Direito das obrigações*. 4. ed. São Paulo: Saraiva, 2013.

NOVAIS, Alinne Arquette Leite. *A teoria contratual e o Código de Defesa do Consumidor.* São Paulo: Editora Revista dos Tribunais, 2001.

NUNES, Rizatto. *Comentários ao Código de Defesa do Consumidor.* 4. ed. São Paulo: Saraiva, 2009.

OLIVEIRA, Elsa Dias. *A proteção dos consumidores nos contratos celebrados através da internet.* Coimbra: Almedina, 2002.

OSSOLA, Frederico; VALLESPINOS, Gustavo. *La obligación de informar.* Advocatus: Córdoba, 2001.

PAESANI, Liliana Minardi. *Direito de internet:* liberdade de informação, privacidade e responsabilidade civil. 4. ed. São Paulo: Atlas, 2008.

PASQUALOTTO, Adalberto. *Fundamentalidade e efetividade da defesa do consumidor.* Direitos Fundamentais e Justiça. Porto Alegre, v. 3, n. 9, 2009, p. 66-100.

————. *Os efeitos obrigacionais da publicidade no Código de Defesa do Consumidor.* São Paulo: Editora Revista dos Tribunais, 1997.

————. Proteção contra produtos defeituosos: das origens ao Mercosul. *Revista de Direito do Consumidor*, São Paulo, v.42, p.119-145, abr. /jun., 2002.

————. Responsabilidade civil do fabricante e os riscos do desenvolvimento, *Revista da Ajuris, Porto Alegre, v. 59, nov. /1993.*

PEREIRA, Caio Mário da Silva. *Instituições de Direito Civil.* 5. ed. v. 1. Rio de Janeiro: Forense, 1976.

————. *Responsabilidade civil.* Atualizado por Gustavo Tepedino. 11. ed. Rio de Janeiro: Forense, 2016.

PEREIRA, Henrique Mioranza Koppe. *Responsabilidade civil do fornecedor de alimentos:* manipulação química e modificação genética. Curitiba: Juruá, 2010.

PETTIGREW, Simone; TALATI, Zenobia; MILLER, Caroline; DIXON; KELLY, Bridget; BALL, Kylie. The types and aspects of front-of-pack food labelling schemes preferred by adults and children. *Appetite* v. 109, Elsevier, p. 115- 123, 2017.

PFEIFFER, Roberto Augusto Castellanos. *Defesa da concorrência e bem-estar do consumidor.* São Paulo: Editora Revista dos Tribunais, 2015.

POTHIER, Robert Joseph. *Tratado das obrigações.* Tradução de Adrian Sotero de Witt Batista e Douglas Dias Ferreira. Campinas: Servanda, 2001.

PRATA, Ana. *Contratos de adesão e cláusulas contratuais gerais:* anotação ao decreto-lei n.º 446/85 de 25 de outubro. Coimbra: Almedina, 2010.

PRATA, Ana. *Dicionário jurídico.* 5. ed. Coimbra: Almedina, 2008.

————. *Notas sobre responsabilidade pré-contratual.* Coimbra: Almedina, 2002.

RÊGO, Nelson Melo de Moraes. *Da boa-fé objetiva nas cláusulas gerais de direito do consumidor e outros estudos consumeristas.* Rio de Janeiro: Forense, 2009.

ROCHA, Ruth. *Minidicionário da língua portuguesa.* São Paulo: Scipione, 1996.

ROLLO, Arthur Luis Mendonça. *Responsabilidade civil e práticas abusivas nas relações de consumo:* dano moral e punitive damages nas relações de consumo; distinções institucionais entre consumidores. São Paulo: Atlas, 2011.

SAAD, Eduardo Gabriel. *Comentários ao Código de Defesa do Consumidor:* Lei n. 8.078, de 11.9.90. São Paulo: LTr, 1991.

SANSEVERINO, Paulo de Tarso Vieira. *Responsabilidade civil no Código do Consumidor e a defesa do fornecedor.* 2. ed. São Paulo: Saraiva, 2007.

SANTOLIM, Cesar Viterbo Matos. *Formação e eficácia dos contratos por computador.* São Paulo: Saraiva, 1995.

SANTOS, Fabíola Meira de Almeida. Informação como instrumento para amenizar riscos na sociedade de consumo. *Revista de Direito do Consumidor,* São Paulo, v. 107, p. 363-384, set. /out., 2016.

SCHERKERKEWITZ, Iso Chaitz. *Direito e internet.* São Paulo: Editora Revista dos Tribunais, 2014.

SCHIER, Flora Margarida Clock. *A boa-fé como pressuposto fundamental do dever de informar.* Curitiba: Juruá, 2011.

SCHIMIDT NETO, André Perin. *Contratos na sociedade de consumo:* vontade e confiança. São Paulo: Editora Revista dos Tribunais, 2016.

SCHMITT, Cristiano Heineck. *Cláusulas abusivas nas relações de consumo.* 4. ed. São Paulo: Editora Revista dos Tribunais, 2014.

SCHUNCK, Giuliana Bonanno. *Contratos de longo prazo e dever de cooperação.* São Paulo: Almedina, 2016.

SCHWARTZ, Fabio de Souza. *Hiperconsumo e hiperinovação:* combinação que desafia a qualidade da produção, análise crítica sobre o aumento dos *recalls.* Curitiba: Juruá, 2016.

SILVA, Agathe E. Schimidt. Cláusula geral de boa-fé nos contratos de consumo. *Revista de Direito do Consumidor,* São Paulo, v. 17, p. 146-161, jan. /mar., 1996.

SILVA, Jorge Cesa Ferreira da. *A Boa-fé e a violação positiva do contrato.* Rio de Janeiro: Renovar, 2002.

SOUZA, Sérgio Iglesias Nunes de. *Lesão nos contratos eletrônicos na sociedade de informação:* teoria e prática da juscibernética ao Código Civil. São Paulo: Saraiva, 2009.

SPANOGLE, John A.; ROHNER, Ralph J.; PRIDGEN, Dee; RASOR, Paul B. *Consumer Law:* cases and materials. 2. ed. St. Paul: West Publishing Co., 1990.

STIGLITZ, Gabriel; STIGLITZ, Rubem. La protección em la contratación por internet. *Cadernos do Programa de Pós-Graduação em Direito da Universidade Federal do Rio Grande do Sul.* v. 1, n.2, Porto Alegre, 2003.

TADEU, Silney Alves. O dever de informar: considerações comparadas ao conteúdo da informação contidas no CDC e no CC. *Revista de Direito do Consumidor,* São Paulo, v. 58, p. 255-274, abr. /jun., 2006.

THEODORO JÚNIOR, Humberto. *Direitos do consumidor:* a busca de um ponto de equilíbrio entre as garantias do Código de Defesa do Consumidor e os princípios gerais do Direito Civil e do Direito Processual Civil. 8. ed. Rio de Janeiro: Forense, 2013.

TOMASETTI JÚNIOR, Alcides. O objetivo de transparência e o regime jurídico dos deveres e riscos de informação nas declarações negociais para consumo. *Revista de Direito do Consumidor,* São Paulo, v. 4, out. /dez., p. 52-90, 1992.

TUTIKIAN, Priscila David Sansone. *O silêncio na formação dos contratos:* proposta, aceitação e elementos da declaração negocial. Porto Alegre: Livraria do Advogado Editora, 2009.

USTÁRROZ, Daniel. Aspectos quanto à proteção jurídica na fase pré-negocial – comentários ao Recurso Especial n. 1.367.955/SP. *Revista Direito & Justiça,* v. 41, n. 2, p. 167-173, jul. /dez., 2015.

VAZ, Caroline. *Direito do consumidor à segurança alimentar e responsabilidade civil.* Porto Alegre: Livraria do Advogado Editora, 2015.

VICENZI, Marcelo. *Interpretação do contrato:* ponderação de interesses e solução de conflitos. São Paulo: Editora Revista dos Tribunais, 2011.

VIEIRA, Adriana Carvalho Pinto; CORNÉLIO, Adriana Régia. Produtos light e diet: o direito à informação do consumidor. *Revista de Direito do Consumidor*, São Paulo, v. 54, p. 23-31, abr. / jun., 2005.

WAJNTRAUB, Javier. *Protección jurídica del consumidor:* ley 24.240 comentada y anotada. Buenos Aires: Depalma, 2004.

WERNER, José Guilherme Vasi. Vícios e defeitos no produto e no serviço. *Revista de Direito do Consumidor*, São Paulo, v. 58, p. 99-115, abr. /jun., 2006.

WESENDONCK, Tula. A responsabilidade civil pelos riscos do desenvolvimento: evolução histórica e disciplina no Direito Comparado. *Direito & Justiça,* v. 38, n. 2, p. 213-227, jul. /dez. 2012.